THE 1ST VOCATIONAL SKILLS COMPETITON OF THE PEOPLE'S REPUBLIC OF CHINA

新时代 新技能 新梦想

中华人民共和国第一届职业技能大赛实录

中华人民共和国第一届职业技能大赛组委会 编

中国人力资源和社会保障出版集团

中国劳动社会保障出版社　中国人事出版社

目录

习近平致信祝贺首届全国职业技能大赛举办强调　大力弘扬劳模精神劳动
　　精神　工匠精神　培养更多高技能人才和大国工匠　李克强作出批示 ……… 1
世界技能组织对全国职业技能大赛的致辞 ……………………………………… 2

赛事活动篇 …………………………………………………………………………… 1

比　　赛 ………………………………………………………………… 2
　　中华人民共和国第一届职业技能大赛简介 …………………………………… 3
　　中华人民共和国第一届职业技能大赛开幕式及赛程 ………………………… 4
　　中华人民共和国第一届职业技能大赛项目设置及介绍 ……………………… 9
　　中华人民共和国第一届职业技能大赛组委会机构和人员名单 …………… 106
　　中华人民共和国第一届职业技能大赛执委会机构和人员名单 …………… 110
　　中华人民共和国第一届职业技能大赛参赛代表团 ………………………… 112
　　中华人民共和国第一届职业技能大赛标识 ………………………………… 113
　　中华人民共和国第一届职业技能大赛吉祥物 ……………………………… 114
　　中华人民共和国第一届职业技能大赛场馆布置 …………………………… 115
　　中华人民共和国第一届职业技能大赛实施保障单位 ……………………… 122
　　赛事聚焦 ……………………………………………………………………… 124

展示展演 ……………………………………………………………… 128
　　中华人民共和国第一届职业技能大赛技能展示交流日程安排 …………… 129
　　中华人民共和国第一届职业技能大赛展示交流活动 ……………………… 131
　　中华人民共和国第一届职业技能大赛"中华绝技"展演活动 …………… 142

成　　绩 ……………………………………………………………… 150
　　中华人民共和国第一届职业技能大赛奖牌 ………………………………… 151
　　中华人民共和国第一届职业技能大赛获奖选手名单 ……………………… 152
　　中华人民共和国第一届职业技能大赛参赛队最佳奖获奖选手名单 ……… 158
　　中华人民共和国第一届职业技能大赛各参赛代表团成绩 ………………… 160
　　中华人民共和国第一届职业技能大赛圆满闭幕 …………………………… 162

总结宣传 ……………………………………………………………… 166
　　中华人民共和国第一届职业技能大赛总结工作会召开 …………………… 167
　　中华人民共和国第一届职业技能大赛新闻发布会 ………………………… 169
　　中华人民共和国第一届职业技能大赛赛前新闻发布会 …………………… 182
　　中华人民共和国第一届职业技能大赛赛后新闻发布会 …………………… 196

中华人民共和国第一届职业技能大赛战略合作伙伴和高级合作伙伴签约仪式
　　在京举行 …………………………………………………………………… 210
数看全国技能大赛 ……………………………………………………………… 212

中华人民共和国第一届职业技能大赛大事记 …………………………………… 225

文件材料篇 …………………………………………………………………………… 231

人力资源社会保障部关于举办中华人民共和国第一届职业技能大赛的通知
　　（人社部函〔2020〕57号）……………………………………………… 232
中华人民共和国职业技能大赛标识征集公告 ………………………………… 238
人力资源社会保障部关于征集中华人民共和国第二届职业技能大赛承办地
　　的通知（人社部函〔2020〕98号）……………………………………… 241
人力资源社会保障部关于印发《中华人民共和国职业技能大赛标志管理
　　办法（试行）》的通知（人社部发〔2020〕78号）…………………… 243
人力资源社会保障部办公厅关于印发中华人民共和国第一届职业技能大赛
　　竞赛技术规则的通知（人社厅发〔2020〕91号）……………………… 247
关于开展中华人民共和国第一届职业技能大赛预报名工作的通知（人社
　　职司便函〔2020〕28号）………………………………………………… 266
关于确定中华人民共和国第一届职业技能大赛各项目裁判长人员名单的
　　通知（人社职司便函〔2020〕43号）…………………………………… 268
关于中华人民共和国第一届职业技能大赛技术文件编制参考标准和裁判员
　　推荐有关事项的通知（人社职司便函〔2020〕45号）………………… 277
关于推荐第一届全国技能大赛世赛选拔项目裁判长候选人的通知（中就
　　培函〔2020〕30号）……………………………………………………… 279
关于做好中华人民共和国第一届职业技能大赛参赛选手报名注册工作的通知 …… 282
人力资源社会保障部关于做好中华人民共和国第一届职业技能大赛宣传
　　工作的通知（人社厅函〔2020〕154号）………………………………… 284
关于做好中华人民共和国第一届职业技能大赛参赛工作的通知（人社职司
　　便函〔2020〕69号）……………………………………………………… 287
关于印发中华人民共和国第一届职业技能大赛第三方执裁项目裁判员名单
　　的通知（人社职司便函〔2020〕71号）………………………………… 292
关于公布中华人民共和国第一届职业技能大赛技术工作文件的通知（中就
　　培函〔2020〕52号）……………………………………………………… 296
关于做好中华人民共和国第一届职业技能大赛参赛有关工作的补充通知 …… 297

习近平致信祝贺首届全国职业技能大赛举办强调 大力弘扬劳模精神劳动精神工匠精神　培养更多高技能人才和大国工匠　李克强作出批示

新华社广州12月10日电　中华人民共和国第一届职业技能大赛10日在广东省广州市开幕。中共中央总书记、国家主席、中央军委主席习近平发来贺信，向大赛的举办表示热烈的祝贺，向参赛选手和广大技能人才致以诚挚的问候。

习近平在贺信中指出，技术工人队伍是支撑中国制造、中国创造的重要力量。职业技能竞赛为广大技能人才提供了展示精湛技能、相互切磋技艺的平台，对壮大技术工人队伍、推动经济社会发展具有积极作用。希望广大参赛选手奋勇拼搏、争创佳绩，展现新时代技能人才的风采。

习近平强调，各级党委和政府要高度重视技能人才工作，大力弘扬劳模精神、劳动精神、工匠精神，激励更多劳动者特别是青年一代走技能成才、技能报国之路，培养更多高技能人才和大国工匠，为全面建设社会主义现代化国家提供有力人才保障。

中共中央政治局常委、国务院总理李克强作出批示指出，提高职业技能是促进中国制造和服务迈向中高端的重要基础。要坚持以习近平新时代中国特色社会主义思想为指导，深入贯彻党中央、国务院决策部署，进一步完善技能人才培训培养体系，积极营造有利于技能人才脱颖而出的良好环境，深入开展大众创业万众创新，引导推动更多青年热爱钻研技能、追求提高技能，打造高素质技能人才队伍，培养更多大国工匠，让更多有志者人生出彩，为促进就业创业创新、推动经济高质量发展提供强有力支撑。

开幕式上，中共中央政治局委员、国务院副总理胡春华宣读了习近平的贺信和李克强的批示，并宣布开幕。中共中央政治局委员、广东省委书记李希致欢迎辞。

经国务院批准，人力资源社会保障部从 2020 年起举办全国职业技能大赛。首届大赛以"新时代、新技能、新梦想"为主题，设 86 个比赛项目，共有 2 500 多名选手、2 300 多名裁判人员参赛，是新中国成立以来规格最高、项目最多、规模最大、水平最高的综合性国家职业技能赛事。

世界技能组织对全国职业技能大赛的致辞

世界技能组织主席克里斯·汉弗莱斯在闭幕式上的致辞

我代表世界技能组织，向参与此次大赛的每个人表示祝贺！这是中国的第一届全国技能大赛。能成功举办如此规模的盛事，离不开你们每个人的出色工作！

在世界技能组织的大家庭中，我们对每一位参赛者都致以祝贺。不管今天能否载誉而归，你们每个人都是冠军，因为你们都已竭尽热忱、拼尽全力走上这个赛场。我们为你们的决心和热情、为你们的投入和卓越技能致敬！祝贺你们所有人！

你们，所有的2 500多名参赛者，作为国家的代表，已经成为中国所有青年学习的国家榜样！在中国，近几十年来，经济发展取得了举世瞩目的成就，人民过上了前所未有的富裕生活。中国政府认识到，技能、职业培训和教育是取得如此成功的关键。通过举办全国技能大赛和全国性的技能培训活动，中国正在对最宝贵的资源进行投资——那就是你们，青年，国家未来的建设者。

现在，即将是中国的主场。2022年，第46届世界技能大赛将在上海举办[①]。在世界技能组织70年的历史中，这将是首次在中国大陆举办世界技能大赛，这也准确反映了中国在当今世界的重要地位。新冠肺炎疫情突如其来，对全球劳动力市场产生巨大影响，也令我们决定将第46届世界技能大赛推迟一年举办。面对前所未有的挑战，中国坚持履行办赛承诺，努力办成一届富有新意、影响广泛的世界技能大赛。我们对此表示由衷的赞赏和钦佩。

你们中的一些人将作为参赛选手来到上海。无论如何，我希望你们所有人都能亲赴上海，亲眼见证世界上最伟大的技能盛会，与来自世界各地成千上万的技能人才分享经验。

现在，请允许我再次对你们本周所取得的成绩表示祝贺，向各位致敬。让我们2022年在上海世界技能大赛上再见！

---

① 2022年5月31日，世界技能组织决定，原定于2022年10月在中国上海举办的世界技能大赛不再举办。

赛事活动篇

中华人民共和国第一届职业技能大赛简介

中华人民共和国第一届职业技能大赛（简称第一届全国技能大赛）以"新时代、新技能、新梦想"为主题，深入贯彻落实习近平总书记对技能人才工作的重要指示精神，坚持"创新引领、公平公正、节俭安全、科学环保、交流共享"的基本办赛原则，推动以赛促学、以赛促训、以赛促建，对接世界技能大赛，打造新时代全国性综合职业技能竞赛新品牌，营造全社会尊重技能人才、重视技能人才工作的良好环境，整体推进我国技能人才工作均衡和可持续发展。

第一届全国技能大赛比赛项目分世赛选拔项目和国赛精选项目，共86个。其中，世赛选拔项目63个，国赛精选项目23个。大赛在广州琶洲广交会展馆举行，共有来自全国各省（自治区、直辖市）及行业的36个参赛代表团，2 557名选手，2 300余名裁判人员参加，是中华人民共和国成立以来，赛事规格最高、竞赛项目最多、参赛规模最大、技能水平最高、社会影响力最广泛的综合性国家职业技能大赛。为提升赛事的互动性和参与度，设立技能展示互动区域，比赛期间，同时开展世赛、技工教育和高技能人才培养成果展，以及职业技能展示、青少年技能体验等系列活动。

新时代　新技能　新梦想——中华人民共和国第一届职业技能大赛实录

中华人民共和国第一届职业技能大赛开幕式及赛程

2020年12月10日，中华人民共和国第一届职业技能大赛在广东省广州市盛大开幕。一场"技能绽放　勇攀巅峰"的技能表演拉开了开幕式序幕。随后，36个参赛代表团在醒狮队的欢迎下依次进场，参赛选手们以饱满的精神集体亮相。

开幕式上，中共中央政治局委员、国务院副总理胡春华宣读了中共中央总书记、国家主席、中央军委主席习近平的贺信和中共中央政治局常委、国务院总理李克强的批示，并宣布大赛开幕。中共中央政治局委员、广东省委书记李希致欢迎辞。中华人民共和国第一届职业技能大赛组委会主任、人力资源社会保障部党组书记、部长张纪南致开幕辞。中华人民共和国第一届职业技能大赛组委会主任、中共广东省委副书记、广东省人民政府省长马兴瑞主持开幕式。参赛选手代表何璇、裁判员代表李宁分别在开幕式上宣誓。

赛事活动篇

中华人民共和国第一届职业技能大赛开幕式议程

一、时间

2020年12月10日（周四）8:30—9:10

二、地点

广州琶洲国际会展中心

三、主题

新时代、新技能、新梦想

四、主持人

中共广东省委副书记、广东省人民政府省长马兴瑞

五、议程

开幕式正式开始前，技工院校学生进行技能展示、特色节目表演，播放宣传片。

（一）参赛代表团入场（现场播放36支参赛代表团的参赛视频）。

（二）升国旗，奏唱国歌。

（三）升中华人民共和国职业技能大赛会旗。

（四）中共中央政治局委员、国务院副总理胡春华同志宣读习近平总书记对中华人民共和国第一届职业技能大赛的贺信和李克强总理的批示。

（五）中共广东省委书记李希同志致欢迎辞。

（六）人力资源社会保障部党组书记、部长张纪南同志致开幕辞。

（七）选手、裁判员代表宣誓。

（八）中共中央政治局委员、国务院副总理胡春华同志宣布中华人民共和国第一届职业技能大赛开幕。

（九）合唱大赛主题歌《技能之光》。

《技能之光》
——中华人民共和国第一届职业技能大赛主题歌

作词：冯为远　叶方义

作曲：连向先

长江水黄河浪奔腾胸中，

沿着文明之路跨越山高水重。

创造幸福我们辛勤劳动，

技能改变世界一起勇攀巅峰。

北疆情南国风相亲相融，

迎向复兴召唤踏遍南北西东。

见证辉煌中华再展雄风，

技能赢得未来生活欢乐火红。

技能之光闪耀珠峰，

我们和中国制造与共。

大国匠心巧夺天工，

潮起东方，我们一起屹立高峰。

技能之光穿越彩虹，

我们与中国梦想相拥，

创造伟大劳动光荣，

技能报国，绽放新梦想青春的笑容。

中华人民共和国第一届职业技能大赛赛程安排

序号	日期	时间	事项
1	12月4—9日	全天	赛场搭建、选手熟悉场地和设施设备以及其他赛前准备活动
2	12月10日	8:30—9:00	项目赛前准备会
		9:00—9:40	开幕式
		9:00—16:00	比赛（第一天）
			执裁
			观众观摩
		16:00—22:00	当日成绩打分、汇总、签名确认及保存
3	12月11日	8:30—9:00	项目赛前准备会
		9:00—16:00	比赛（第二天）
			执裁
			观众观摩
		16:00—22:00	当日成绩打分、汇总、签名确认及保存
4	12月12日	8:30—9:00	项目赛前准备会
		9:00—16:00	比赛（第三天）
			执裁
			观众观摩
		16:00—22:00	当日成绩打分、汇总、签名确认及保存
		24:00	各项目成绩提交大赛组委会
5	12月13日	9:00—10:00	项目技术点评会
		16:30—17:00	领队例会
		19:30—21:00	闭幕式

中华人民共和国第一届职业技能大赛项目设置及介绍

一、世赛选拔项目（共63项）

1. 运输与物流（7项）

飞机维修

项目介绍

飞机维修项目是指按照标准和程序完成对飞机维护检查，发现并排除故障，使飞机达到安全服役状态的赛项。要求选手熟悉飞机各系统的原理和组成，并具备一定的维修技能，正确使用设备、工具、量具完成不同类型机件、系统的加工、维修、检查和放飞。

竞赛模块

模块A：飞机结构修理

模块B：外场可更换单元（LRU）机械

模块C：外场可更换单元（LRU）电气

模块D：飞机初始验收检查

模块E：复合材料修理

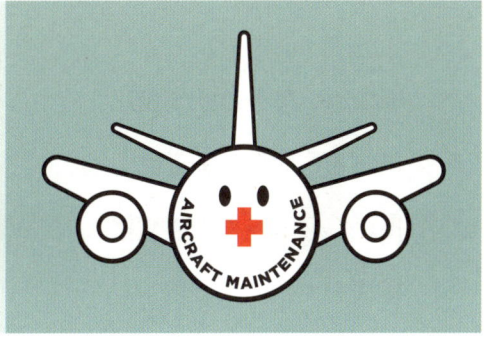

人员名单

裁判长：龙建军　　裁判长助理：邹丽萍

序号	参赛代表团	裁判员	选手	序号	参赛代表团	裁判员	选手
1	山西	王波	赵坊前	8	安徽	黄卫华	谢凯培
2	辽宁	张君	石艾宗	9	福建	张鹭波	王辉
3	吉林	苏伟	于牧野	10	江西	邹国发	熊岑辉
4	黑龙江	曲达	步凡吉	11	山东	徐增祥	杜正杰
5	上海	王晋誉	耿宏剑	12	河南	赵德春	张泽辰
6	江苏	蔡俊	沈光辉	13	湖北	刘启安	满祝
7	浙江	周志鹏	陈一鑫	14	湖南	吕志忠	邓润初

续表

序号	参赛代表团	裁判员	选手	序号	参赛代表团	裁判员	选手
15	广西	王超博	骆嘉福	19	云南	孔德贵	方子源
16	重庆	罗 康	胡浩然	20	陕西	张永朕	姚轶文
17	四川	何 龙	梁 镖	21	交通运输部	吕 伟	王云逸
18	贵州	李振东	徐 衡	22	广东	雷治亮	郑敬霖

车身修理

项目介绍

车身修理项目是使用专用设备和工具在不破坏车身整体结构和性能的前提下，将各种原因造成损坏的汽车车身进行修复，达到可以重新喷漆的阶段。本项目是涉及测量、矫正、切割、焊接、打磨、整形及黏合等技术的竞赛项目。

竞赛模块

模块A：车身诊断与校正

模块B：模拟结构部件更换

模块C：非结构部件更换

模块D：钢面板修复

模块E：塑料件修复

人员名单

裁判长：叶建华　　裁判长助理：杨山巍

序号	参赛代表团	裁判员	选手	序号	参赛代表团	裁判员	选手
1	北京	路长华	靳子康	7	吉林	常 明	宋远利
2	天津	魏洪英	李鹏文	8	黑龙江	王大森	刘兴怀
3	河北	朱光谦	刘铭远	9	上海	花文兵	李 杰
4	山西	杨建文	侯甲锋	10	江苏	方 明	周梦飞
5	内蒙古	王建民	祝占磊	11	浙江	臧青松	麻晓东
6	辽宁	刘 全	姜喜强	12	安徽	施 辰	刘付阳

续表

序号	参赛代表团	裁判员	选手	序号	参赛代表团	裁判员	选手
13	福建	王嘉斌	温旺荣	23	贵州	张中鑫	战波霖
14	江西	李斌	邹鹏飞	24	云南	李金文	张宇
15	山东	庄永成	赵光耀	25	陕西	郭永辉	曹伟辉
16	河南	管世帅	马宽宽	26	甘肃	王昇	景宏超
17	湖北	秦本杰	李涛	27	宁夏	曹军	何强
18	湖南	欧阳博	王利斌	28	新疆	李建锋	木拉提江·胡安江
19	广西	梁国伟	黄承杰	29	新疆兵团		王浩
20	海南	祝金辉	温淳	30	交通运输部	张学海	胡永富
21	重庆	朱游兵	冯德鸿	31	广东	贺玉兵	梁瑞琪
22	四川	刘兴尧	朱玉				

汽车技术

项目介绍

汽车技术项目是指应用汽车机械、电气、电控以及各系统集成的知识，使用汽车维修工具、诊断仪器及设备，在汽车整车或系统台架上进行检查、拆装、测试、测量、诊断等工作，排除汽车各系统机械和电气故障的竞赛项目。

竞赛模块

模块A：发动机管理

模块B：发动机诊断

模块C：车身电气

模块D：电气构建

模块E：制动系统

模块F：定位、转向与悬架

模块G：发动机测试

模块H：发动机测量

模块I：新能源汽车

人员名单

裁判长：郭七一　　裁判长助理：王兆海

序号	参赛代表团	裁判员	选手	序号	参赛代表团	裁判员	选手
1	北京	毕士军	赵肖文	18	湖南	周定武	易帅琦
2	天津	刘臣富	崔伟	19	广西	覃强	黄世森
3	河北	陶炳全	张新宇	20	海南	孙占周	温美柠
4	山西	李华均	孙宇杰	21	重庆	王建	卢逸
5	内蒙古		杨国志	22	四川	任东	敬博家
6	辽宁	刘晓明	李增辉	23	贵州	刘卯	汪先锋
7	吉林	黄杰	孙浩	24	云南	杨洋	熊杰
8	黑龙江	王雪	苟健康	25	西藏	徐立峰	桑吉多杰
9	上海	吕坚	林创创	26	陕西	董峰	胥民
10	江苏	施卫	杨洋	27	甘肃	张维军	肖国鹏
11	浙江	袁雷	江浩男	28	青海	罗国玺	熊山杰
12	安徽	朱春龙	陈绪杰	29	宁夏	王涛	罗佳
13	福建	朱建风	张智辉	30	新疆	苟春梅	温天昊
14	江西	黄飞	肖通	31	新疆兵团	魏鹏	李允权
15	山东	王东光	袁之辉	32	交通运输部	侯红宾	赵智凯
16	河南	李世朋	王舒展	33	广东	刘锦创	吴李宏
17	湖北	陈国威	何璇				

汽车喷漆

项目介绍

汽车喷漆项目是指在规定时间内，对汽车工件上的损伤根据涂装工艺及相关技术要求，通过除旧漆、填补/打磨原子灰、喷涂底漆、遮蔽非喷涂区域、颜色微调、色漆驳口修补或双色喷涂、抛光等工作修复损伤的竞赛项目。

竞赛模块

模块 A：色觉测试

模块 B：车门双色喷涂及抛光

模块 C：车辆遮蔽

模块 D：车门修补

人员名单

裁判长：张小鹏　　裁判长助理：杨金龙

序号	参赛代表团	裁判员	选手	序号	参赛代表团	裁判员	选手
1	北京	李维强	曹晨阳	17	湖北	黄慧荣	江名宇
2	天津	韩 振	刘赞禹	18	湖南	李霞辉	王杰林
3	河北	魏晓明	郭 策	19	广西	罗宗港	陈文笔
4	山西	穆 凯	蒋利斌	20	海南	夏友利	邢太钦
5	内蒙古	宋 磊	朱红利	21	重庆	王东鹏	杨 康
6	辽宁	陈 伟	高 锋	22	四川	李家玉	王 涛
7	吉林	孟永帅	张 新	23	贵州	王 庆	敖江勇
8	黑龙江	马彦军	刘安成	24	云南	肖 林	刘奇吕
9	上海	苑承磊	李林林	25	陕西	华德余	马佳辉
10	江苏	袁明明	单延驰	26	甘肃	何岩岩	刘 博
11	浙江	梁思龙	陈彬彬	27	青海	徐 洁	马 福
12	安徽	贾 亮	程裕林	28	宁夏	时 京	刘 勇
13	福建	范振武	黄文慧	29	新疆	徐森林	刘保均
14	江西	刘小荣	杨振声	30	新疆兵团		努尔江·努尔买买提
15	山东	李 超	赵胜杰	31	交通运输部	袁 强	吕锦辉
16	河南	张 辉	宋文博	32	广东	李淑军	朱惠珊

重型车辆维修

项目介绍

重型车辆维修项目是指对矿山、林业、农业、园林绿化、物料搬运等设备进行维护、诊断和修理的竞赛项目。涉及重型车辆日常维护及电气、液压、传动、发动机等系统的维修。

竞赛模块

模块 A：柴油发动机系统

模块 B：液压工作装置

模块 C：新车交付检查

模块 D：电气系统

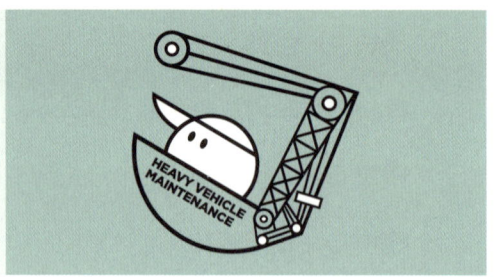

人员名单

裁判长：刘庆华　　裁判长助理：马　骏

序号	参赛代表团	裁判员	选手	序号	参赛代表团	裁判员	选手
1	山西	王勇勇	黄文文	13	湖南	龙超	冯晟
2	内蒙古	李培智	吕少杰	14	广西	朱文佳	张海涛
3	吉林	臧英林	潘仕奇	15	重庆	唐中然	蒲杨
4	上海	马秀成	傅雨辰	16	四川	莫晓波	杜海洋
5	江苏	孙定华	黄俊杰	17	贵州	胡杰	李俊锋
6	浙江	高吉	蒋昕桦	18	云南	陈勤飞	马海洋
7	安徽	张毓福	张浩男	19	陕西	刘斌	谢兆龙
8	福建	林可春	史龙强	20	甘肃	孙怀君	曹侃
9	江西	曾冬生	林宗安	21	新疆	操林矫	张耀夫
10	山东	段德军	杨中全	22	中国机械联	李清德	郭天旭
11	河南	孙希岗	谷彦哲	23	广东	王朝帅	廖明旺
12	湖北	吴杰	朱宏宇				

货运代理

项目介绍

货运代理项目是指遵循国际法规、惯例及各国海关规定，应用多种语言（通用为英文），运用专业技能，选择公路、铁路、航空、海（水）运、多式联运等方式，有效解决客户对货物在世界范围内移动与服务需求的竞赛项目。

竞赛模块

模块 A：工作组织和管理

模块 B：客户关系

模块 C：商业运输

模块 D：成本和价格

模块 E：信息和通信技术

模块 F：应急管理

人员名单

裁判长：吕秀文　　裁判长助理：陈媛媛

序号	参赛代表团	裁判员	选手	序号	参赛代表团	裁判员	选手
1	北京	周继超	纪鉴桐	15	河南	郝 冰	吴均逸
2	天津	杨 华	郑亚男	16	湖北	熊晓亮	郑子一
3	河北	孙明贺	王艺蒨	17	湖南	陈玉红	吴志雯
4	山西	杨双幸	王美娟	18	广西	李向敏	陈思奇
5	辽宁	张明艳	王 然	19	海南	王明严	吴淑伟
6	吉林	程 成	朱 旭	20	重庆	沈坤平	刘 艺
7	黑龙江		张 岩	21	四川	周建军	罗心雨
8	上海	张 瑾	朱 珂	22	贵州	矫山红	王沁怡
9	江苏	周 珠	张梦茹	23	云南	王雪娇	杨 飞
10	浙江	王武剑	史丽娜	24	陕西	杨佳骏	穆昱州
11	安徽	张 娜	夏文君	25	宁夏	陈志新	焦 欢
12	福建	吴吉明	钟 洋	26	新疆	谢 静	敬丽灵
13	江西	武立波	金 琪	27	交通运输部	赵 坚	杨 言
14	山东	孙宜彬	崔 越	28	广东	黄锐琼	刘金玲

轨道车辆技术（新）

项目介绍

轨道车辆技术项目是指涵盖轨道车辆部件检查与维修、控制电路安装、控制气路维修、功能调试等内容，主要考核选手安全作业、标准检查、缺陷判断、维护修理、图纸识读、安装工艺、设备调试等作业技能的竞赛项目。

竞赛模块

模块A：受电弓的检修与控制

模块B：客室车门的安装与调试

模块C：车辆转向架检修

模块D：车辆整车故障排查与处理

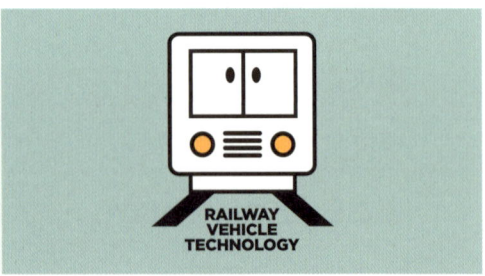

人员名单

裁判长：罗昭强　　裁判长助理：胡俊祥

序号	参赛代表团	裁判员	选手	序号	参赛代表团	裁判员	选手
1	天津	李 飞	郭欣诚 李一都	13	河南	王丽红	敖贵亮 高 天
2	河北	李 强	马 达 杨 柘	14	湖北	王 峰	张肖翔 张 恒
3	山西	牛春年	秦 廷 刘 璇	15	湖南	陶 艳	莫秋强 李楚潮
4	内蒙古	李健超	廉俊豪 张 鹏	16	广西	王杰华	黎春炎 钱 康
5	吉林	艾子洋	杜鑫波 张 迁	17	重庆	唐春林	陈炳睿 丁 齐
6	上海	杜晓红	毛润智 魏哲昊	18	四川	方 文	徐 磊 李勇江
7	江苏	朱海峰	龚 政 许兆基	19	贵州	方万鼎	袁愈宽 张仕卫
8	浙江	董其炜	阮思玮 蔡学伟	20	云南	曹学谦	穆云龙 王 政
9	安徽	刘 强	王日童 周顺顺	21	陕西	孙保军	韦霆宇 陆润浩
10	福建	郭家建	魏熙斌 张辰辉	22	新疆	李晶晶	王增宏 王佳鹏
11	江西	韦 娜	钟程睿 袁高高	23	交通运输部	林 宏	王 瑞 崔亚鹏
12	山东	申玉强	李康佳 李学健	24	广东	郭军平	梁 鑫 邓志航

2. 结构与建筑技术（13项）

砌筑

项目介绍

砌筑项目是指采用一定砌筑工艺经过识图、放样、切砖（砌块）、砌筑、抹灰、勾缝、清洁等工序建造内外墙、隔板、烟囱和其他建筑物及构筑物的竞赛项目。

竞赛模块

模块1：立体墙面，墙面图案为中国古长城建筑。

模块2：立体墙面，墙面图案为古城楼。

模块3：立体墙面，墙面图案为扇面。

模块4：立体墙面，墙面图案为砖柱山墙，基础为大放脚基础。

模块5：立体墙面，墙面图案为岳阳楼。

模块6：立体墙面，墙面图案为多孔拱桥。

人员名单

裁判长：雷定鸣　　裁判长助理：谢小团

序号	参赛代表团	裁判员	选手	序号	参赛代表团	裁判员	选手
1	河北	李贺楠	刘宁	9	江西	罗小毛	管智强
2	山西	刘炜	高国峰	10	山东	孙盘龙	宋志超
3	吉林	赵明	韩昊	11	河南	姬志顺	秦赛
4	上海	许瑾	耿境崧	12	湖北	李红	刘顺林
5	江苏	喻勇	李政	13	湖南	盛良	伍远州
6	浙江	赵祺	鲍芳涛	14	广西	黄河	田东升
7	安徽	陈陆龙	张冬阳	15	重庆	傅正荣	王鑫
8	福建	许晋龙	郑金泉	16	四川	沈洋	周宇

续表

序号	参赛代表团	裁判员	选手	序号	参赛代表团	裁判员	选手
17	贵州	杨泽化	熊怀浩	22	青海	张雪青	岳小虎
18	云南	白文庆	罗旬旭	23	宁夏	周波	杨明
19	西藏		刘广艺	24	新疆	张亚楠	艾科拜尔·穆合塔尔
20	陕西	王维	陈凡	25	住建行业	刘雪樵	罗杰
21	甘肃	王旭杰	李康康	26	广东	林晓滨	陈佳弟

家具制作

项目介绍

家具制作项目是指综合运用家具制作专业知识和家具机械加工与手工制作技能，依据图纸、材料、设施及评价标准，完成结构及表面装饰的加工，通过多种精细加工和后期处理工序，在规定时间内独立完成一件优质作品的竞赛项目。

竞赛模块

模块A：尺寸

模块B：与图纸的一致性

模块C：表面标记和胶合前的榫接质量

模块D：胶合后榫接质量

模块E：配件和可移动部件

模块F：贴木皮

模块G：表面处理

模块H：材料的使用

模块I：健康与安全

人员名单

裁判长：刘晓红　　裁判长助理：吴晋卿

序号	参赛代表团	裁判员	选手	序号	参赛代表团	裁判员	选手
1	河北	蒋建根	杨玉山	12	河南	王 斌	邓兆伦
2	山西	翟 艳	王佳铭	13	湖北	刘 谊	常潇阳
3	内蒙古	姚利宏	李奉龙	14	湖南	罗 友	田大琨
4	黑龙江	谭庆龙	施宇航	15	重庆	何 明	陈华雄
5	上海	黄 鸽	夏志豪	16	四川	王加祎	杨 帆
6	江苏	袁建明	袁海骏	17	贵州	王展光	杨 秋
7	浙江	陈剑弘	赵 龙	18	云南	黄荣文	张立祥
8	安徽	姜显华	梅子悦	19	陕西	魏克勤	高 盼
9	福建	陈 高	郭鸿良	20	甘肃	范庆华	陈 情
10	江西	张付花	彭洪君	21	中国轻工联	陈慧敏	李德鑫
11	山东	纪玉川	陈成龙	22	广东	刘智恒	贾 迈

木工

项目介绍

木工项目是指运用识图、绘图等专业知识以及木材加工（以手工工具为主）的专业技能，依据现场的材料、设备及比赛要求，完成放样、画线、零部件加工、表面处理、组装等比赛内容的竞赛项目。

竞赛模块

模块1：基础结构

模块2：屋顶结构

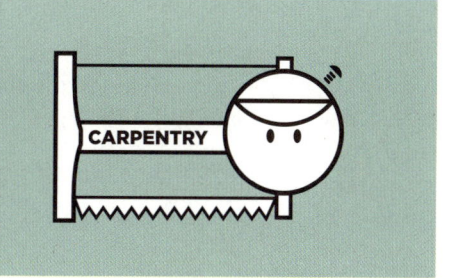

人员名单

裁判长：张志刚　　裁判长助理：王艳福

序号	参赛代表团	裁判员	选手	序号	参赛代表团	裁判员	选手
1	河北	张琦	霍梦祺	13	河南	陈晨	张明明
2	山西	赵彦冰	张记李	14	湖北	程朕	陈逸龙
3	内蒙古		张云超	15	广西	梁海涛	陈柳君
4	辽宁		王银	16	重庆	陈秋宇	杨久坪
5	黑龙江	徐颜	王纵横	17	四川	王赛兰	黄轲
6	上海	蔡焕初	张嘉豪	18	贵州	张玉祥	鲁卫东
7	江苏	傅泽勋	胡洋	19	云南	段四兴	周永军
8	浙江	张帅军	任齐明	20	陕西	白春	王智薇
9	安徽	周玉凤	田国强	21	甘肃	彭维新	张鹏刚
10	福建	陆海宏	郑冰怡	22	新疆	冯武杰	努尔艾力·奥斯曼
11	江西	戴达鹏	郭毅	23	中国轻工联	张正然	石纪龙
12	山东	曲娜	任嘉贺	24	广东	巫晓金	陈赛玉

混凝土建筑

项目介绍

混凝土建筑项目是指经过识图与放线、模板制作与安装、脚手架搭设、钢筋制作及绑扎、混凝土浇筑等工作，完成制作安装建筑物的基础、柱、梁、板、墙等构件的竞赛项目。

竞赛模块

模块 A：工作组织与沟通能力

模块 B：图纸识读与放线

模块 C：模板制作与安装

模块 D：钢筋加工与绑扎

模块 E：混凝土浇筑与模板拆除

人员名单

裁判长：刘建忠　　裁判长助理：赵冬梅

序号	参赛代表团	裁判员	选手	序号	参赛代表团	裁判员	选手
1	河北	祖述勋	高艳博 李 磊	12	湖北	程红艳	杨世轩 王 雄
2	山西	黄志明	马 宁 罗宇峰	13	广西	莫敏华	梁智杰 刘木强
3	吉林	金鹏涛	徐忠宇 丁文祥	14	重庆	黄剑雄	杨伦杰 周光杰
4	上海	施永德	郭虹君 陶 园	15	四川	李开辉	程龙正 叶仕坤
5	江苏	张悠荣	冯坤痒 田 浩	16	贵州	崔鲁科	王 力 陈 鹏
6	浙江	骆圣明	王良昊 段启迪	17	云南	陆 冕	翁 鹏 李声超
7	安徽	胡开选	吴 博 张梓杰	18	陕西	贺军辉	齐 冰 柴广添
8	福建	纵 超	徐泽亮 杨瑞鹏	19	宁夏	陈 颖	兰小辉 杨学升
9	江西	陈升隆	李良辉 方燕华	20	新疆	陶 鑫	艾热帕提·亚森 阿卜力提普·阿卜来提
10	山东	李 明	谷士财 王青博	21	广东	李修波	林怡峰 谢健强
11	河南	李文雁	张阳光 刘锦豪				

电气装置

项目介绍

电气装置项目旨在考核选手利用传统及现代智能控制技术完成特定要求的民用、商用及工业电气设备安装、功能调试和排除故障等工作任务，如智能家居控制和电机控制等。

竞赛模块

模块A：民用及商业电气安装与编程

模块B：装置测试与故障查找

人员名单

裁判长：王大江　　裁判长助理：肖星星

序号	参赛代表团	裁判员	选手	序号	参赛代表团	裁判员	选手
1	北京	赵昊天	李壮	17	湖北	冯骥	李泉平
2	天津	李兴涛	焦见顺	18	湖南	唐中武	王州
3	河北	徐二当	石川	19	广西	于斌	黄斌
4	山西	张红兵	牛少雄	20	海南	李江涛	潘朗
5	内蒙古	房永亮	李鹏波	21	重庆	殷少平	涂晓驹
6	辽宁	常玲	李兴郅	22	四川	王州	刘宏宇
7	吉林	滕祥	戚峻玮	23	贵州	何异彬	罗程成
8	黑龙江	贾魁	乔旭东	24	云南	李宗孔	高显
9	上海	孟祥成	诸逸文	25	西藏		西热贡桑
10	江苏	刘进峰	余守安	26	陕西	辛居敏	张鹏飞
11	浙江	方峥	雷张豪	27	甘肃		徐彦奎
12	安徽	张婷	陈宇	28	青海	赵鑫	祁进国
13	福建	邓正雄	江彬云	29	新疆	哈力甫·乌买尔	韩宇浩
14	江西	赖勋忠	甘传世龙	30	新疆兵团	朱学飞	蒋小龙
15	山东	王希友	孙忠旭	31	广东	杨八妹	周荣辉
16	河南	姜晋子	武士炜				

精细木工

项目介绍

精细木工项目是指使用手工和机器设备制作各种形式的榫卯、榫接，连接两个或以上的木质零部件组成构件，用于门、窗、楼梯和其他建筑部件的竞赛项目。

赛事活动篇

竞赛模块

模块A：绘图

模块B：榫接内部

模块C：榫接外部

模块D：尺寸

模块E：表面砂光和外观

模块F：与图纸的一致性

模块G：材料

人员名单

裁判长：余继宏　　裁判长助理：缪晓东

序号	参赛代表团	裁判员	选手	序号	参赛代表团	裁判员	选手
1	河北	陈钰标	付宗烨	12	河南	王 增	蔡仪博
2	山西	刘 阳	陈慧慧	13	湖北	邵 静	张 宇
3	内蒙古	王 欣	管仕龙	14	湖南	吕永梁	刘永盛
4	黑龙江	陈祥宇	马元龙	15	重庆	冯 兵	姜冰清
5	上海	蒋志发	邵茹鹏	16	四川	王海东	苏子杰
6	江苏	刘 斌	郭雨婷	17	贵州	王颢霖	刘振福
7	浙江	王 旭	陈 鹏	18	云南	宋 超	李耀山
8	安徽	姚铁军	刘华威	19	陕西	董东升	张 波
9	福建	朱晓瑶	林泽鑫	20	甘肃	张和胜	张庆华
10	江西	李 林	郭含栋	21	中国轻工联	项国平	孙 岩
11	山东	贾兆颖	陶庆赛	22	广东	翟梓曦	潘荣辉

园艺

项目介绍

园艺项目是指在规定的时间和空间里，按设计好的赛题，使用工具对指定造景材料进行制作、安装、布置和维护的竞赛项目。

竞赛模块

模块A：工作流程

模块B：砌筑

模块C：铺装

模块D：木作

模块E：水景

模块F：绿色空间布局

人员名单

裁判长：赵昌恒　　裁判长助理：严　迪

序号	参赛代表团	裁判员	选手	序号	参赛代表团	裁判员	选手
1	河北	李利博	蒋克震 马佳伟	13	河南	李鸿运	陈波 张金威
2	山西	郑淼	闫学斌 陈鑫	14	湖北	李宏星	徐镇 张定学
3	内蒙古	刘银鸽	谭世龙 张朋宇	15	湖南	胥应龙	陈志文 卜洋
4	吉林	李荣华	谷云鹤 于杰	16	广西	粟志坤	曾广宁 莫棉淇
5	黑龙江	郑永莉	汪嘉明 陈洪亮	17	重庆	谭永中	陈栋梁 余再发
6	上海	褚伟良	陆闪 张潾蟒	18	四川	李谦	吴宏峰 叶峰
7	江苏	王剑	夏顺成 武子豪	19	贵州	龙俊	刘江 李安国
8	浙江	徐政	陈新华 何兴茂	20	云南	马瑞	盘胜 彭继
9	安徽	伍全根	郝少宇 于飞龙	21	陕西	阮煜	翟帆鑫 张澳
10	福建	钟丹	潘昌权 郭家忠	22	宁夏	罗旭歌	马振 杨对龙
11	江西	曾斌	金林春 叶方蓓	23	新疆	单奇	谷璟文 于海洋
12	山东	任有华	张宣 陈计宇	24	广东	杨蕾	杨华雄 周东

油漆与装饰

项目介绍

油漆与装饰项目是指运用先进的环保涂装材料等工具设备,以先进的施工方法,对建筑的室内和室外环境进行色彩、图案、字体的装饰施工,具有创造性思维、环境保护意识且有一定的绘画和油漆涂装的竞赛项目。

竞赛模块

模块A:裱糊壁纸(壁纸)

模块B:门喷漆、滚漆、刷漆(装饰线油漆)

模块C:装饰画绘制(网格放大)

模块D:字体印刷

模块E:色彩计时涂装(色彩竞速)

模块F:自由创意

人员名单

裁判长:陈尚勇　　裁判长助理:李　军

序号	参赛代表团	裁判员	选手	序号	参赛代表团	裁判员	选手
1	山西	景　娜	冯世豪	11	湖北	王付涛	江孝清
2	内蒙古	张欣宏	王金娟	12	重庆	李　莉	潘　俐
3	上海	汪　琬	易占云	13	四川	李征阳	余伟伟
4	江苏	孔祥峰	杨　旭	14	贵州	马　凯	简　恺
5	浙江	李雨潼	高诗惠	15	云南	黄显清	范小玥
6	安徽	刘元元	王雅斌	16	陕西	黄祖尾	邓　茹
7	福建	陈　航	林心雨	17	宁夏	白秋凤	闫金娜
8	江西	杨　彧	熊裴琦	18	新疆	库尔班·肉孜	麦麦提·芒苏尔
9	山东	魏加恩	张　瑞	19	广东	邓　泰	谢曼玲
10	河南	秦　洋	申　鹏				

抹灰与隔墙系统

项目介绍

抹灰与隔墙系统项目是指运用抹灰技术，依据比赛现场提供的材料和比赛要求，进行轻钢龙骨骨架及石膏板系统的组装，并制作和安装装饰线条的竞赛项目。

竞赛模块

模块A：隔墙系统

模块B：抹灰

模块C：线条装饰

人员名单

裁判长：张守生　　裁判长助理：张国胜

序号	参赛代表团	裁判员	选手	序号	参赛代表团	裁判员	选手
1	黑龙江	王鹏	梁宝柱	11	湖南	陈烨	周佳
2	上海	陶春晨	王嘉勋	12	重庆	王传才	熊远星
3	江苏	杨正俊	朱兵兵	13	四川	袁国枢	穆白府
4	浙江	徐震	王阿飞	14	贵州	方杰	程波
5	安徽	张洁	杨康宁	15	云南	朱红涛	胡贵超
6	福建	林燕卿	余福星	16	陕西	谢洪	王一彤
7	江西	陈志亮	刘良平	17	青海	薛刚	梁晗
8	山东	于炳安	高森	18	宁夏	刘勤	马龙龙
9	河南	吴鹏	高普	19	住建部	曹军	程邦
10	湖北	黄冠华	许广生	20	广东	吴显涛	劳荣钧

管道与制暖

项目介绍

管道与制暖项目是民用及工业房屋安装给水、排水、卫浴设施、供暖等系统的设备和管道，包括不锈钢管、铜管、镀锌钢管、PE 管等管道安装的竞赛项目。一般使用各种管接头连接、专用配件连接、卡压连接、螺纹连接、焊接等连接方式。

竞赛模块

模块一：燃气系统制作与安装（镀锌钢管）

模块二：排水及卫生洁具（PE）

模块三：冷热水系统制作与安装（不锈钢管）

模块四：毛巾架制作安装（铜管）

模块五：采暖系统设计及制作与安装（铜管）

模块六：速度模块一、二（铜管、镀锌钢管）

人员名单

裁判长：李本勇　　裁判长助理：李文杰

序号	参赛代表团	裁判员	选手	序号	参赛代表团	裁判员	选手
1	北京	王丽梅	郎元辉	11	山东	朱彬	马崇喜
2	河北	赵晓强	郝宇航	12	河南	周红卫	丁富磊
3	山西	张亚楠	曹洋	13	湖北	刘鹤鸣	王有强
4	吉林	冯禹程	朱运强	14	湖南	易光辉	甘龙
5	上海	路玉金	陈宇航	15	重庆	严开淋	李鹏
6	江苏	郑新浪	李镇楠	16	四川	陈娟	吕浪
7	浙江	叶铜	马澳龙	17	贵州	陈宁	代孟乙
8	安徽	江林涛	胡世勇	18	陕西	姚远	胡佳路
9	福建	王宝宗	王垚琦	19	住建行业	李志强	蔡佳霖
10	江西	洪军明	黄学旺	20	广东	邓明杰	张镇伟

制冷与空调

项目介绍

制冷与空调项目分为三大模块，分别为制冷组件制作，制冷设备安装、测试及调试以及空调设备故障排查、测试及调试。

竞赛模块

模块A：制冷组件制作

模块B：制冷设备安装、测试及调试

模块C：空调设备故障排查、测试及调试

人员名单

裁判长：李　川　　裁判长助理：叶翠安

序号	参赛代表团	裁判员	选手	序号	参赛代表团	裁判员	选手
1	北京	周　敏	宋庆文	14	湖北	吴建华	胡　澳
2	天津	刘延斌	齐梦哲	15	湖省	黄升平	程源康
3	河北	张庆彬	谢天赐	16	广西	杨向军	韦　彬
4	山西	杨俊通	张　岩	17	海南	吕　雄	韩财元
5	吉林	林志海	齐鹤桐	18	重庆	刘　钟	李　金
6	上海	施伟华	袁宇晖	19	四川	樊　荔	李子健
7	江苏	宋玉明	严明宇	20	贵州	何小伟	何　耀
8	浙江	潘　波	陆　赟	21	云南	浦仕琳	牛晨兴
9	安徽	贾长林	陆子逸	22	陕西	曹振华	李涛元
10	福建	吴桂玉	黄梓翔	23	新疆兵团	李　祥	赵锐栋
11	江西	万　军	李梦华	24	中国机械联	杨德伟	冯　骁
12	山东	徐立山	张栋梁	25	广东	冼星文	阮　康
13	河南	冯　涛	刘愿彪				

瓷砖贴面

项目介绍

瓷砖贴面项目是指运用识图放样切割技术和瓷砖镶贴技术，根据相关要求以及所提供的设施条件和材料，完成墙面和地面的瓷砖镶贴、小型墙体的组砌、地面的施作、墙与墙和墙与地交接处阴阳角瓷砖的镶贴处理以及对整个作品嵌缝的竞赛项目。

竞赛模块

模块A：墙面瓷砖的图案切割和镶贴以及小型墙体的组砌和阴阳角瓷砖的镶贴处理

模块B：墙面瓷砖的图案切割和镶贴以及与模块A间阴角瓷砖的镶贴处理

模块C：地面的施作以及地面瓷砖的图案切割和镶贴，并处理好与模块A和B间阴角瓷砖的镶贴

人员名单

裁判长：王华飞　　裁判长助理：崔兆举

序号	参赛代表团	裁判员	选手	序号	参赛代表团	裁判员	选手
1	山西	冯涛	马江龙	13	广西	韩祖丽	吴志华
2	辽宁	白殿波	史文博	14	重庆	王崇杨	苏柯烨
3	上海	陈慧中	杨燕生	15	四川	殷文昌	刘诗杰
4	江苏	倪淑芳	刘丁杰	16	贵州	李晓庆	杨院
5	浙江	高艳涛	郭志豪	17	云南	贾祥龙	杨俊云
6	安徽	张大武	张帅	18	陕西	宋旭	张星
7	福建	陈良金	郑炜源	19	青海	王振勋	板启敏
8	江西	陈后畏	宋振文	20	宁夏	刘康	杨冲
9	山东	臧国才	陈凯翔	21	新疆	艾志刚	阿里木·麦麦提
10	河南	郭正恩	郭玉杰	22	住建行业	虞伟良	傅宇豪
11	湖北	张春霞	何国意	23	广东	覃谋富	李启勇
12	湖南	向卫忠	高菲				

建筑信息建模（新）

项目介绍

建筑信息建模（BIM）是在工程项目全生命周期中创建和管理工程信息的技术。利用计算机辅助设计技术，创建、收集、融合、更新建设工程的所有相关信息，输出数字模型，使项目有关人员能对模型进行访问、修改和优化。

竞赛模块

模块1：CDE 环境模拟　　模块2：建筑建模

模块3：结构建模　　　　模块4：模型融合

模块5：模型校正　　　　模块6：模型可视化

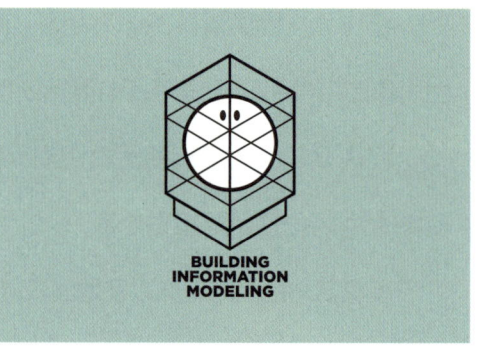

人员名单

裁判长：何国青　　裁判长助理：张　吉

序号	参赛代表团	裁判员	选手	序号	参赛代表团	裁判员	选手
1	北京	张莉莉	李　林	15	河南	彭俊杰	侯　晨
2	天津	周恩博	陈佳凤	16	湖北	李瑶鹤	俞　兰
3	河北	刘　娜	牛一特	17	湖南	杨洪杰	程振威
4	内蒙古	郭志峰	刘　闯	18	广西	孙保燕	庞贵嵩
5	辽宁	刘　镇	姜　锐	19	海南	李福龙	郝晗彤
6	吉林	王永利	刘　策	20	重庆	蒲　伟	罗　宇
7	黑龙江	梁旭源	高伟达	21	四川	韦秋杰	张　颖
8	上海	姚　军	汪俊尧	22	贵州	曹世勇	葛继雄
9	江苏	李文娟	徐　衡	23	云南	朱争光	李　毅
10	浙江	钱路宁	杨艳梅	24	陕西	王　茹	贾国波
11	安徽	黄　丹	李绍东	25	新疆	张　英	王　辰
12	福建	林晓星	蔡钰铭	26	新疆兵团	张　贞	张世旺
13	江西	郭玉华	邓　杨	27	广东	古娟妮	蓝宇航
14	山东	朱庆利	胡玉立				

3. 制造与工程技术（21 项）

数控铣

—— 项目介绍 ——

数控铣项目是指利用数控铣床（加工中心）对工件进行金属切削加工的竞赛项目，以金属切削刀具去除材料方式来完成工件制作。

—— 竞赛模块 ——

模块 A：模块 1

模块 B：模块 2

模块 C：模块 3

—— 人员名单 ——

裁判长：鲁宏勋　　裁判长助理：涂　勇

序号	参赛代表团	裁判员	选手	序号	参赛代表团	裁判员	选手
1	北京	何　跃	张　森	14	江西	王谷平	万佳乐
2	天津	李子齐	李　峰	15	山东	王天磊	商忠伟
3	河北	王海燕	刘　聪	16	河南	刘先生	杜博文
4	山西	常晓俊	司彦文	17	湖北	周远成	孙　啸
5	内蒙古	姜明磊	王炳森	18	湖南	谭志明	袁海俊
6	辽宁	官旭龙	卢太阳	19	广西	马晓宏	梁嘉明
7	吉林	王艳丽	林海锐	20	海南	潘小春	王冠森
8	黑龙江	王占平	张海庆	21	重庆	黄　鑫	王先顺
9	上海	何启超	周为苏	22	四川	沈德章	范　平
10	江苏	刘晓明	李宝晨	23	贵州	赵青松	陆兴斌
11	浙江	吴敏军	杨晨波	24	云南	张　立	张　鑫
12	安徽	董　健	程庭辉	25	陕西	林周宁	崔佳乐
13	福建	陈建武	叶祖彪	26	甘肃	孙耀恒	塞昊江

续表

序号	参赛代表团	裁判员	选手	序号	参赛代表团	裁判员	选手
27	青海	金耀东	章玫瑜	30	中国机械联	邰 鑫	郭旭贤
28	宁夏	何春保	刘祥坤	31	广东	杨登辉	周楚杰
29	新疆	任 辉	林建欣				

数控车

项目介绍

数控车项目是指使用数控车床对金属零件进行加工的竞赛项目,其中也包括使用常规的手动工具配合完成的相关工作。参赛选手需要根据技术图纸进行数控编程、刀具选择、安装刀具、设定刀偏等工作,去加工含有IT6级精度和精度等级低于IT6级的回转体工件。由于先进的数控车床带有铣削功能,所以数控车加工竞赛中含有铣削的加工要素。

竞赛模块

模块A:批量件加工

模块B:单套零件加工

模块C:单套零件加工

人员名单

裁判长:宋放之　　裁判长助理:徐国胜

序号	参赛代表团	裁判员	选手	序号	参赛代表团	裁判员	选手
1	北京	王 帅	井焦铭	7	吉林	隋国亮	刘东林
2	天津	吴 亮	李远东	8	黑龙江	韦洪喜	易 得
3	河北	李 明	欧李涛	9	上海	董 望	羌煜恒
4	山西	景均箱	张超然	10	江苏	陈王东	朱鸿杰
5	内蒙古	刘 玲	张明会	11	浙江	应 跃	周耀领
6	辽宁	高 嵩	张富鹏	12	安徽	蒋先伟	陈传谊

续表

序号	参赛代表团	裁判员	选手	序号	参赛代表团	裁判员	选手
13	福建	林俊发	陈健	23	贵州	杨维成	糜红梦
14	江西	程少慧	熊舒昊	24	云南	张彦青	赵振海
15	山东	尚念鹏	王国兵	25	陕西	段晓龙	邢伯睿
16	河南	张善晶	贾振望	26	甘肃	王景涛	王宏雄
17	湖北	李钊	胡纪越	27	青海	孙军	李健
18	湖南	周全华	罗淑芬	28	宁夏	毛明清	侯禹
19	广西	黄松	欧军荣	29	新疆	王海东	阿合叶德力·努尔别尔根
20	海南	郝晓飞	吴鹏	30	中国机械联	刘名维	刘洋
21	重庆	秦维刚	高廉政	31	广东	陈智民	吴鸿宇
22	四川	杨涛	张洲				

建筑金属构造

项目介绍

建筑金属构造项目包括工业和民用行业中金属结构的制作、组装、维护和修理、通用五金以及焊接制造等工作,主要涉及金属制品、金属结构、焊接技术和机械装备领域。

竞赛模块

模块:放样,切割,成形,焊接,装配

人员名单

裁判长:马德志 裁判长助理:孙浩

序号	参赛代表团	裁判员	选手	序号	参赛代表团	裁判员	选手
1	河北	高山	谷玥锋	3	内蒙古	王文山	张鹏鹏
2	山西	常亮	陈星裕	4	上海	黄世波	杨竣崧

续表

序号	参赛代表团	裁判员	选手	序号	参赛代表团	裁判员	选手
5	江苏	季文杰	缪佳平	14	重庆	余伟	诸鑫灵
6	浙江	陈波	应雨航	15	四川	刘定律	李大江
7	安徽	陈俊	张林	16	贵州	王月清	罗恒
8	福建	关强	胡诚恩	17	云南	卞涛	何文强
9	江西	肖熙	张旺旺	18	西藏	王金伟	刘允飞
10	山东	牛庆淮	周新东	19	陕西	董志成	马世俊
11	河南	翟建华	张修恩	20	新疆	王振	胡浩南
12	湖北	秦华	杨培煌	21	住建行业	秦荣健	罗树鑫
13	湖南	廖跃飞	郑佳凯	22	广东	邹彬	谢艺科

电子技术

项目介绍

电子技术项目是从事电子设计工作者进行电路设计、嵌入式编程、线路板测量与检修以及电子线路安装与调试的综合比赛项目，选手不仅要运用知识和经验设计电路或代码，还要通过熟练的操作与工艺实现设计。

竞赛模块

模块A：电路硬件设计（原型电路板设计与制作）

模块B：嵌入式系统编程

模块C：故障查找与维修

人员名单

裁判长：黄鑫　　裁判长助理：梁攀

序号	参赛代表团	裁判员	选手	序号	参赛代表团	裁判员	选手
1	北京	毛光荣	王茂宸	3	河北	周振雷	杨安
2	天津	刘松	李萍	4	山西	王瑞	赵琦

续表

序号	参赛代表团	裁判员	选手	序号	参赛代表团	裁判员	选手
5	内蒙古	李慧	刘宏阳	18	广西	李仁芝	甘嘉辉
6	辽宁	董毅	周世洁	19	海南	冯推顺	王东
7	吉林	陈起良	贯泽	20	重庆	黄卫	吴宇豪
8	上海	李云庆	刘浩	21	四川	成友才	刘俊豪
9	江苏	熊宣明	饵星亮	22	贵州	孔思琦	付应岚
10	浙江	徐光茹	李国庆	23	云南	李楠	杨诚
11	安徽	杨启健	丁东阳	24	陕西	王耀龙	高永乐
12	福建	叶荣华	郑锦灿	25	甘肃	李许军	蔡兴武
13	江西	刘云波	俞鸿涛	26	青海	张玲	顾锡龙
14	山东	罗成	刘金锏	27	宁夏	竺伟华	王浩
15	河南	高秋霞	范典	28	新疆	黄捷	闫自强
16	湖北	周仕林	曹博	29	广东	曾伟业	刘泽龙
17	湖南	刘建华	严洋				

工业控制

项目介绍

工业控制项目是指在工业生产设备或生产流程中，搭建工业自动化控制中心，为工业控制中心编写人机交互界面和自动化控制程序的项目。选手须完成电气安全及工具操作、工业设备安装、工业自动化控制程序编制、系统的设计和故障检查与排除。

竞赛模块

模块一：自动控制中心搭建

模块二：控制系统功能实现

模块三：电路原理图设计 / 改进

模块四：电气装置故障检测

人员名单

裁判长：闫虎民　　裁判长助理：宁康波

序号	参赛代表团	裁判员	选手	序号	参赛代表团	裁判员	选手
1	北京	王晓冬	常亚杰	16	河南	介 斐	李浩天
2	天津	史艳霞	徐文宇	17	湖北	朱浩然	文谨宜
3	河北	张晓春	谭锦承	18	湖南	赵 聪	唐文杰
4	山西	闫 帅	宋 畅	19	广西	谢祥强	黄开麟
5	内蒙古	刘 志	刘佳康	20	海南	王宝弟	吕 锴
6	辽宁	王 林	姜 吴	21	重庆	官 伦	喻 鹏
7	吉林	刘 南	周文迪	22	四川	何 涛	安鑫龙
8	黑龙江	廉法威	周发俊	23	贵州	李永宏	龙明鑫
9	上海	郑 昊	刘 俊	24	云南	江荣富	梁龙忠
10	江苏	朱 曦	刘中煦	25	陕西	秦文豪	耿佳滨
11	浙江	王振起	俞泽晖	26	甘肃	陈 彦	刘 杰
12	安徽	管洪光	张 帅	27	青海	崔文川	解邦胤
13	福建	江世文	肖富雄	28	新疆	白国军	张鹏辉
14	江西	卢香平	曾 江	29	广东	姜 光	肖 创
15	山东	袁 强	王明辉				

工业机械

项目介绍

工业机械项目是指利用加工设备、装配工具和检测仪器对工业机械、机械设备、自动化和机器人系统进行维护、装配、维修、改进等工作的竞赛项目。

竞赛模块

模块 A：机构制作

模块 B：机械传动

模块 C：气动控制技术

模块 D：电气装配

模块 E：轴系对中

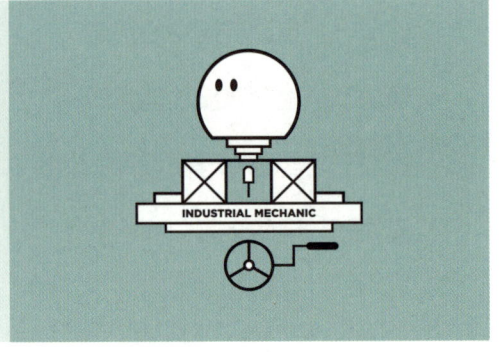

人员名单

裁判长：宋军民　　裁判长助理：恽孝震

序号	参赛代表团	裁判员	选手	序号	参赛代表团	裁判员	选手
1	北京	李东军	康笑章	14	山东	陈博范	张宝文
2	天津	贺琼义	李伯辉	15	河南	李红波	周佳祥
3	河北	王雨	高孝洋	16	湖北	周兰	艾正达
4	山西	陈泽波	李春波	17	湖南	戴铁轮	李军
5	辽宁	李金铭	许宏振	18	广西	梁伟光	覃家富
6	吉林	孙邦会	杨兆源	19	重庆	程光亮	江治亳
7	黑龙江	赵跃松	邵洪延	20	四川	王渝涛	蔡江
8	上海	徐伟	张容志	21	贵州	李庆	杨宏
9	江苏	戴文博	谢村善	22	云南	纳伦	谭志远
10	浙江	胡增辉	柳一	23	陕西	闫剑锋	韩佳博
11	安徽	周佳佳	路海杰	24	宁夏	蔡春林	马海强
12	福建	张春明	雷宏健	25	广东	唐培强	林家喜
13	江西	魏新	谢家仁				

制造团队挑战赛

项目介绍

制造团队挑战赛是一项团队竞赛项目，每个参赛队由3名选手组成。竞赛内容主要是完成机电类产品的设计与制造，对团队的要求涵盖机械设计、电路设计、产品制图、电子装配、电路编程、数控加工、普车加工、普铣加工、3D打印、装配调试、测试验证、成本控制、宣传推广等方面。

竞赛模块

产品设计专业方向

模块A：产品设计与实现

模块B：电路控制

模块C：时间成本

数控加工专业方向

模块A：数控零件加工

模块B：普车零件加工

模块C：电子装配

模块D：工具箱成本

综合制造专业方向

模块A：普铣零件加工

模块B：普车零件加工

模块C：电子装配

模块D：工具箱成本

人员名单

裁判长：周春雷　　裁判长助理：胡海涛

序号	参赛代表团	裁判员	选手	序号	参赛代表团	裁判员	选手
1	天津	吴泽辉	刘道德 段海庚 李明楼	7	浙江	杜立波	王佳宁 谢正涛 张 毫
2	山西	卫新晶	庞超杰 李智豪 李 超	8	安徽	华宜明	黄君豪 曹有辉 黄 盛
3	吉林	吴斌	温晓朋 何光鑫 黄庭威	9	福建	郑棋雨	罗建文 陈 龙 江浩森
4	黑龙江	赵颖红	黄彦斌 郑家鹏 陆 昆	10	江西	刘林根	邓万智 胡 磊 曾 玉
5	上海	乐旺锋	张酉江 黄剑波 何俊名	11	山东	王树斌	谢卓华 夏鹏凯 辛智鹏
6	江苏	周春然	张 意 吴辰晨 刘常发	12	河南	于 澎	李 勐 苗永齐 邹志远

续表

序号	参赛代表团	裁判员	选手	序号	参赛代表团	裁判员	选手
13	湖北	程洪涛	陈祉熹 常飞虎 潘罗	18	贵州	申小玲	韦涛 周露保 何新伟
14	湖南	王斌	黄永明 胡秦銮 袁逸	19	云南	杨成志	鲁强明 张硕 张伟
15	广西	石高勇	覃宏弟 何佳辉 邓海龙	20	陕西	江洲洋	李萌月 张治新 聂豪
16	重庆	李诚	刘自强 谢俊华 周衡	21	广东	陈泳桓	梁钟文 覃海军 李小锋
17	四川	蔡昌勇	郝鉴栋 李鹏龙 胡福兴				

CAD 机械设计

项目介绍

CAD 机械设计项目是指应用计算机辅助设计软件、三维打印机、三维扫描仪和手工测量工具,为产品设计和制造建立零件和装配模型、详细工程图纸、产品设计和工艺解决方案的数字或纸质文件;使用三维扫描仪结合手工测绘工具创建逆向工程模型;提交含有三维打印件的产品设计原型,并验证预定功能的项目。

竞赛模块

模块 M1:机械设计挑战

模块 M2:机械制造

模块 M3:装配建模与工程图

模块 M4:逆向工程

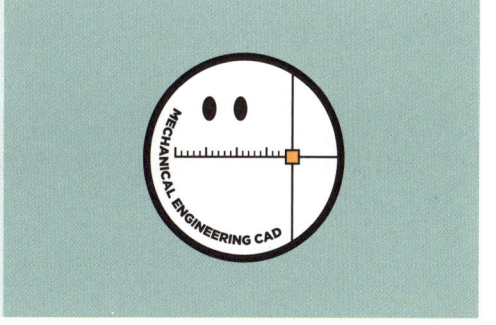

人员名单

裁判长：杨伟群　　裁判长助理：温广云

序号	参赛代表团	裁判员	选手	序号	参赛代表团	裁判员	选手
1	北京	王爱红	温彦兴	15	山东	王兴涛	张恩浩
2	天津	姚继蔚	张腾	16	河南	师小明	袁梦伟
3	河北	梁海利	耿诗垚	17	湖北	林利芬	陈永康
4	山西	张红志	李健	18	湖南	黄琪	刘惠
5	内蒙古	王利全	李敏	19	广西	何建宁	黄爱强
6	辽宁	肖琳娜	李文龙	20	重庆	梁光明	陈渝
7	吉林	蔡佳庆	杨世忠	21	四川	曾涛	黄庄明
8	黑龙江	陈冬冬	李玉恒	22	贵州	杨义慧	代威
9	上海	张青雷	倪智扬	23	云南	念改生	段舜杰
10	江苏	王英玲	陈启熙	24	陕西	刘京辉	王军
11	浙江	韩瑞生	许晨涛	25	甘肃	张昊	李禧龙
12	安徽	朱强	井肖龙	26	宁夏	毛涛	张玉坤
13	福建	陈聪	陈武潮	27	新疆	张秀萍	邓上琮
14	江西	丁宇宁	柳嘉鑫	28	广东	林泽生	林武全

机电一体化

项目介绍

机电一体化项目是指通过机械、气动技术、液压技术、电工学、电子学、计算机技术、生产数字化技术、机器人技术和系统开发等进行设计、组装、安装、调试、维护、修理和校调自动化工业设备及编写设备控制系统和人机界面程序的竞赛项目。

竞赛模块

模块A、B：已知模块安装、编程、调试及运行。

模块C：模块及生产线的安装、编程、调试及运行

模块D：模块及生产线的安装、编程、调试、运行及优化

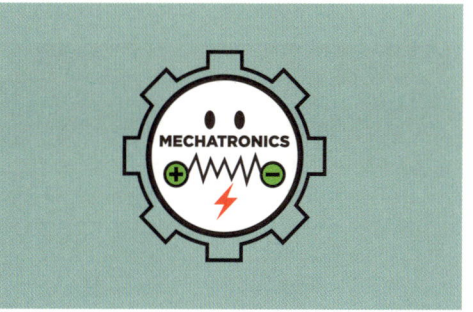

人员名单

裁判长：李全利　　裁判长助理：徐　伟

序号	参赛代表团	裁判员	选手	序号	参赛代表团	裁判员	选手
1	北京	韩方旭	潘朝阳 罗自立	14	江西	黄辉	钟海强 何宏钦
2	天津	翟津	叶林华 黄焕昌	15	山东	谢吉国	于宪哲 张玉辰
3	河北	戚成浩	邓华海 王善辉	16	河南	朱运晓	司传豪 王显
4	山西	师东明	刘洋 聂涛	17	湖北	张涛	韩俊伟 郭博文
5	内蒙古	关海英	姚波 胡博	18	湖南	宋安宁	宋子文 沈俊杰
6	辽宁	宋凯	杨可新 董恒君	19	广西	石冠芳	黄家熙 李阿优
7	吉林	王志强	孙立朋 王晨霖	20	海南	池昭宏	王刚 林克锋
8	黑龙江	赵福	王佳辉 赫英杰	21	重庆	王羽	丁久平 汪兴林
9	上海	龚魏清	顾培杰 惠佳晟	22	四川	唐涛	李秋硕 李杰
10	江苏	孟庆龙	聂嘉伟 王梦雨	23	贵州	卢南方	刘朝成 杨锦辉
11	浙江	卢望	茅银樑 林嗣敏	24	云南	范纯	李昌云 曾凡仓
12	安徽	雍加豪	王光明 王伟	25	陕西	魏啸桐	刘兆阳 胡佳豪
13	福建	林邦舜	黄尊锦 王盛良	26	青海	刘清海	刘国良 于晓东

续表

序号	参赛代表团	裁判员	选手	序号	参赛代表团	裁判员	选手
27	新疆	韩 华	舒长江 麦合木提·阿卜力米提	29	中国机械联	伍思洪	张展锐 吴延航
28	新疆兵团	陈彦泰	杨小龙 李雨泰	30	广东	宋 建	黄宝顺 丘锦兴

移动机器人

项目介绍

移动机器人项目是指相关从业者在一定时间内针对特定问题,通过与客户沟通,获得相关需求,按照流程建立原型机并展示的过程。该项目要求参赛队员能够设计、维护、开发不同功能移动机器人本体及应用,是集观赏与竞技为一体的世赛项目。

竞赛模块

模块A:工作组织与管理

模块B:设计

模块C:装配与评价

模块D:编程、检测与调试

模块E:性能检查与演示

人员名单

裁判长:郑 桐　　裁判长助理:闫毅平

序号	参赛代表团	裁判员	选手	序号	参赛代表团	裁判员	选手
1	北京	崔凯楠	邓伟康 杜云鹏	3	河北	杨文利	陈潮阳 曹梦涛
2	天津	郜 鑫	王明鹏 申 林	4	山西	邓艳丽	杨晋博 任峰勇

续表

序号	参赛代表团	裁判员	选手	序号	参赛代表团	裁判员	选手
5	内蒙古	李晓琴	温 乐 辛雪栋	17	湖北	施亚齐	万明涛 张 豪
6	辽宁	石 伟	胡建文 邹 亮	18	湖南	刘定良	宋远强 彭国江
7	吉林	徐子奇	王文锋 杨 鹏	19	广西	李铤蔚	黄林星 黄俊辉
8	黑龙江	高海林	贾艺玮 于嘉楠	20	海南	王启名	杨 博 董汉强
9	上海	汪振中	李 嵩 黄瀚文	21	重庆	欧汉文	陈泽齐 贺玖波
10	江苏	徐才广	田权生 张皓伟	22	四川	苏鹏权	应显龙 成 娜
11	浙江	王鹏飞	李鸿飞 王礼杭	23	贵州	彭爱泉	李琦琦 刘俊兴
12	安徽	殷春景	李 彬 祁庆旭	24	云南	郑棋元	高李晟 段熙奎
13	福建	何用辉	蔡廉文 侯小平	25	陕西	王 瑞	范凯航 辛毅轩
14	江西	吴钰琳	饶来生 涂文杰	26	新疆	孙东东	杨永青 阿克珠力·阿思里白克
15	山东	张成凤	王鑫宇 邵珠文	27	中国机械联	章安福	关杰民 谭华纳
16	河南	王 博	侯坤鹏 唐高远	28	广东	刘 欢	李晓杰 许 骏

塑料模具工程

项目介绍

塑料模具工程项目是指选手独立运用产品设计、数控编程、数控加工、模具装配以及产品注塑等专业知识和技能，依据图纸和技术要求，使用CAD/CAM软件和操作加工中心等设备，完成产品建模、模具设计、数控加工、模具装调、注塑试模等模具专业全工作过程的竞赛项目。

竞赛模块

模块一：模具设计模块

模块二：模具制造模块

人员名单

裁判长：李克天　　裁判长助理：张志斌

序号	参赛代表团	裁判员	选手	序号	参赛代表团	裁判员	选手
1	天津	唐铭	刘长鑫	12	河南	尚根宣	崔英杰
2	山西	田志凯	赵梦伟	13	湖北	高海宝	喻志杰
3	辽宁	杨涛	何长健	14	湖南	陈涛	刘豪杰
4	吉林	孟子善	黄荣	15	海南	余水晶	潘家升
5	上海	严晴峰	孟庆贺	16	重庆	韦光珍	孙承刚
6	江苏	赵钱	张超	17	四川	董海	宋吉能
7	浙江	许明明	徐佳杰	18	贵州	王洋	韦顺水
8	安徽	陈松	郁宗浩	19	云南	何国珠	梁铨伟
9	福建	周明香	柳志杰	20	陕西	杨海东	马建霞
10	江西	吴俊超	曾光	21	广东	李伟国	陈镇彬
11	山东	李春芳	于骐铭				

原型制作

项目介绍

原型制作项目是指运用 CAD 软件进行原型正逆向设计与局部自由设计，根据自己设计的图纸，使用指定的材料，运用机械加工、CNC 加工、3D 打印等工艺制作模型，并对模型进行表面处理及装饰的竞赛项目。

竞赛模块

模块 A：原型设计建模

模块 B：原型工程图

模块 C：原型制作

模块 D：原型装饰

人员名单

裁判长：熊志勇　　裁判长助理：刘青宗

序号	参赛代表团	裁判员	选手	序号	参赛代表团	裁判员	选手
1	天津	王鹏	杜德正	11	江西	李可	邹明亮
2	河北	张秀礼	王严	12	山东	赵向阳	张风利
3	山西	郜贝锋	李傲	13	河南	刘会明	杨浩然
4	辽宁	代继业	张佳朔	14	湖南	周学军	陈涛
5	吉林	陈斯捷	刘嘉乐	15	重庆	缪晓宾	胡海波
6	上海	王培军	史济隆	16	四川	吉超	罗杰
7	江苏	黄晓冲	邹龙龙	17	贵州	袁小周	何金鹏
8	浙江	周磊敏	陈旭杨	18	云南	凡敏	钱肖
9	安徽	杨锋	奚安东	19	陕西	赵鹏	第五鹏超
10	福建	王海平	陈伟斌	20	广东	赵晓霞	许思路

焊接

项目介绍

焊接项目是指按照图纸要求进行正确组装，并根据图纸要求的焊接工艺和相应技术标准、安全规程来制备与连接不同类型、不同规格金属材料的竞赛项目。

竞赛模块

模块A：组合件

模块B：压力容器

模块C：不锈钢结构件

模块D：铝合金结构件

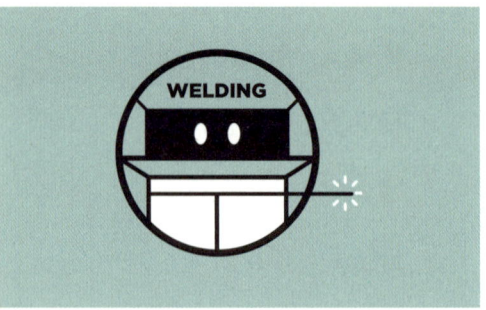

人员名单

裁判长：刘景凤　　裁判长助理：谢　琦

序号	参赛代表团	裁判员	选手	序号	参赛代表团	裁判员	选手
1	北京	王文华	郝梓旭	17	湖北	莫芝林	薄坤龙
2	天津	井劲松	王浩芃	18	湖南	李良	刘过
3	河北	杨磊	杜英达	19	广西	王晨宇	王福田
4	山西	田强	马旭峰	20	重庆	赵炜	李伦勇
5	内蒙古	肖强	刘英爽	21	四川	周树春	王浩
6	辽宁	王德军	袁清秋	22	贵州	蒙华	陈堂乾
7	吉林	王贺龙	王森	23	云南	赵脯菠	尹原骏
8	黑龙江	刘陈雷	张迪	24	西藏	赵光	格桑达杰
9	上海	凌炜	高雨轩	25	陕西	朱锡霞	王聪
10	江苏	宁显海	曹大睿	26	甘肃	张鹏	李文杰
11	浙江	夏琦男	丁澄洋	27	青海	李振鹏	李超业
12	安徽	董留寨	盛云亮	28	宁夏	吴玉鹏	张路路
13	福建	邵合川	杨茂松	29	新疆	宋思军	马孝龙
14	江西	张苗林	周春培	30	新疆兵团	安拥军	李嘉诚
15	山东	韩光山	周伟	31	住建行业	李仁全	蒋鸿森
16	河南	孙洁	安文兵	32	广东	程克辉	朱瑞峰

水处理技术

项目介绍

水处理技术项目是指对城市或工业的供水和废水处理系统、设备进行管理、监控、控制、维护和维修的竞赛项目，要求选手具备化学、生物、电气、机械、自动化和环境保护方面的知识和技能。

竞赛模块

模块 A：实验室条件下水样混凝优化实验

模块 B：水样钙的测定

模块 C：泵站的运行和维护

模块 D：废水水处理技术

模块 E：过程自动化系统 PA

模块 F1：VR 仿真

模块 F2：VR 仿真

模块 G：文档

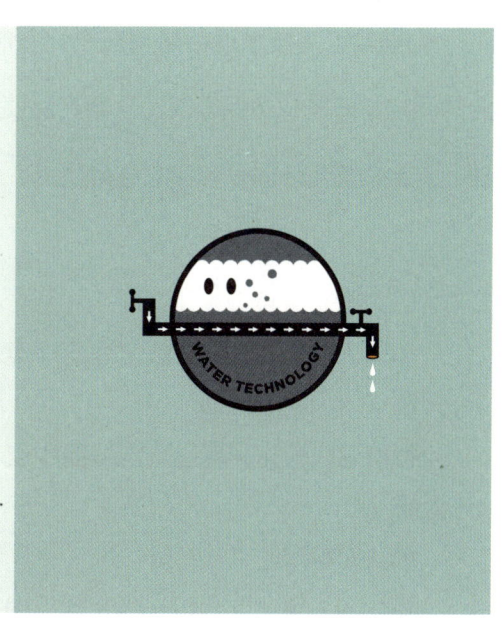

人员名单

裁判长：王 湛　　　裁判长助理：柳旭国

序号	参赛代表团	裁判员	选手	序号	参赛代表团	裁判员	选手
1	北京	王 冬	张子康	15	湖北	郑 丹	黄 娇
2	天津	吴国旭	梁高康	16	湖南	梁美东	杨书昱
3	河北	王怀宇	邓红帅	17	广西	蒋艳忠	黄宗昱
4	山西	申世忠	程 璇	18	重庆	马焕春	梅贤江
5	内蒙古	闫 静	王武军	19	四川	何 燕	滕诗宇
6	吉林	白立军	张海双	20	贵州	李燕灵	李 青
7	上海	陆志波	焦贺铭	21	云南	武彦生	苏跃宝
8	江苏	刘昕雅	王志铃	22	陕西	崔文林	葛旭勇
9	浙江	杨立峰	郑 科	23	甘肃	张永合	郭宏丽
10	安徽	刘丹丹	王子龙	24	青海	杜 璐	田青川
11	福建	黄晓霞	魏伟康	25	宁夏	周 洁	陈 帆
12	江西	柯瑞华	张学平	26	新疆	曾凡江	刘晨杨
13	山东	贺 琼	杜佩奇	27	住建行业	江 梅	徐建成
14	河南	张小勇	李 泉	28	广东	魏海翔	陈 锋

化学实验室技术

项目介绍

化学实验室技术项目是指在石化、制药、油漆和涂料、建材和高分子材料、国防等行业的质控、研发、环保等部门从事产品质量分析、物质的合成与化学测试、实验室组织与管理、安全预防与环保等内容的竞赛项目。

竞赛模块

模块A：化学分析法测定样品中混合金属组分含量

模块B：分光光度法测定样品中混合金属组分含量

模块C：溴乙烷的制备

模块D：电化学分析法测定样品中金属组分含量

人员名单

裁判长：季剑波　　裁判长助理：燕传勇

序号	参赛代表团	裁判员	选手	序号	参赛代表团	裁判员	选手
1	北京	李文忠	蒋少博	15	湖南	王织云	柳淼
2	天津	崔迎	刘联通	16	广西	邓恒俊	甘雪妮
3	河北	程彦海	张倩颖	17	海南	谢良汉	张蝶
4	吉林	严世成	张晟豪	18	重庆	龚锋	曹奉宁
5	黑龙江	赵云虹	张可欣	19	四川	罗思宝	刘宠
6	上海	陈兴利	张杰	20	贵州	陈万明	熊念
7	江苏	孙桃	王德龙	21	云南	李学章	李小花
8	浙江	许凌敏	李悦	22	陕西	樊红珍	张前前
9	安徽	刘红梅	赵梦妮	23	甘肃		火生婷
10	福建	谢茹胜	林宝玉	24	青海	李雪莲	党婧
11	江西	陈静	温馨茹	25	宁夏	王淑华	马鑫龙
12	山东	杨明明	项东雪	26	新疆兵团	刘婷婷	陈玲
13	河南	贺攀科	姜雨荷	27	广东	李小丽	冯后熙
14	湖北	杨文婷	贺雪晴				

增材制造(新)

项目介绍

增材制造技术项目是指融合计算机辅助设计、材料加工与成型技术、以数字模型文件为基础,通过软件与控制系统将专用的金属材料、非金属材料以及医用生物材料,按照挤压、烧结、熔融、光固化、喷射等方式逐层堆积,制造出实体物品的竞赛项目。

竞赛模块

模块A:数字建模、结构优化及打印

模块B:零件模型修复、工程图绘制

模块C:三维数字化扫描与数据处理

模块D:后处理

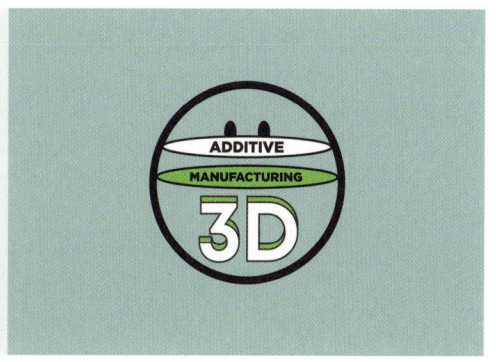

人员名单

裁判长:陈 娟 裁判长助理:张瑜胜

序号	参赛代表团	裁判员	选手	序号	参赛代表团	裁判员	选手
1	北京	张 皓	田京宇	14	江西	陈 虎	冷建锋
2	天津	徐 洋	吴超辉	15	山东	张莉娟	魏龙翔
3	河北	薄向东	朱晓仓	16	河南	徐翔民	杜梦珂
4	山西	乔 琳	程家兴	17	湖北	朱 红	邵 权
5	内蒙古	刘月琴	王晓波	18	湖南	邓远华	刘林杰
6	辽宁	董 彤	郭方远	19	海南	陈绵睿	陈业培
7	吉林	刘 洋	刘晋廷	20	重庆	任福建	王 锐
8	黑龙江	付红杰	常 鹏	21	四川	杨险峰	贺 涵
9	上海	吴晨涛	丁轩浩	22	贵州	包云钧	徐 强
10	江苏	王文景	施 雨	23	云南	杜洪志	刘建泽
11	浙江	王梁华	李舒伟	24	陕西	杨兵兵	刘 哲
12	安徽	张奎晓	康伟业	25	新疆	李 磊	张智鑫
13	福建	杨开怀	陈则言	26	广东	曾浩杰	林伟桐

工业设计技术（新）

项目介绍

工业设计技术项目是指以科技的手段和艺术的表现，对工业产品在材料、结构、工艺、形态、人机关系等方面进行综合处理，使其具有实用、经济、美观的优良品质的竞赛项目。参赛人员须熟悉产品设计方法，熟练掌握设计软件及 3D 打印操作。

竞赛模块

模块 1：概念方案草图设计

模块 2：产品改良设计

模块 3：产品设计方案输出

模块 4：产品设计方案模型制作

模块 5：产品设计方案展示

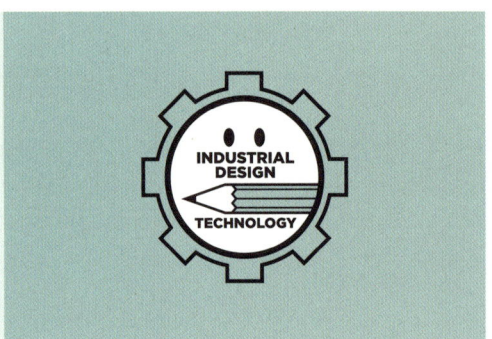

人员名单

裁判长：王方良　　裁判长助理：张　肖

序号	参赛代表团	裁判员	选手	序号	参赛代表团	裁判员	选手
1	河北	杜明星	董中斌	12	山东	公茂金	伏兆鑫
2	山西	邢小软	刘毅然	13	河南	于淼	张龙志
3	内蒙古	张海宁	王博	14	湖北	王海文	张晴霞
4	辽宁	刘洋	刘美麟	15	湖南	曾莉	陶源
5	吉林	王婷婷	李旖	16	广西	吴云艳	陈家俊
6	上海	赵云华	樊博文	17	重庆	郑正	潘越
7	江苏	刘智志	邱树宇	18	四川	廖丽	杨吉通
8	浙江	陈建军	孙炫政	19	贵州	谢良松	禄昕
9	安徽	毛祖光	姚丽敏	20	陕西	冯娟	李伟
10	福建	蓝敏俐	刘添松	21	甘肃	裴兴林	孙兴龙
11	江西	谌云霞	刘伟安	22	广东	王秀峰	卓嘉鹏

工业 4.0（新）

项目介绍

工业 4.0 项目是指通过将现场生产设备和加工对象等制造资源的互联互通，并实现与制造执行系统和系统仿真软件的纵向集成，高效、柔性安全地完成产品个性化定制的竞赛项目。

竞赛模块

模块 A：单站安装、编程、调试及运行

模块 B：网络组网与安全

模块 C：把工业 3.0 改造成工业 4.0

模块 D：数字仿真技术

模块 E：生产系统集成、调试、运行、优化、分析及报告

人员名单

裁判长：陈　明　　裁判长助理：王龙华

序号	参赛代表团	裁判员	选手	序号	参赛代表团	裁判员	选手
1	北京	李洋	赵琮 张彪	7	吉林	朱立达	邹小林 潘思雨
2	天津	钟平	贺涛涛 李云鹏	8	黑龙江	赵立忠	张明阳 王子鹏
3	河北	高南	刘梦晗 陈凯	9	上海	唐堂	万志瑶 花培文
4	山西	郭肖俊	赵慧青 韩斌	10	江苏	魏宁宇	朱中铭 张茁昂
5	内蒙古	王薇	刘杰 于光宇	11	浙江	沈霖	卢志轩 任游游
6	辽宁	李想	何佳宁 穆奕霏	12	安徽	张本松	郭成成 王韬

续表

序号	参赛代表团	裁判员	选手	序号	参赛代表团	裁判员	选手
13	福建	何建华	江海华 陈洪松	21	四川	刘小棠	余卓恒 李超文
14	江西	郑伟胜	周欢欢 钟 辉	22	贵州	蒋家碧	萧梦江 周宇航
15	山东	苏美亭	孙志涛 焦腾达	23	云南	杨志红	李祥林 侯烨波
16	河南	赵宏杰	赵一卓 韩耀然	24	甘肃	胡宗政	胡军奎 李 龙
17	湖北	范瑜珍	李卓伟 闫 胜	25	新疆	陈文涛	刘振平 戴金龙
18	湖南	金 瑾	李 豪 吴志锋	26	中国机械联	杨 敏	张建辉 邓嘉贺
19	海南	刘宜茹	郭鹏辉 杨大川	27	广东	李 瑛	于小浪 陈皇星
20	重庆	康 亚	贺 勇 贺祖炀				

光电技术(新)

项目介绍

光电技术项目是光电技术工程/技术人员利用相关技术技能,满足光电产业链中"产品制造—应用实施—维护优化"的岗位需求,以达到人们对智能化节能光环境需求的竞赛项目。

竞赛模块

模块A:光电应用终端产品制造与维修

模块B:光电应用系统的实施

模块C:光电系统的优化

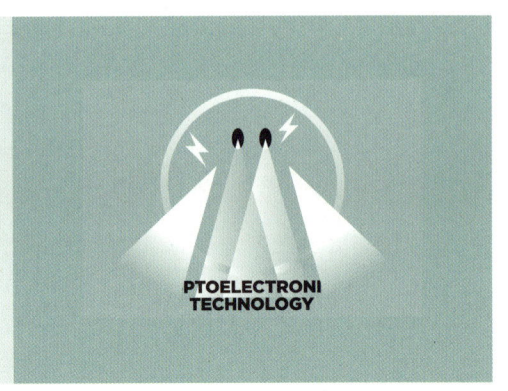

人员名单

裁判长：周渝曦　　裁判长助理：周青呈

序号	参赛代表团	裁判员	选手	序号	参赛代表团	裁判员	选手
1	北京	宛建平	李郝旺	13	山东	肇心刚	崔建强
2	天津	沈庆绪	张中行	14	河南	郭泽华	张鹏
3	河北	冯霞	李小龙	15	湖北	周威	张武帅
4	山西	赵正杰	麦演浩	16	湖南	唐东科	陈奕铭
5	内蒙古	丛志茹	武磊磊	17	海南	潘成	严家荟
6	吉林	韩冬岩	李鑫	18	重庆	高亮	李小松
7	上海	李海英	薛金辉	19	四川	刘海军	李朋运
8	江苏	景玉荣	李新磊	20	贵州	许百军	向少毅
9	浙江	盛继华	陈时星	21	云南	胡向东	李国祥
10	安徽	彭银松	朱本阳	22	陕西	黄俊梅	王智峰
11	福建	林文友	林亮亮	23	青海	李延成	应永鑫
12	江西	徐升鹏	王国庆	24	广东	沈晓霞	陈骏安

可再生能源（新）

项目介绍

可再生能源包含了风能、太阳能、水能、生物质能和地热能等多种形式，发展可再生能源是全球能源转型的基本趋势。通过可再生能源的项目实施、安装调试、系统运行、工程维护、故障排查、布局设计等环节的实践，提高和检验选手的熟练操作能力和创新发展能力。

竞赛模块

模块 A：工程部署与实施

模块 B：系统的运行与调试

模块 C：系统维护与故障排除

模块 D：区域可再生能源系统的规划设计

人员名单

裁判长：朱卫军　　裁判长助理：薛　林

序号	参赛代表团	裁判员	选手	序号	参赛代表团	裁判员	选手
1	上海	朱群志	刘彦江	8	湖南	张清小	朱黎彦
2	江苏	黄咏梅	朱海	9	重庆	辛立	邱云泽
3	安徽	葛本利	尚跃	10	四川	王忠	马兴
4	福建	孟伸	祝铭杰	11	贵州	杨欢欢	杨通周
5	江西	黄南军	吴勇波	12	新疆	李彬	王润龙
6	山东	董小玮	王风泽	13	广东	李永忠	陈智勇
7	河南	王永科	汪一帆				

机器人系统集成（新）

项目介绍

机器人系统集成项目是指根据生产需要，将机器人系统集成（组装）到整体的竞赛项目。选手在规定时间内完成任务分析、系统设计、设备安装等工作，通过编程实现相关作业流程，完成规定任务。

竞赛模块

模块A：工作组织与管理

模块B：机械设计与安装

模块C：电气设计与连接

模块D：机器人系统编程与调试

模块E：拓展任务

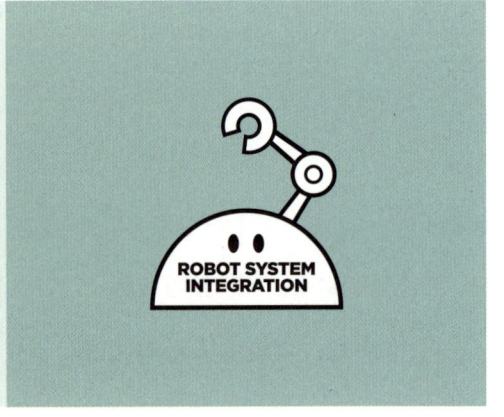

赛事活动篇

人员名单

裁判长：李瑞峰　　裁判长助理：李关华

序号	参赛代表团	裁判员	选手
1	北京	王杰	刘齐 纵恒
2	天津	郝飞	韩朝羽 郑杨笛
3	河北	孙志平	马宏林 李轩
4	山西	高静	李常富 廉成昊
5	辽宁	祝智铭	倪铭泽 吴博雄
6	吉林	宋云艳	李多 李威延
7	黑龙江		刘佳璇 李长志
8	上海	章嘉浩	冯志顺 郑天翔
9	江苏	梁易华	陈俊雄 罗宇
10	浙江	项万明	马骏 江雨欣
11	安徽	苏贺	韩国进 杨震
12	福建	张秀霞	卢文炜 饶钊安
13	江西	杨文俊	程泽军 李伟伟
14	山东	苏子民	赵普 王硕
15	河南	王东辉	李衡 李帅雷
16	湖北	廖开喜	曾庆基 赖旺旺
17	湖南	赵业丰	毛志磊 唐浩峰
18	广西	邹火军	李治彬 黄新豪
19	海南	冯春	吴家蓁 杨许靖
20	重庆	赵立军	覃雨 唐博
21	四川	罗光伟	欧金林 朱俊杰
22	贵州	李超	周道沛 杨波
23	云南	李永红	李鸿旺 李亮
24	陕西	余娜	李茗轩 肖飞雄
25	新疆	刘焕海	杨进鑫 张铭坤
26	中机联	莫文统	刘豪然 刘庆峰
27	广东	林钦仕	吴龙辉 郭永异

4. 信息与通信技术（8项）

信息网络布线

项目介绍

信息网络布线项目是指利用以太网技术、局域网技术和办公室/家庭网络技术，根据要求进行规划设计，根据技术标准完成对光纤电缆、铜缆的安装、性能测试，进行无线技术和网络应用实施和维护维修的竞赛项目。

竞赛模块

模块A：光纤布线系统

模块B：结构化布线系统

模块C：智能家居/办公应用

模块D：速度测试

模块E：故障排除

人员名单

裁判长：卢　勤　　裁判长助理：韦国发

序号	参赛代表团	裁判员	选手	序号	参赛代表团	裁判员	选手
1	北京	韩英华	李　彤	16	湖北	吴　建	闫光辉
2	天津	徐　鹏	张洪豪	17	湖南	尹友明	盛镇归
3	河北	刘万昌	张　鹏	18	广西	田　力	林圣卓
4	山西	王亚沁	麻　彪	19	重庆	余建军	贾浩冉
5	内蒙古	兰鹏富	张文鑫	20	四川	马晓强	雷海龙
6	吉林	岳松彬	于馨然	21	贵州	吴洪军	朱斗松
7	黑龙江	周海波	石昆鹏	22	云南	马　欣	扎史都杰
8	上海	彭雪海	李自强	23	西藏	高志远	平措郑堆
9	江苏	费　涨	吴岳森	24	陕西	汪　杰	牛帅帅
10	浙江	施　杨	阳　凇	25	青海	夏美艺	武　滨
11	安徽	张　军	杜思锦	26	宁夏	马晓虎	安泽坤
12	福建	郭木阳	洪嘉俊	27	新疆	葛　斌	陈智源
13	江西	王　扬	刘华森	28	新疆兵团		阿地里·吐尔地
14	山东	李英奎	陈　源	29	广东	林洪伟	崔艳霞
15	河南	任亚西	王明轩				

网络系统管理

项目介绍

网络系统管理项目旨在对各种类型的网络项目进行分析、设计、连接、配置、调试、升级，对服务器和客户端进行相应配置，并实现各类服务的互联互通及保障系统稳定运行与网络安全。

竞赛模块

模块 A：Linux 环境

模块 B：Windows 环境

模块 C：网络设备环境

模块 D：秘密挑战

人员名单

裁判长：田 钧　　裁判长助理：肖 威

序号	参赛代表团	裁判员	选手	序号	参赛代表团	裁判员	选手
1	北京	姚 雷	王钰喜	16	湖北	程 宁	黄泽想
2	天津	闫 明	王 华	17	湖南	尹鹏飞	邓 波
3	河北	邹 洁	卢玉坤	18	广西	邓启润	周 信
4	山西	田海鹏	张 腾	19	海南	张 雄	劳 淋
5	内蒙古	孙汝光	赵磊磊	20	重庆	罗 攀	刘星鑫
6	吉林	许 龙	张鑫鹏	21	四川	潘家平	任紫玫
7	黑龙江	郭 帅	李恩泽	22	贵州	李 智	周 文
8	上海	向 荣	龚宇航	23	云南	伏运标	杨 超
9	江苏	高永祥	张武昊	24	西藏		格玛格列
10	浙江	王登州	陆炜杰	25	陕西	李爱国	蔡 航
11	安徽	吴修庆	王袁帅	26	甘肃		靳娟杰
12	福建	刘炎火	谢君灏	27	新疆	王 帅	林明谦
13	江西	辛诚琨	缪国湾	28	新疆兵团	程 永	姚 浩
14	山东	商和福	张玉星	29	广东	黄道金	黄金强
15	河南	张 艳	雍海龙				

商务软件解决方案

项目介绍

商务软件解决方案项目是指运用软件开发平台、数据库管理工具,根据要求完成软件解决方案的竞赛项目。主要从工作组织和管理,交流和人际技能,问题解决和创新,分析设计、开发软件解决方案等几方面考核选手的技能水平。

竞赛模块

模块 A:移动应用程序开发

模块 B:桌面应用程序开发

模块 C:移动应用程序开发

模块 D:桌面应用程序开发

模块 E:分析、设计与 PPT 制作

模块 F:PPT 汇报

人员名单

裁判长:韩素华　　裁判长助理:孟庆华

序号	参赛代表团	裁判员	选手	序号	参赛代表团	裁判员	选手
1	北京	王海军	胡上楠	11	河南	翟慧	魏乾坤
2	天津	赵磊	王宇婷	12	湖北	胡成松	黎琦
3	河北	张育才	王旭政	13	湖南	周士杰	凌俊杰
4	上海	苏前敏	庞泽锐	14	重庆	谭晏松	夏林
5	江苏	杜润	曹佳豪	15	四川	任磊	周华明
6	浙江	梅旭时	孙宇凯	16	贵州	柴作良	张德
7	安徽	李云松	许云东	17	云南	李林海	李绍磊
8	福建	赵矿军	许静仁	18	陕西	史小英	柴宝龙
9	江西	毕传林	刘俊文	19	新疆	陆立松	张学峰
10	山东	陈娅冰	郭晓铭	20	广东	曹小萍	黄俊龙

印刷媒体技术

项目介绍

印刷媒体技术项目是指使用胶印机、数字印刷机和相关设备、软件、仪器来生产满足客户需求的商业或包装印刷品的竞赛项目。

竞赛模块

模块 A：胶印

模块 B：数字印刷

模块 C：附加任务

人员名单

裁判长：李不言　　裁判长助理：管雯珺

序号	参赛代表团	裁判员	选手	序号	参赛代表团	裁判员	选手
1	天津	仇久安	王迎龙	10	河南	杨慧芳	魏秦航
2	吉林	宋国华	夏正龙	11	湖北	张 强	王泽新
3	上海	薛 克	顾俊杰	12	重庆	于明伟	董 灿
4	江苏	张文剑	汤 磊	13	四川	刘 渝	黄光锐
5	浙江	刘海燕	周森孩	14	贵州	罗 政	何瑞豪
6	安徽	艾海荣	王展鹏	15	陕西	索鹏云	周易依
7	福建	张在杰	郭燕如	16	甘肃	鲍 蓉	熊飞云
8	江西	肖志敏	余斯哲	17	广东	陈慧昌	刘瑾睿
9	山东	陈安宏	赵常庚				

网站设计与开发

项目介绍

网站设计与开发项目是要求选手熟练掌握网站开发涉及的相关技能，主要包括设计和重构模块、前端功能和交互模块、API开发模块、信息系统前端功能模块、团队挑战赛模块的全栈开发的竞赛项目。

竞赛模块

模块 A：设计和重构

模块 B：前端功能和交互

模块 C：API 开发

模块 D：信息系统前端功能

模块 E：团队挑战赛

人员名单

裁判长：张　凌　　裁判长助理：吴迎祥

序号	参赛代表团	裁判员	选手	序号	参赛代表团	裁判员	选手
1	北京	郝金亭	首添靖	16	湖北	马涛	艾宇阳
2	天津	张居彦	杨天航	17	湖南	龙大奇	陈柴
3	河北	马文静	党言	18	广西	高伟锋	康田昊
4	山西	常艳	程胜强	19	海南	张福帅	黄卓
5	内蒙古	王晓燕	王刚	20	重庆	卢建云	宋子豪
6	吉林	沙继东	张朕源	21	四川	黄吉兰	黄煜茗
7	黑龙江	李丽	王振	22	贵州	朱希伟	王岚琳
8	上海	冯家乐	梁俊	23	云南	陶冠华	杜茂非
9	江苏	吴风乐	肖冰新	24	西藏	翁曙光	段皓天
10	浙江	陆凌艳	廖栋梁	25	陕西	吕阿璐	鹿旭昭
11	安徽	都标	周志成	26	甘肃	蔚治国	范焱彬
12	福建	丁纯立	陈琛	27	宁夏	刘仲博	夏兵
13	江西	吴小华	梁佳乐	28	新疆	高鹏	迪力亚尔江·麦麦提艾力
14	山东	李文	赵志祥	29	广东	李骞	陈纪盛
15	河南	王浩	袁超				

云计算

项目介绍

云计算项目是通过技能实操表现来衡量选手对云计算相关知识及技术技能的掌握情况，

要求主要包括工作组织、自我管理,通信与人机沟通技巧,解决问题、发明和创造力,安全,可靠性、可拓展性和灵活性,性能与优化,操作事项等。

竞赛模块

模块A:竞赛系统

模块B:竞赛系统

模块C:挑战系统

人员名单

裁判长:刘 翔　　裁判长助理:杨震宇

序号	参赛代表团	裁判员	选手	序号	参赛代表团	裁判员	选手
1	北京	夏长辉	单志鹏	17	湖北	孙影	郭桥东
2	天津	孙健	王学泽	18	湖南	肖瑶星	罗成
3	河北	那琳	李胜楠	19	广西	胡玲	甘捷法
4	山西	张光华	郭洋	20	海南	翁启文	岑运程
5	内蒙古	哈里白	赵磊	21	重庆	李腾	封磊
6	辽宁	郝晨阳	孙景泽	22	四川	李波	袁文涛
7	吉林	齐志	张渤濡	23	贵州	袁荣健	徐泽奇
8	黑龙江	王景光	方一力	24	云南	潘晓俊	钱佳明
9	上海	徐玉清	袁明	25	陕西	原建伟	高帆
10	江苏	吕轩民	王雨荷	26	甘肃	冯文超	潘多润
11	浙江	李四明	陈少杰	27	青海	蒋雯雯	张云龙
12	安徽	王胜	张秀全	28	宁夏		杨多
13	福建	郑子伟	李思凯	29	新疆	李森	丁建洋
14	江西	杨雪峰	徐崇	30	新疆兵团	荣喜丰	刘家成
15	山东	张峰	王如意	31	广东	苏翔宇	陈新源
16	河南	陈涛	张仕好				

网络安全

项目介绍

网络安全项目需要选手按照相关标准和规范要求对信息系统安全进行检查、分析和评估,发现系统安全隐患,并采取措施降低系统面临的安全风险,保障系统安全、稳定运行的竞赛项目。主要包括网络安全系统部署,网络安全事件的应急响应、调查取证和渗透测试。

竞赛模块

模块A:企业基础设施安全

模块B:网络安全事件响应、数字取证调查和应用程序安全

模块C:夺旗挑战赛(CTF)

人员名单

裁判长:鲁先志　　裁判长助理:胡 兵

序号	参赛代表团	裁判员	选手	序号	参赛代表团	裁判员	选手
1	北京	赵桂飞	宋 琳 马向阳	9	江苏	高 杨	高昌盛 王子昂
2	天津	任雁汇	蒋书宇 赵 龙	10	浙江	苗春雨	王 伦 信 心
3	河北	张晓珲	苏辰杰 韩泽阳	11	安徽	李中奎	宋子阳 谢李沿
4	山西	刘彤彤	张 政 赵康钧	12	福建	詹可强	杨涌林 胡兴亚
5	内蒙古	李雅蓉	贺耀东 乔福强	13	江西	张爱国	邬慧军 张腾飞
6	吉林	刘君玲	徐光春 贾宇琦	14	山东	江健滨	卢一滔 鹿昌浩
7	黑龙江	刘建宇	赵欣宇 罗 闯	15	河南	赵小伟	赵秋实 刘 松
8	上海	黄 镇	蔡淦朴 武永兴	16	湖北	巫 健	席罗星 郁宏焜

续表

序号	参赛代表团	裁判员	选手	序号	参赛代表团	裁判员	选手
17	湖南	刘彦姝	雷阳 李黄龙	23	云南	李建伟	王超 李小月
18	广西	黎斌	徐鹏谐 唐安桦	24	陕西	宋国亮	王云涛 田佳乐
19	海南	王四海	吴浩仕 吴旭东	25	甘肃	顾润龙	党世泽 董永红
20	重庆	何倩	张波 冯文韬	26	新疆	周向虎	李嘉旭 侯宇龙
21	四川	罗晓飞	龙昶屹 魏竞皓	27	广东	彭锦	洪家聪 李雄基
22	贵州	李文池	周苇 郭剑威				

移动应用开发（新）

项目介绍

移动应用开发是指面向移动终端设备操作系统进行"应用程序"开发，本项目比赛内容涵盖了智能手机、平板电脑和智能手表相关的 App（application）应用程序开发。

竞赛模块

模块 A：App 原型设计

模块 B：App 功能开发

模块 C：App 游戏开发

模块 D：App 界面实现

模块 E：智能手表 App 开发

模块 F：App 产品推广

人员名单

裁判长：蔡立勋　　裁判长助理：陈立准

序号	参赛代表团	裁判员	选手	序号	参赛代表团	裁判员	选手
1	北京	杜辉	王帅	14	江西	黄珍	吴世东
2	天津	祝文飞	齐瓒	15	山东	陈静	赵波
3	河北	郭春雷	陈柏言	16	河南	张有宽	张泽凯
4	山西	常建有	闫鹏昊	17	湖北	刘雄华	许末栋
5	内蒙古		侯鑫林	18	湖南	白忠才	郭浩岚
6	辽宁	倪道义	胡伟业	19	海南	陈印霁	许仲豪
7	吉林	李季	刘骐瑞	20	重庆	胡云冰	余蒙廷
8	黑龙江	卢凤伟	王志远	21	四川	包光平	刘震
9	上海	阳国华	孙浙	22	贵州	吴茂雪	李金灵
10	江苏	张南	胥鹏	23	陕西	杨国荣	罗豪楠
11	浙江	吴海明	朱姚飞	24	甘肃	刘亮	康雨雨
12	安徽	张锐	刘芳	25	新疆	李桂珍	王兆琪
13	福建	陈自力	林辉	26	广东	叶重涵	杨书明

5. 创意艺术与时尚（6项）

时装技术

项目介绍

时装技术项目是指选手在同一条件下，运用服装设计、制版、排料、制作和熨烫等多种技能完成比赛任务的竞赛项目。时装技术从业者创造服装，相关技能包括设计、制版、裁剪及服装制作。

竞赛模块

模块A：款式设计

模块B：半身裙制版排料

模块C：立体裁剪

模块D：女装设计制作

人员名单

裁判长：李　宁　　裁判长助理：徐　斌

序号	参赛代表团	裁判员	选手	序号	参赛代表团	裁判员	选手
1	北京	鲁艳	高子怡	13	湖北	孔莉	李怡
2	河北	牛海波	罗梅雅	14	湖南	鲁一妹	董青
3	山西	贺晓露	李展	15	海南	乔晶	王锋
4	吉林	关卓	谭淑月	16	重庆	王利	王鹏
5	上海	卢仁敏	马梓轩	17	四川	胡毅	时玉凤
6	江苏	瞿慧	卞燕	18	贵州	刘俊	韦银进
7	浙江	姚林英	朱敏敏	19	西藏	孙海兴	赤列多吉
8	安徽	何琪	张燕	20	陕西	杨华	金慧梓
9	福建	杨超	李晨阳	21	宁夏	杨柳	罗燕
10	江西	王明昱	符梦婷	22	新疆	陈鑫	佐合热古丽·图拉麦提
11	山东	王妮妮	韩伟明	23	广东	江少容	肖琪
12	河南	孙洪平	王孟丹				

花艺

项目介绍

花艺项目是指根据花艺设计的构图、色彩理论、设计理念和技艺，合理选择运用植物以及植物（花、叶、果、枝等）器官和装饰材料，正确使用工具对植物进行再加工和养护，设计制作花艺作品的竞赛项目。

竞赛模块

模块A：花束

模块B：植物设计

模块C：惊喜盒（1）

模块D：新娘花饰设计与制作

模块E：惊喜盒（2）

模块F：惊喜盒（3）

模块G：惊喜盒（4）

模块H：切花装饰

模块I：惊喜盒（5）

—— 人员名单 ——

裁判长：朱迎迎　　裁判长助理：陆多佳

序号	参赛代表团	裁判员	选手	序号	参赛代表团	裁判员	选手
1	北京	周 娜	郜疆茵	15	河南	关洁清	卢 彪
2	天津	马 美	黄山美	16	湖北	张华香	孙 琴
3	河北	谷中魁	肖可心	17	湖南	邢志鹏	蒋 婕
4	山西	宿炳林	刘 馨	18	广西	申晓萍	黎国柳
5	内蒙古	黄利珍	侯城栋	19	海南	王云惠	周章朴
6	吉林	王永红	陶媛媛	20	重庆	王越惠	刘 腾
7	黑龙江	苏小霞	韩秋宇	21	四川	杜 娟	郑晶月
8	上海	项一鸣	杨灵芝	22	贵州	叶丽莎	郑禄江
9	江苏	张 虎	黄 军	23	云南	陈华丽	张 蕊
10	浙江	宋晓军	洪万卉	24	陕西	王 博	潘煜烨
11	安徽	韦鸾鸾	侯一凡	25	宁夏	白 桦	常紫阳
12	福建	杨 菲	叶慧琳	26	新疆	闫春霞	徐佳乐
13	江西	杨治国	彭珍珂	27	住建行业	徐冬梅	闫盈吉
14	山东	赵洪鋆	孙玉雪	28	广东	谢利娟	周婉怡

平面设计技术

—— 项目介绍 ——

平面设计技术项目要求参赛选手须具备独特的视觉传达创造力，熟练掌握电脑软件操作技术，具有色彩、字体、图形和版式设计能力，在规定的期限和压力下，能完成广告设计、编辑设计、包装设计、信息设计四个模块的工作任务。

竞赛模块

模块 A：广告设计

模块 B：编辑设计

模块 C：包装设计

模块 D：信息设计

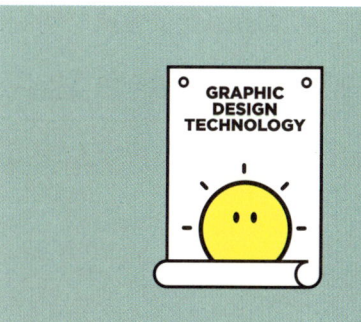

人员名单

裁判长：徐伟雄　　**裁判长助理：刘聪聪**

序号	参赛代表团	裁判员	选手	序号	参赛代表团	裁判员	选手
1	北京	李晓琳	绳 祺	17	湖北	方 卫	杨雨婷
2	天津	赵瑞韬	薛玉淼	18	湖南	贺玲丽	黄 薇
3	河北	李 飞	李 鑫	19	广西	陈晶晶	邓佳丽
4	山西	李丽娜	杨凯娜	20	海南	黄 静	林良腾
5	内蒙古	乌日娜	何菁菁	21	重庆	苏琼英	戴 佳
6	辽宁	那 航	王建为	22	四川	张 芳	吴洋洋
7	吉林	刘 柳	姜 南	23	贵州	杨 逍	徐嘉豪
8	黑龙江	杨晓宇	苍靖垚	24	云南	张 杰	任宏芳
9	上海	赵 勇	张茜蓉	25	西藏	阿旺多吉	次仁顿珠
10	江苏	张盒文	尤彦轲	26	陕西	刘 鹏	赵瑞波
11	浙江	陈 陶	赵永亭	27	甘肃	刘小龙	任玥聪
12	安徽	单东军	王 敏	28	宁夏	王佳佳	宋文静
13	福建	张 俊	黄鸿铭	29	新疆	彭正江	解 乾
14	江西	张建强	晏丽文	30	新疆兵团		朱树伟
15	山东	孟 昕	李鹃冰	31	广东	许子龙	黄玉婷
16	河南	苏 杭	杨丽娜				

珠宝加工

项目介绍

珠宝加工项目是运用贵金属材料制作出可镶嵌珍贵宝石的珠宝首饰，考察参赛人员解读珠宝设计师图纸的能力，复制以及更新或修复珠宝首饰的能力，精确、节俭处理贵金属的能力、鉴别宝石的能力，以及特殊工具和设备的使用能力的竞赛项目。

竞赛模块

模块A：面具上半部分的制作

模块B：面具下半部分和马眼镶口部件的制作

模块C：制作两个镶口部件和一个鼻梁部件，整体组合及修执

人员名单

裁判长：邹宁馨　　裁判长助理：胡　凡

序号	参赛代表团	裁判员	选手	序号	参赛代表团	裁判员	选手
1	北京	袁长君	杨　鹏	12	河南	杜静芬	庞振博
2	天津	庄冬冬	冯　威	13	湖北	孙仲鸣	管凯鸿
3	山西	刘鸿鑫	聂怡博	14	湖南	刘潇女	刘　妮
4	内蒙古	杨　蒙	王　治	15	重庆	陈　璐	任　健
5	吉林	姜　拓	张继龙	16	四川	杨友德	刘丽君
6	上海	崔春岚	丁世昌	17	贵州	潘贵金	杨政海
7	江苏	李苏萍	陆杨佳	18	云南	张国伟	付文骏
8	安徽	陈瑞虎	李　麟	19	陕西	段丙文	饶　俊
9	福建	沈荣锋	胡蔓玲	20	甘肃	路　磊	曹　鑫
10	江西	董　銮	何文慧	21	广东	张苏进	梁荣浩
11	山东	孟令明	刘家豪				

商品展示技术

项目介绍

商品展示技术项目是指利用顾客消费心理，围绕商品的特性与既定主题，在目标客户的需求与现场工具耗材的基础上完成方案调研、设计和安装实施，并使用最佳的方法，将商品有效地展示给顾客，达到促进商品销售的目的。

竞赛模块

模块 A：调研

模块 B：设计

模块 C：情绪版、效果图和设计原理

模块 D：安装准备

模块 E：橱窗安装

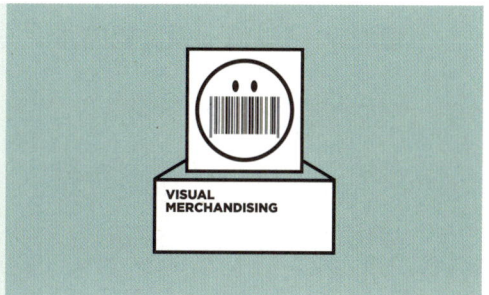

人员名单

裁判长：雷　鸣　　裁判长助理：符　远

序号	参赛代表团	裁判员	选手	序号	参赛代表团	裁判员	选手
1	北京	王焕波	刘沙沙	16	河南	张　冰	左金涛
2	天津	傅　兴	芦祎阳	17	湖北	刘俊伟	陈孟玲
3	河北	孙　波	徐鑫竹	18	湖南	胡毓轩	杨　瑾
4	山西	王　晨	吴艳林	19	广西	邓　晖	彭英英
5	内蒙古	张春梅	贾圳楠	20	海南	李　红	符敏燕
6	辽宁	张　宇	张宇航	21	重庆	曾宪凤	雷　鲜
7	吉林	潘　奕	王欣苗	22	四川	武新宇	刘长蒂
8	黑龙江	佟伟峰	姜萍萍	23	贵州	彭江林	杨淑媚
9	上海	阮　涛	陈　静	24	云南	王怡丁	宁　席
10	江苏	李亚男	王晓颖	25	陕西	梁文军	马嘉璐
11	浙江	胡蓝予	杨珍华	26	甘肃	穆绮聪	苏晓彤
12	安徽	赵中华	王　志	27	宁夏	冯雪驱	刘震阳
13	福建	黄可筠	徐　璐	28	新疆兵团		杨智皓
14	江西	吴桂华	邹翠霞	29	广东	林　荫	陈嘉荣
15	山东	赵　静	闫晓晗				

3D 数字游戏艺术

项目介绍

3D 数字游戏艺术项目是指参赛选手结合美学设计知识，熟练运用 3D 设计软件技术，在规定的时间期限中，完成从概念设计到引擎展示的游戏美术全流程设计，最终呈现具有特色鲜明、表达准确、技术指标符合规范的创意设计作品。

竞赛模块

模块 A：概念设计及文档描述

模块 B：3D 建模与雕刻

模块 C：UV 拆分与贴图绘制

模块 D：动画与引擎展示

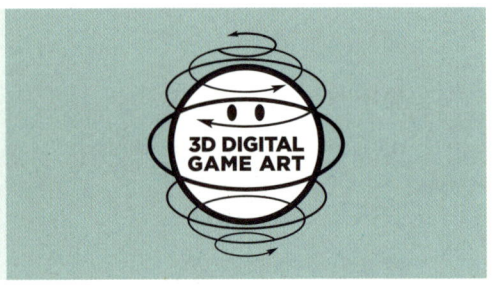

人员名单

裁判长：叶维中　　裁判长助理：葛芳芳

序号	参赛代表团	裁判员	选手	序号	参赛代表团	裁判员	选手
1	北京	张晓明	宋高峰	14	山东	郭鑫	张国威
2	天津	窦楷	徐长赫	15	河南	赵建峰	王蕾洋
3	河北	雷晨	王凯峰	16	湖北	王振刚	张安琦
4	山西	马丑良	李灏淼	17	湖南	钟令青	曾锡敏
5	内蒙古	赵祯	孙立伟	18	广西	刘学谦	卢皆文
6	吉林	郭若愚	汪子澳	19	海南	戴敏宏	文开信
7	黑龙江		高磊	20	重庆	冯启晏	杨燕丽
8	上海	黄晶	吴嘉馨	21	四川	刘军	陈不同
9	江苏	张维	曹婧	22	贵州	陈福全	胡海博文
10	浙江	周世勇	陈滢	23	云南	韩冰	张熙健
11	安徽	濮毅	王梓璇	24	西藏	陈义春	索朗达瓦
12	福建	江荔	林鑫	25	陕西	赵革委	王傲
13	江西	钟萍	刘汉城	26	甘肃	袁小琰	逯志龙

续表

序号	参赛代表团	裁判员	选手	序号	参赛代表团	裁判员	选手
27	宁夏	陈芳	王乐奇	29	广东	周烽	罗凯
28	新疆	党宏平	杨富成				

6. 社会及个人服务（8项）

烘焙

项目介绍

烘焙是指运用不同原料及制作工艺制作各种烘焙产品，如制作法式面包、起酥面包、甜面包等各类烘烤面包。要求能够根据环境变化调整配方，具备较高的工作主动性，并能使用特殊的设备与原料。在制作过程中还须考虑原料的品质、食品卫生以及操作安全。

竞赛模块

模块A：作业书　　模块B：竞赛过程

模块C：甜面团　　模块D：无糖无油面团

模块E：传统夏巴塔　模块F：起酥面团

模块G：艺术面包及摆台

人员名单

裁判长：王吉松　　裁判长助理：龚鑫

序号	参赛代表团	裁判员	选手	序号	参赛代表团	裁判员	选手
1	北京	王雪丽	张硕	9	江苏	朋福东	张佳辉
2	河北	孙振军	麦晓明	10	浙江	崔忠明	朱宇飞
3	山西	梁硕圣	王啟东	11	安徽	李永翠	徐春晖
4	内蒙古	王素婵	吴宇森	12	福建	倪达	林杨远
5	辽宁	于洁	姜宗辰	13	江西	吴贤明	谢祥强
6	吉林	田伟强	张诗雨	14	山东	丁方利	刘文静
7	黑龙江	程鸿	樊雷旺	15	河南	张沛	张四坤
8	上海	张永亮	蓝天	16	湖北	廖进忠	余雪莹

续表

序号	参赛代表团	裁判员	选手	序号	参赛代表团	裁判员	选手
17	湖南	周国银	谭政香	24	西藏	徐永星	层 占
18	广西	黄庆安	梁静怡	25	陕西	赵济平	杨 博
19	海南	蒙上文	符 莹	26	宁夏	宋世炎	宋小东
20	重庆	李 哲	郝 鹏	27	新疆	管红东	闵雪婷
21	四川	冷 帅	张甜甜	28	中国轻工联	王子太郎	刘曼曼
22	贵州	杨再廷	陈俊鑫	29	广东	庄琼芳	黄星演
23	云南	邓晓勤	刘官艳				

美容

项目介绍

美容项目是指根据国际美容行业最高标准，对美容师执业范围内的美容、美体、手足护理、美甲、脱毛、化妆、睫毛嫁接等各项美容技能和服务水平进行全面的测量评估以及技能比拼。

竞赛模块

模块A：高级面部护理 + 足部护理

模块B：简单面部护理 + 身体护理 + 手部护理

模块C：脱毛

模块D：种植睫毛

模块E：美甲 + 化妆

人员名单

裁判长：王 芃　　裁判长助理：顾炜恩

序号	参赛代表团	裁判员	选手	序号	参赛代表团	裁判员	选手
1	北京	姜勇清	张雪莲	4	山西	曹 燕	郭朝艺
2	天津	孟昭辉	胡语甜	5	内蒙古	胡海蓉	孟 帆
3	河北	李 乐	史安宁	6	辽宁	周 放	李 博

续表

序号	参赛代表团	裁判员	选手	序号	参赛代表团	裁判员	选手
7	吉林	陈 曦	臧文晶	18	湖南	凌 敏	王程敏
8	黑龙江	孙 静	卜 静	19	海南	叶 歆	王 蓉
9	上海	杨 韵	唐雪如	20	重庆	刘嘉嘉	王 珮
10	江苏	姚 姝	王若情	21	四川	王 月	郑雅婷
11	浙江	孔晶晶	鲁家琦	22	贵州	潘群英	吴甜甜
12	安徽	马朝金	王艳梅	23	云南	李艳梅	李怡倩
13	福建	王 微	陈晓燕	24	陕西	陈 蕾	秦雅婷
14	江西	张灵莉	陈思彤	25	甘肃	马晨彬	沈紫倩
15	山东	殷惠莉	王培聪	26	新疆	李爱玲	哈丽代姆·乃比
16	河南	李瑞瑞	赵冰冰	27	广东	王 琦	文小洁
17	湖北	宋钰琼	宗诗月				

糖艺/西点制作

项目介绍

糖艺是指糖类经过熬煮、加热成型、艺术组合等手法加工而成的艺术造型。西点制作是巧妙地将砂糖、油脂、鸡蛋、面粉等材料经过合理调配，结合冷热加工等技术手法，借助烘焙设备，制作出具备色香味形和美好质感的甜食。

竞赛模块

模块A：作业书

模块B：竞赛过程

模块C：模具巧克力糖果

模块D：手工巧克力糖果

模块E：糖艺造型

模块F：巧克力造型

模块G：杏仁膏捏塑

模块H：裱花蛋糕

人员名单

裁判长：黎国雄　　裁判长助理：钟玲轶

序号	参赛代表团	裁判员	选手	序号	参赛代表团	裁判员	选手
1	北京	毛懋	朱俊旭	17	湖南	彭成莉	胡华湘
2	天津	范兆军	张祉一	18	广西	王现永	岑劲欣
3	河北	王勇	安骏毅	19	海南	周哲	柴国鹏
4	山西	韩欣芝	闫鑫杰	20	重庆	杨远骏	吴艳洁
5	内蒙古	吕晶	孙慧	21	四川	钟志惠	高亮
6	吉林	卢山	于子涵	22	贵州	陈世旭	吴计柄
7	黑龙江	王雷	吴靖雯	23	云南	何志坚	黄丽萍
8	上海	郁慧	段东旭	24	陕西	王亚运	成宇轩
9	江苏	韩磊	孙彤彤	25	甘肃	邱宇	柴永乐
10	浙江	王鹏飞	张小龙	26	青海	熊增福	史鑫
11	安徽	韦玲	刘鑫雨	27	宁夏	王婉君	洪桃秀
12	福建	黄中原	董泽波	28	新疆	付延歌	张子恒
13	江西	胡晖	刘欣茹	29	新疆兵团		赵梦迪
14	山东	潘光亭	温雅雯	30	中国轻工联	王胜	王丽丽
15	河南	李昊佳	钱林祥	31	广东	黎彩平	梁海欣
16	湖北	常福曾	张亚鹏				

烹饪（西餐）

项目介绍

烹饪（西餐）项目是指根据健康和安全法规制作菜单，按照本项目试题文件要求，准备各种各样的食品制作菜肴的竞赛项目。

竞赛模块

模块A：神秘任务1、备料和奶油鸡汤

模块B：神秘任务2、神秘肉类主菜

模块C：神秘任务3、神秘果茸和神秘奶酪甜品

人员名单

裁判长：陈　刚　　裁判长助理：居颖辉

序号	参赛代表团	裁判员	选手	序号	参赛代表团	裁判员	选手
1	北京	纪玮	孙　宇	16	湖北	邹志平	李夏薇
2	天津	周文达	陈世龙	17	湖南	王　飞	麻俊涛
3	河北	王　迪	卢蔼杰	18	广西	谢　云	吴德文
4	山西	杨　勇	赵　琦	19	海南	刘　荣	吴充武
5	内蒙古	刘　斌	张宇飞	20	重庆	刘　雄	刘　涛
6	吉林	刘　利	陈岳	21	四川	李　晓	陈　爽
7	黑龙江	刘振华	刘松铭	22	贵州	钱　鹰	陈清风
8	上海	林苏钦	王　晨	23	云南	鄢　赫	赵秋卫
9	江苏	郭小粉	李子文	24	陕西	张存福	曹宇航
10	浙江	邵泽东	康邦成	25	甘肃	赵建锋	祁炯辉
11	安徽	费勤民	尹显瑞	26	青海	贺金红	陆福灿
12	福建	刘锦冬	简冰倩	27	宁夏	詹志谋	唐　攀
13	江西	涂宇胜	陈　鹏	28	新疆	曾爱斌	依拉木江·玉苏甫
14	山东	沈玉宝	丁　阳	29	广东	古国青	陈金川
15	河南	刘树军	潘　娟				

美发

项目介绍

美发项目是指美发师在不同环境里为人们提供广泛的服务，包括洗发、剪发、染色、造型、化学定型、化学改善和特殊的头发处理等，并具备营造愉快工作氛围，工作组织与管理，沟通和对客户关怀能力的竞赛项目。

竞赛模块

模块A：女士商业剪发·染色及造型·三个愿望

模块B：女士商业接发·染色及修剪造型·三

个愿望

模块C：男士化学烫发及修剪造型·三个愿望

模块D：女士商业长发向下造型及染色·三个愿望

模块E：女士商业长发向上造型·三个愿望

模块F：男士现代经典修剪造型·胡须设计·三个愿望

模块G：男士商业修剪·染色及造型·三个愿望

人员名单

裁判长：吉正龙　　裁判长助理：聂　凤

序号	参赛代表团	裁判员	选手	序号	参赛代表团	裁判员	选手
1	北京	李文猛	王依凡	15	山东	白长华	杜　军
2	天津	耿　楠	孙　宇	16	河南	张国强	姜一甲
3	河北	常拥军	庞泽莹	17	湖北	岳汉桥	李紫薇
4	山西	张　凡	刘文星	18	湖南	莫　愁	刘　洋
5	内蒙古	弓俊宏	弓家乐	19	海南	郑文兵	陈　浩
6	辽宁	高洪波	田志朋	20	重庆	何先泽	刘江华
7	吉林	郁凤龙	刘　林	21	四川	马志伟	廖文龙
8	黑龙江	王景河	王　岩	22	贵州	尹森林	潘钱江
9	上海	张俊程	胡鲁飞	23	云南	韩宪丽	桂明坤
10	江苏	胡已雪	何天文	24	陕西	张　浩	苏　雯
11	浙江	崔蓉英	乐露瑶	25	青海	刘　华	刘　伟
12	安徽	张成良	吴明杰	26	新疆	刘天海	何　烨
13	福建	贺飞龙	黄振杰	27	广东	郝广宏	林奕淇
14	江西	罗平文	林海龙				

赛事活动篇

健康和社会照护

项目介绍

健康和社会照护项目为单人技能竞赛项目，本项目的从业者是在不同的场合，包括医院、长期照护中心、日间照护中心和家庭，直接为需要的个人和家庭提供服务，满足他们在健康和社会方面的整体需求，从而能够使他们身心健康和愉悦地生活。

竞赛模块

模块A：医院

模块B：家庭

模块C：长期照护中心

模块D：日间照护中心

人员名单

裁判长：周　嫣　　裁判长助理：宋　冉

序号	参赛代表团	裁判员	选手	序号	参赛代表团	裁判员	选手
1	北京	郭秀英	李丹丹	14	山东	张俊玲	康秋荣
2	天津	金　奕	温　静	15	河南	张亚丽	胡弘扬
3	山西	康红丽	高　彤	16	湖北	颜巧元	郑丹丹
4	内蒙古	赵雪梅	吴亚娟	17	湖南	李　敏	余少蓉
5	辽宁	徐　红	黄　振	18	海南	吴孝妃	肖　楠
6	吉林	刘玉锦	吴燕群	19	重庆	梅建国	张茂晴
7	黑龙江	栾丽娜	李欣格	20	四川	张天英	邹红雨
8	上海	储　奕	吴怡欣	21	贵州	潘晓英	张露瑜
9	江苏	杨　荣	周俊林	22	云南	茶　理	吴永娟
10	浙江	叶军妹	周琳杰	23	陕西	张小霞	王晨曦
11	安徽	谢　晖	叶雨晨	24	宁夏	穆金海	金　娟
12	福建	龚国梅	蔡婉霓	25	新疆	玛　力	陈晓妍
13	江西	赵国琴	刘锦洁	26	广东	邓兴琴	汤　韵

餐厅服务

项目介绍

餐厅服务项目是指在餐桌上或吧台为客人提供个性化菜肴和饮料服务的竞赛项目。选手须具备广泛的国际餐饮知识,掌握一套完整的服务规则,有良好的行为举止,能与客人进行良好互动,能遵循职业健康、安全规范与最低浪费等要求,为客人提供餐饮服务。

竞赛模块

模块A:酒吧服务

模块B:零点服务

模块C:休闲餐厅服务

人员名单

裁判长:王 欢　　裁判长助理:陈 蕴

序号	参赛代表团	裁判员	选手	序号	参赛代表团	裁判员	选手
1	天津	张亚萍	席文婷	14	河南	陈初	徐东来
2	河北	盖艳秋	郝楠	15	湖北	张秀玲	路雅琪
3	山西	王文英	郝鸿鹤	16	湖南	王世刚	李铃弈
4	辽宁	辛亚萍	张东皓	17	广西	刘治	覃煜惟
5	吉林	王洋	徐亚男	18	海南	杨凤凤	余昕悦
6	黑龙江	高歌	孙睿	19	重庆	秦彩凤	黄思怡
7	上海	李鑫	吴煜	20	四川	鄢赫	何颖
8	江苏	李唐	陈延	21	贵州	宋成强	覃蓉
9	浙江	李历	曹睿	22	云南	杨红波	苟琳单
10	安徽	谌莲莲	郭雨欣	23	陕西	袁晋锋	汤佳佳
11	福建	曾咪	林宇煊	24	宁夏	赵爱龙	王妮
12	江西	徐孙君	李崇玉	25	新疆	陈兰	岳娜
13	山东	车延红	柳一帆	26	广东	梁远健	钟泳欣

酒店接待

项目介绍

酒店接待项目为旅游服务业的竞赛项目，它是酒店关键的形象窗口，更是一门对客接待服务艺术，要求从业人员具备较高的综合职业素养，包括沟通艺术、社交经验、职业形象、礼仪修养、销售技巧、良好的口语和书面英语交流，还有解决问题的能力、计算机应用技能以及预定程序、收银知识、接待问询、入住退房等业务知识和技能的熟练应用等，可以说对选手的能力素质是个全面考察。

竞赛模块

考核内容为前台和后台：

1. 前台部分：客房预订、客人抵达、登记入住、投诉处理、销售推广、旅游信息、特殊情况、办理退房、TOP VIP 接待、残疾人接待、家庭娱乐接待、多元文化接待等

2. 后台部分：核算相关数据、书面预订确认、研讨会/主题活动询价回复、VIP 城市游、投诉反馈、客房查询回复、节日贺信/贺卡、回复客房预订平台的投诉等

人员名单

裁判长：叶丹茗　　裁判长助理：王 芳

序号	参赛代表团	裁判员	选手	序号	参赛代表团	裁判员	选手
1	天津	侯 铂	王春蕊	5	黑龙江	吴阿娜	王 莹
2	河北	蒋 博	李逸心	6	上海	董 佳	连雨沁
3	山西	梁 宇	王 璠	7	江苏	邹 悦	李若薇
4	吉林	李燕军	张新月	8	浙江	洪 颖	施雨婷

续表

序号	参赛代表团	裁判员	选手	序号	参赛代表团	裁判员	选手
9	安徽	纵兆荣	郑永红	17	重庆	张秀兰	颜悦轩
10	福建	陈蕾	李珊	18	四川	张世艳	陈思
11	江西	熊铭贵	肖琪昳	19	贵州	栾鹤龙	周静
12	山东	李佳丽	刘佳琦	20	云南	杨永峰	旷明月
13	河南	张金柯	程紫薇	21	陕西	苏金玲	王羽杰
14	湖北	韩鹏	张诗琪	22	宁夏	张瑞	田浩楠
15	湖南	石洋	戴淑瑛	23	新疆	潘俞瑾	孙光耀
16	海南	万义娟	牛舒萱	24	广东	吕静	郑晓雯

二、国赛精选项目（共 23 项）

数控车

项目介绍

数控车（国赛精选）项目是指使用数控车床对金属零件进行加工的竞赛项目，包括用常用的手动工具配合一起完成的相关工作。

竞赛模块

模块 1：套件加工

模块 2：套件加工

模块 3：批量件加工

模块 4：装配

人员名单

裁判长：甄雪松　　裁判长助理：刘　洋

序号	参赛代表团	裁判员	选手	序号	参赛代表团	裁判员	选手
1	北京	徐昊杰	邱世龙	3	河北	张凤国	肖玮康
2	天津	赵海龙	张旭	4	山西	王志伟	徐庆红

续表

序号	参赛代表团	裁判员	选手	序号	参赛代表团	裁判员	选手
5	内蒙古	王士良	李琨	18	湖南	王进凤	楚智阳
6	辽宁	洪家光	肖阳	19	广西	张民	何国慧
7	吉林	查毓杰	夏进威	20	海南	姚辉	陈瑞星
8	黑龙江	任占华	巩乃涛	21	重庆	祝义松	张博
9	上海	朱刚	刘维红	22	四川	宁振武	廖跃进
10	江苏	陈亚岗	朱雪宝	23	贵州	孙刚	蔡林忠
11	浙江	张利缘	华杜刚	24	云南	李晓龙	张之强
12	安徽	孙文灿	佘剑明	25	陕西	何小虎	卢星星
13	福建	黄少东	陈顺	26	甘肃	高永祥	宋发鹏
14	江西	柳荣华	于超	27	青海	公佩波	王传义
15	山东	李峰	高振杰	28	宁夏	马慧斌	谢婉龙
16	河南	刘世平	王子壮	29	新疆	李鼎盛	杨江贺
17	湖北	廖建	杨成	30	广东	窦磊	吴伟康

数控铣

项目介绍

数控铣（国赛精选）项目是指利用数控铣床对工件进行金属切削加工的竞赛项目，以切削刀具去除材料方式来完成工件制作的过程。即由参与者以给定的试题模块图纸及相关技术要求为标准，使用计算机及 CAM 软件编程（包括手工编程）、三轴立式数控铣床（可含有刀库）、机用平口虎钳安装夹持工件在规定的时间内完成基本铣削、钻孔、铰孔、镗孔、攻丝等加工内容的实际操作比赛。

竞赛模块

模块 A：模块 1

模块 B：模块 2

模块 C：模块 3

模块 D：模块 4

新时代 新技能 新梦想——中华人民共和国第一届职业技能大赛实录

人员名单

裁判长：李永君　　裁判长助理：邝幸胜

序号	参赛代表团	裁判员	选手	序号	参赛代表团	裁判员	选手
1	北京	肖滨滨	宋君楷	16	河南	何建鹏	葛磊
2	天津	陈振国	乔恩磊	17	湖北	禹诚	钟波
3	河北	王春光	富耀臣	18	湖南	谭建华	刘志鹏
4	山西	李建岗	杨安东	19	广西	李昌宝	韦振顶
5	内蒙古	雷彪	高翔	20	海南	丁凤南	梁毓
6	辽宁	姜志胜	段广游	21	重庆	邱庆	王圳
7	吉林	赵树松	杨凯	22	四川	刘尚明	刘晓涛
8	黑龙江	刘春玲	李宪辉	23	贵州	韩德虎	唐海文
9	上海	郜伟	郑敬伟	24	云南	涂莉娟	杨懿
10	江苏	徐夏民	刘星宇	25	陕西	宋学博	吴焯琳
11	浙江	王锦华	鲍诗豪	26	甘肃	辛鹏	李怀
12	安徽	蒋春飞	陆学伟	27	青海	李永斌	张宏远
13	福建	叶祖涛	曹学朦	28	宁夏		余兴隆
14	江西	刘媛媛	刘超雄	29	新疆	刘辉	闫超
15	山东	徐金友	王俊皓	30	广东	练振达	范彪

电工

项目介绍

电工（国赛精选）项目是指通过使用工具、量具和仪器、仪表，完成机械设备电气部分和电气系统线路设计与装调、控制程序编制、故障诊断与排除的竞赛项目。

竞赛模块

模块A：继电控制线路设计与安装、调试

模块B：PLC电气控制系统编程与调试

模块C：机电设备线路故障诊断与排除

模块D：直流调速系统安装与调试

人员名单

裁判长：张春芝　　裁判长助理：袁海嵘

序号	参赛代表团	裁判员	选手	序号	参赛代表团	裁判员	选手
1	北京	韩强	李志	17	湖北	罗敏	李子安
2	天津	贾亦真	于洋洲	18	湖南	李涛	宋唯望
3	河北	戴琨	常燕臣	19	广西	潘协龙	韦日祯
4	山西	张建红	于双江	20	海南	胡新慧	王德柳
5	内蒙古	邢岗	陈儒峰	21	重庆	刘建国	傅长虹
6	辽宁	栾成宝	韩赫男	22	四川	胡天龙	马刚星
7	吉林	刘超	朴圣艮	23	贵州	董新	刘建奇
8	黑龙江	周世强	武闯	24	云南	陈爱民	陈诚
9	上海	金德华	丁伟锋	25	西藏	苏珩	普布丹珍
10	江苏	许志刚	陈晨	26	陕西	郭英芳	王楠楠
11	浙江	叶秀丽	何柳炎	27	甘肃	徐彦伟	张航
12	安徽	黄谊	汪洋	28	青海	朱永海	吴磊
13	福建	苏立按	陈豪	29	宁夏		王亚洲
14	江西	蔡滨	舒展	30	新疆	杨伟志	白露雨
15	山东	高鹏	于志勇	31	新疆兵团	陈赞	刘瑞斌
16	河南	刘艳菊	张泽朋	32	广东	王小涓	钟武剑

装配钳工

项目介绍

装配钳工（国赛精选）项目是指以给定的机构图纸及相关技术要求为标准，通过手工加工及操作完成零件的制作及机械结构的装配、检测与调试的竞赛项目。

竞赛模块

模块 A：手工加工

模块 B：机械传动装配与调试

人员名单

裁判长：杨全利　　裁判长助理：储燕青

序号	参赛代表团	裁判员	选手	序号	参赛代表团	裁判员	选手
1	北京	李斌	张兵	16	河南	郭宇光	朱黎原
2	天津	王启祥	孟庆昕	17	湖北	陈刚	黄康
3	河北	郝东华	郭洁鑫	18	湖南	谢学民	袁波
4	山西	郭海青	刘希	19	广西	杨铸刚	陈小刚
5	内蒙古	张学海	秦瑞军	20	重庆	汪新军	颜鑫
6	辽宁	曲骊	张文良	21	四川	游洪建	赵吉泽
7	吉林	侯春盛	杨万里	22	贵州	陈斌	马勇
8	黑龙江	王然	刘云朋	23	云南	李万发	阳俊财
9	上海	朱云飞	孙群松	24	陕西	李小强	王华
10	江苏	刘思峰	杨长剑	25	甘肃	张天虎	惠铭鑫
11	浙江	董军勇	朱云辉	26	青海	杨宏浩	严万里
12	安徽	王珍	陶嘉国	27	新疆	马红燕	冯营利
13	福建	陈忠勇	曾广标	28	新疆兵团		姜涛
14	江西	王伟雄	邹玉萍	29	广东	孙伟城	翟勇波
15	山东	张朝辉	郭郁汀				

焊接

项目介绍

焊接（国赛精选）项目是指按照图纸要求进行准确组装，并按照图纸规定的焊接方法、焊接位置以及相应的焊接标准进行焊接操作的竞赛项目。

竞赛模块

模块1：低碳钢组合件

模块2：不锈钢管板结构

模块3：铝合金结构件

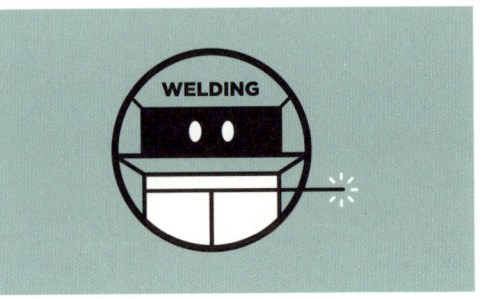

人员名单

裁判长：李建军　　裁判长助理：侯　敏

序号	参赛代表团	裁判员	选手	序号	参赛代表团	裁判员	选手
1	北京	韩积冬	王　涛	17	湖北	吴勇刚	孙建军
2	天津	孟宇泽	李建德	18	湖南	杨文武	谢春强
3	河北	潘德峰	毕学健	19	广西	赵　国	徐家宝
4	山西	郑旭东	宫森森	20	重庆	苏惠明	梁海松
5	内蒙古	刘文东	王　鹏	21	四川	杨金发	肖　林
6	辽宁	刘宇志	王知远	22	贵州	温　东	赵　雷
7	吉林	李万君	王善更	23	云南	张建才	钱永光
8	黑龙江	刘增峰	王言旭	24	西藏		次旺加措
9	上海	吴明生	陈国淦	25	陕西	范　磊	刘　伟
10	江苏	张启友	张创业	26	甘肃	吕　杰	李文泰
11	浙江	陈立虎	尹晓锋	27	青海	牛东山	刘永发
12	安徽	章　军	王振宇	28	宁夏		赵一鸣
13	福建	林宝忠	张志农	29	新疆	马国俊	张晓国
14	江西	付正根	喻远斌	30	新疆兵团	杨建立	张俊祖
15	山东	夏兆纪	范德余	31	广东	曾利崇	张泉清
16	河南	曹遂军	吴学柯				

电子技术

项目介绍

电子技术（国赛精选）项目是指在电子电路设计与装调、广电和通信设备故障检修、电子技术程序设计能力方面，通过完成真实的工作任务来考察选手的综合职业能力的竞赛项目。

竞赛模块

模块一：电子电路设计与装调

模块二：故障查找与检修

模块三：电子技术程序设计

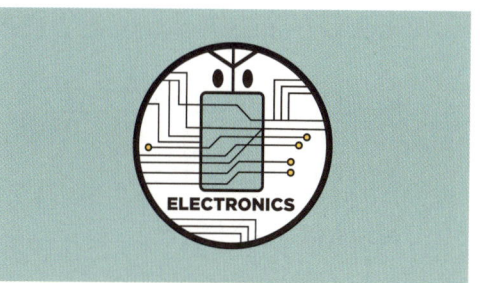

人员名单

裁判长：王为民　　裁判长助理：张国良

序号	参赛代表团	裁判员	选手	序号	参赛代表团	裁判员	选手
1	北京	梁自旺	孙 静	15	河南	李飞高	张士伟
2	天津	耿丽清	刘桉沐	16	湖北	潘华娟	王 东
3	河北	孟凤果	李 欣	17	湖南	汤 华	朱 凡
4	山西	牛河山	武慧挺	18	海南	杨 勇	陈学敏
5	内蒙古	郭建明	陈彦君	19	重庆	蔡运富	杨天雄
6	辽宁	王二小	王家俊	20	四川	肖尚辉	张 旭
7	吉林	刘玉娥	王 禹	21	贵州	严峥晖	尹忠杰
8	上海	李鹏宇	施辰宇	22	云南	何德生	彭剑洪
9	江苏	成 冲	詹冠森	23	西藏	李斌飞	钟定江
10	浙江	韩宏哲	吴俊安	24	陕西	蔡淑姣	李浩天
11	安徽	张 娉	贺建军	25	甘肃	常 旺	汪昶谷
12	福建	郑晓亮	吴慧谦	26	青海	张占明	范宇君
13	江西	付 晖	李志豪	27	新疆	杜卫平	秦世缘
14	山东	孙 磊	刘俊杰	28	广东	邱吉锋	谢志平

CAD 机械设计

项目介绍

CAD 机械设计（国赛精选）是应用计算机辅助设计软件、三维扫描打印设备及测绘工具，实现零件/产品建模、装配、仿真、工程图，完成机械产品设计和工艺解决方案等工作的竞赛项目。所有数字或纸质文件应严格遵循中国国家 GB 标准或国际 ISO 标准。

竞赛模块

模块 M1：机械创新设计

模块 M2：装配设计及工程图

模块 M3：逆向工程

模块 M4：结构设计

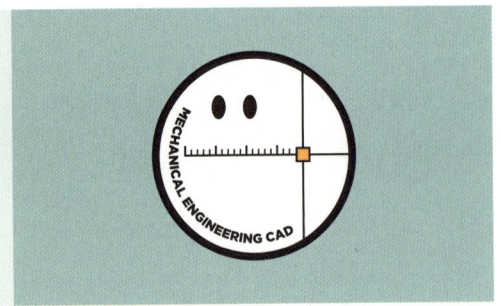

人员名单

裁判长：拾裤春　　裁判长助理：庄燕青

序号	参赛代表团	裁判员	选手	序号	参赛代表团	裁判员	选手
1	北京	戴天方	苏江舟	16	河南	王文平	孙凌潇
2	天津	赵玉刚	徐杨东	17	湖北	屈翠华	严榆坤
3	河北	白利平	田建才	18	湖南	宁湘	熊子扬
4	山西	张晋峰	郎晋鹏	19	广西	杨剑锋	张得光
5	内蒙古	李国栋	刘东升	20	海南	黄永利	邓海波
6	辽宁	孙翀翔	董大维	21	重庆	周勇	张俊杰
7	吉林	王众奔	秦念平	22	四川	郑金辉	胡涛
8	黑龙江	都晓旭	包榕	23	贵州	刘亮	金正宏
9	上海	黄忠	李嘉馨	24	云南	普春友	杜俊松
10	江苏	邵涛	代士玉	25	陕西	张亚福	王毓晨
11	浙江	钱永康	邵思程	26	甘肃	朱书启	李佩涛
12	安徽	马有昂	费宏晨	27	宁夏		刘雨翔
13	福建	陈贵清	彭铖	28	新疆	韩继宗	李学志
14	江西	简金平	张声林	29	新疆兵团		朱坤
15	山东	杨兴民	吴沛儒	30	广东	谭伟创	郑旭升

汽车维修

项目介绍

汽车维修（国赛精选）项目是指使用提供的资料、设备设施和工量具，合理组织工作计划和任务，完成汽车机电系统故障的检测诊断、维护修理等工作的竞赛项目。

竞赛模块

模块A：发动机管理系统故障诊断与维修

模块B：发动机机械系统故障诊断与维修

模块C：车身电气系统故障诊断与维修

模块D：底盘系统故障诊断与维修

人员名单

裁判长：李 雷　　裁判长助理：程丽群

序号	参赛代表团	裁判员	选手	序号	参赛代表团	裁判员	选手
1	北京	蒋金波	程旭东	16	湖北	郭传慧	马春亮
2	天津	李 军	李江江	17	湖南	吴正乾	胡元波
3	河北	王大鹏	杜艺龙	18	广西	梁国伟	黄千高
4	山西	吴 冰	申嘉磊	19	海南	黎泰华	李明忠
5	内蒙古	瞿连英	张 强	20	重庆	聂怀伟	陈果真
6	辽宁	刘国辉	王 波	21	四川	谢 振	贺 希
7	吉林	徐 艳	乔 伟	22	贵州	罗 龙	余建峰
8	上海	薛 峰	曾 骏	23	云南	张 骧	张 宇
9	江苏	宋云波	杨荣利	24	西藏	余得剑	格桑扎西
10	浙江	陈敦有	曾志鹏	25	陕西	王永琪	靳王宾
11	安徽	徐腾达	宋自清	26	甘肃	马银余	马明远
12	福建	吴伟铨	叶德铃	27	青海	郭文彬	马 龙
13	江西	胡 剑	乐立成	28	新疆	贺 龙	郑陈豪
14	山东	金君堂	曹志伟	29	新疆兵团	杨有海	俞治水
15	河南	宋阳见	王 佳	30	广东	吴培鉴	李喜龙

新能源汽车智能化技术

项目介绍

新能源汽车智能化技术（国赛精选）项目是以提升智能网联汽车全产业链设计、生产、应用和服务能力为目的，以测试、装调、运维技术为载体，全面考察选手对智能网联汽车环境感知技术、智能决策技术、线控执行技术、网联通信技术理解与应用能力的竞赛项目。

竞赛模块

模块A：自动驾驶仿真平台排故与测试

模块B：自动驾驶实车装调与排故

模块C：智能网联汽车综合道路测试

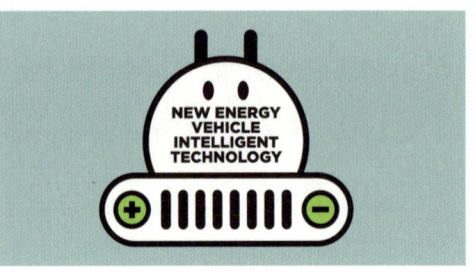

人员名单

裁判长：李晶华　　裁判长助理：房　亮

序号	参赛代表团	裁判员	选手	序号	参赛代表团	裁判员	选手
1	北京	赵　郁	栗相楠 崔　哲	15	山东	艾　娜	袁永文 孙　涛
2	天津	姜绍忠	李　欢 胡　博	16	河南	康予培	李晓强 袁书新
3	河北	梁春兰	古风艺 游恒浩	17	湖北	李梦飞	周　先 贾江波
4	山西	姜　鑫	郭俊飞 李吉浪	18	广西	李宣葙	刘长昆 黄楚峰
5	内蒙古	陶春成	安向东 祁宝应	19	海南	陈家耀	布　丹 张明华
6	辽宁	王　蔚	苗继壮 马玉涛	20	重庆	王　勇	范梦阳 姚晶晶
7	吉林	王景海	刘　伟 张辰宇	21	四川	肖　健	黄义勇 滕峻林
8	黑龙江	徐　斌	关宝金 李　方	22	贵州	杨娇娇	林雪峰 黄　杰
9	上海	董庆战	邵红硕 彭浩宇	23	云南	刘祖柏	唐道娟 杨仕清
10	江苏	汤　彬	刘爱志 吴　飞	24	陕西	刘　涛	袁　月 田晓鸿
11	浙江	秦世环	沈利华 王　芳	25	青海	田介春	黄　伟 祝存栋
12	安徽	王明洋	乔　俊 孙邦军	26	新疆	刘长新	王　伟 马　宝
13	福建	邱晨曦	林　胜 颜智伟	27	新疆兵团		阿力木江·阿卜杜克热木 吴永森
14	江西	宋志良	徐晓宇 邱志卓	28	广东	陆海明	陈丽华 刘　浩

木工

项目介绍

木工（国赛精选）项目是指参赛人员根据图纸进行放样、木料加工、节点制作、杆件连接、组装、安装等工艺，熟练使用手工工具和机械设备制作如门窗、楼梯、庭院、挂落等木制作品的竞赛项目。

竞赛模块

模块A：榫接内部　　模块B：榫接外部

模块C：表面砂光　　模块D：与图纸的一致性

模块E：尺寸　　　　模块F：安装

模块G：材料　　　　模块H：安全

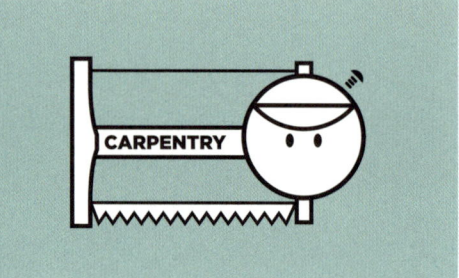

人员名单

裁判长：曹永宏　　裁判长助理：顾帅帅

序号	参赛代表团	裁判员	选手	序号	参赛代表团	裁判员	选手
1	北京	夏荣祥	于永茂	14	河南	赵永立	李 蒙
2	天津	解修波	张井岩	15	湖北	汪 坤	龚泽军
3	河北	王军强	牛江洋	16	湖南	胡 波	吴松澍
4	山西	赵小红	陈劲伟	17	重庆	钟礼祥	廖本祥
5	内蒙古	贾 刚	吕悦孝	18	四川	耿 新	陈 云
6	黑龙江	郑连君	平栩锐	19	贵州	龚 杰	靳英杰
7	上海	余 韬	张 超	20	云南	董明光	杨春发
8	江苏	顾水根	王亚兵	21	西藏		米 眯
9	浙江	庄 良	朱森权	22	陕西	郭瀚文	李 峰
10	安徽	陶 冶	浦强松	23	甘肃	卢彦臣	潘昱彤
11	福建	饶美琴	曾世均	24	新疆		如则托合提·麦提如则
12	江西	陈 臻	钟日森	25	广东	潘永坚	曾思鸣
13	山东	王 寒	丛培源				

砌筑

项目介绍

砌筑（国赛精选）项目是指根据施工图纸，利用水平尺、靠尺等基本的砌筑工具，经放样、切砖、砌筑、抹灰、勾缝、清洁等工序，将砖和砂浆胶凝材料砌筑成设计要求的建筑物或构筑物，完成最终砌筑作品的竞赛项目。

竞赛模块

模块1：羊城之筑　　模块2：伟大中国

模块3：情系广州　　模块4：绿水青山

模块5：南粤风情　　模块6：抗疫必胜

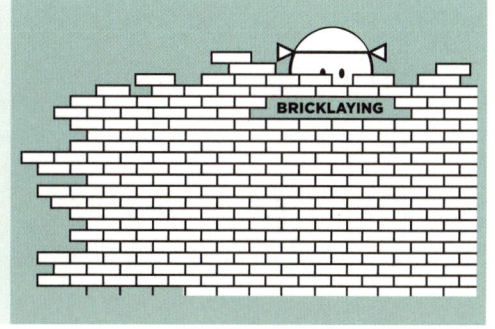

人员名单

裁判长：周果林　　裁判长助理：毛晓兵

序号	参赛代表团	裁判员	选手	序号	参赛代表团	裁判员	选手
1	北京	尉彩宁	金桂兵	15	湖北	王延该	王忠明
2	天津	高象轩	徐建成	16	湖南	李皑	罗文轩
3	河北	张树元	李进贵	17	广西	覃学溥	叶长兴
4	山西	贾赟	吕国平	18	重庆	郭长春	李建军
5	辽宁	乔聚忠	郑君财	19	四川	万健	丁尚明
6	吉林	李新伟	胡佑陶	20	贵州	王芷淳	马良俊
7	上海	刘飞	曹流	21	云南	李亚东	蒋伟
8	江苏	张喜平	高海建	22	西藏	谢亮	唐宏聚
9	浙江	蒋翔	叶节霖	23	陕西	韩西锋	张伟凡
10	安徽	段宏	代振豪	24	甘肃	景兆华	苏锦昊
11	福建	岳峻	张杨	25	青海	殷庆红	余洪强
12	江西	官惠华	邓方友	26	宁夏	胡榕	朱军
13	山东	宋锡健	耿一纯	27	新疆	张耿	李富
14	河南	张庆新	白江萌	28	广东	梁智滨	梁锦涛

室内装饰设计

项目介绍

室内装饰设计（镶贴工）（国赛精选）项目是指选手使用手工工具、机具，采用各种天然（人造）石材材料、陶瓷材料和砂、石、水泥、黏结剂等辅助材料，按设计要求对建筑物、构筑物等物体表面进行装饰、镶贴安装。

竞赛模块

模块A：墙面：汉字切割镶贴

模块B：墙面：图形切割镶贴

模块C：地面：数字切割镶贴

人员名单

裁判长：张国华　　裁判长助理：杨常嘉

序号	参赛代表团	裁判员	选手	序号	参赛代表团	裁判员	选手
1	北京	徐田明	张瑞坤	15	河南	白 玫	宋朋飞
2	天津	徐家铮	孙秀杰	16	湖北	梁 俊	李思凯
3	河北	邢学生	赵安明	17	湖南		王鹏程
4	山西	金 薇	赵艳鹏	18	广西	文建平	殷灿贤
5	内蒙古	托 娅	梁 琦	19	重庆	徐世彪	董 建
6	吉林	于洪波	李冬雪	20	四川	罗 卫	贾国兵
7	黑龙江	李 卓	王志臣	21	贵州	吴嘉毅	胡其刚
8	上海	饶玉静	丁志仁	22	云南	蒋光明	刘 杉
9	江苏	徐 敏	浦静雯	23	陕西	张育超	郭军发
10	浙江	詹长顺	孙奕彬	24	青海	白文福	谢得运
11	安徽	刘 娴	马兴星	25	新疆	温亮亮	陈立翔
12	福建	李敏勇	潘保国	26	新疆兵团		杨 娜
13	江西	罗世春	游海祥	27	广东	梁家胜	钟清闲
14	山东	程 亮	刘 权				

网络系统管理

项目介绍

网络系统管理（国赛精选）项目是指在网络操作中心、互联网服务供应商、数据中心等多种应用场景下，对各类型网络系统项目进行分析、设计和实现，进行服务器、客户端和网络设备的安装与配置，实现互联等网络服务功能的竞赛项目。

竞赛模块

模块A：数据中心网络搭建

模块B：网络服务与信息安全（Windows）

模块C：网络服务（Linux）

模块D：秘密挑战（网络故障排除）

人员名单

裁判长：吴多万　　裁判长助理：曾扬朗

序号	参赛代表团	裁判员	选手	序号	参赛代表团	裁判员	选手
1	北京	俞雪丽	郝伟威	15	山东	怀旭	张孟宇
2	天津	王蕊	张晶	16	河南	吕超男	司亚迪
3	河北	吴杰	赵伟	17	湖北	龙翔	石柳
4	山西	朱壮普	李兆祺	18	广西	郭佩刚	刘春辉
5	内蒙古	白震	张尼奇	19	海南	陈光	魏琼辉
6	辽宁	韩新洲	董新春	20	重庆	陈学平	唐继勇
7	吉林	康健	马晗阳	21	四川	乔治锡	冉志明
8	黑龙江	庞金龙	李金海	22	贵州	刘刚	杨雷兵
9	上海	黄小方	何学杨	23	云南	贺世才	杨凡
10	江苏	唐国光	陈加春	24	陕西	张晓	段若琳
11	浙江	孙伟	周宇杰	25	甘肃	岳立文	刘张朋
12	安徽	王举俊	闫庆国	26	新疆	刘斌	陈鑫玉
13	福建	黄力	王元森	27	新疆兵团		袁金堂
14	江西	代飞	胡志锋	28	广东	伍粤山	黄新颖

物联网技术

项目介绍

物联网技术（国赛精选）项目主要考察物联网安装调试员职业从业人员的职业能力，包括物联网选型规划设计能力、物联网软硬件安装调试能力、物联网网络系统搭建能力、物联网云平台配置管理能力，以及物联网云平台应用开发能力。该项目要求选手根据用户需求，利用专业工具和仪器设备，设计、安装、搭建、调试、配置以及应用开发一套满足需求、可运行的物联网系统，通过真实的工作任务实施考察选手的综合职业能力。

竞赛模块

模块A：物联网方案设计与实现

模块B：故障维修与物联网升级改造

模块C：物联网云平台应用开发

人员名单

裁判长：韦思健　　裁判长助理：陈正振

序号	参赛代表团	裁判员	选手	序号	参赛代表团	裁判员	选手
1	北京	江素颖	寇翰星	14	江西	谢晓明	袁杰
2	天津	杨孟青	刘磊	15	山东	王国明	陆振坤
3	河北	陈维华	李冀琛	16	河南	周胜利	黄崇
4	山西	陈够喜	郭鹏	17	湖北	王春枝	孔维国
5	内蒙古	刘佳玲	周彪	18	湖南		谭海江
6	辽宁	张永	李缙栋	19	广西	吴燕	李杰阳
7	吉林	穆笑妍	李柏峰	20	海南	王庆伟	胡翼合
8	黑龙江	孙立明	宋磊	21	重庆	武新	王杰
9	上海	徐军明	袁嘉伟	22	四川	龙天才	雷浩
10	江苏	张晴	任乐	23	贵州	冯明扬	陆光培
11	浙江	马兆丰	项嘉棋	24	云南	夏春飞	刘圣赐
12	安徽	许斗	童友波	25	西藏		于杰
13	福建	张如	李恩琦	26	陕西	屈青青	徐涵

续表

序号	参赛代表团	裁判员	选手	序号	参赛代表团	裁判员	选手
27	甘肃		韩生平	29	新疆	张力唯	白新康
28	青海	李明燕	才台拉忠	30	广东	陈外平	刘思雨

信息网络布线

项目介绍

信息网络布线（国赛精选）项目是指利用以太网技术、局域网技术和办公室/家庭网络技术，根据要求进行规划设计，根据技术标准完成对光纤电缆、铜缆的安装、性能测试，进行无线技术和网络应用实施和维护维修的竞赛项目。

竞赛模块

模块 A：光纤布线系统

模块 B：结构化布线系统

模块 C：智能家居/办公应用

模块 D：速度测试

人员名单

裁判长：杨　阳　　裁判长助理：梁嘉伟

序号	参赛代表团	裁判员	选手	序号	参赛代表团	裁判员	选手
1	北京	单树明	高琪	9	江苏	杨红伟	赵洋
2	天津	杜守印	陈香舟	10	浙江	曹融	赵志浩
3	河北	王林浩	李兆	11	安徽	李淼	李文清
4	山西	贾晋宁	牟张磊	12	福建	谢寿衡	陈家雄
5	内蒙古	张海霞	崔嘉政	13	江西	熊浩	张飞
6	吉林	林科浩	贾浩宇	14	山东	许友涛	孙祥斌
7	黑龙江	徐千力	刘一帆	15	河南	连志民	梅梦梦
8	上海	徐珺	李铭	16	湖北	李亦伟	吴杰铭

续表

序号	参赛代表团	裁判员	选手	序号	参赛代表团	裁判员	选手
17	湖南	彭建阳	徐洋洋	23	西藏	李卫东	刘世强
18	广西	覃敏焱	罗仪新	24	陕西	杨永刚	田喆轩
19	重庆	刘江林	杨鑫滔	25	青海	张 伟	马 雄
20	四川	邓存国	杨 怡	26	新疆	杨明丽	李鹏举
21	贵州	彭 鸿	黄 旭	27	新疆兵团		巴得力·达吾特江
22	云南	李汶忠	蒋忠何	28	广东	黄毅明	王儒咏

珠宝加工

项目介绍

珠宝加工（国赛精选）项目是运用贵金属材料和珍贵宝石制作出珠宝首饰的竞赛项目。该项目考察参赛人员解读珠宝设计师图纸的能力，复制以及更新或修复珠宝首饰的能力，精确、节俭处理贵金属的能力、鉴别宝石的能力，以及特殊工具和设备的使用能力。

竞赛模块

模块A：面具上半部分、双眼镶口和鼻梁部件的制作

模块B：面具下半部分和马眼镶口部件的制作

模块C：整体组合、镶嵌及修整

人员名单

裁判长：李勋贵　　裁判长助理：党新洲

序号	参赛代表团	裁判员	选手	序号	参赛代表团	裁判员	选手
1	北京	周彦君	王泽丹	3	山西	徐宏锦	高宏伟
2	天津	林占欣	王丁丁	4	内蒙古		姜 磊

续表

序号	参赛代表团	裁判员	选手	序号	参赛代表团	裁判员	选手
5	吉林	王 颖	李晟光	15	湖南	李 蕾	石诗涓
6	上海	柴吉昌	杨逸飞	16	重庆	魏 来	罗 勇
7	江苏	方 韦	李 进	17	四川	杜运飞	顾 悦
8	浙江		朱鹏飞	18	贵州	黄文滨	吴寿华
9	安徽	李孔亮	吕平平	19	云南	刘承杰	李明豪
10	福建	林俊发	吴 霞	20	西藏		格桑旦增
11	江西	杜中文	江 盈	21	陕西	杨 兵	赵琳静
12	山东	朱小龙	周美丽	22	甘肃	张 源	汪 赟
13	河南	郭志鹏	林坤松	23	广东	宁水清	林钰鑫
14	湖北	谢旻君	陈 驰				

时装技术

项目介绍

时装技术（国赛精选）项目是指服装制版师与工艺师根据款式图，运用服装 CAD 软件进行平面制版推版或通过立体裁剪进行立体制版，并制作样衣。本项竞赛旨在全面评价服装制版师与工艺师在时装技术工作核心内容中的工作能力和职业素质。

竞赛模块

模块 A：款式局部设计

模块 B：服装 CAD 制版

模块 C：样衣制作

模块 D：立体裁剪

模块 E：安全生产

人员名单

裁判长：张文斌　　裁判长助理：阳　川

序号	参赛代表团	裁判员	选手	序号	参赛代表团	裁判员	选手
1	北京	本项目由第三方裁判执裁	王宏然	13	河南	本项目由第三方裁判执裁	曲范松
2	天津		闫　硕	14	湖北		王昭君
3	河北		张梦雅	15	湖南		李林芳
4	山西		任　波	16	海南		吴盈盈
5	吉林		赵建军	17	重庆		谢玲莉
6	上海		雍　飞	18	四川		陈　勇
7	江苏		吴晶莹	19	贵州		何希艳
8	浙江		史柳军	20	陕西		赵无梦
9	安徽		朱　静	21	宁夏		包琴连
10	福建		苏义林	22	新疆		阿达来提·吐尔逊
11	江西		姚晗柔	23	广东		李安兵
12	山东		吴雪玲				

健康照护

项目介绍

健康照护（国赛精选）项目是指健康照护参赛人员结合医学基础知识与技能在居家、社区、护理院机构等场合，直接为照护对象（健康照护赛项对象为老年人）提供生活照护、基础照护、康复照护、感染防护等相关专业技能服务的竞赛项目。

竞赛模块

C1：健康照护居家场景常规赛项：生活照护、基础照护、康复照护、感染防护操作项目

C2：健康照护机构场景特色赛项：生活照护、基础照护、康复照护、感染防护操作项目

C3：健康照护综合技能赛项：生活照护、基础照护、康复照护、感染防护操作项目、持续改进健康照护计划

人员名单

裁判长：刘则杨　　裁判长助理：张超曼

序号	参赛代表团	裁判员	选手	序号	参赛代表团	裁判员	选手
1	北京	姚莉	任静	15	河南	白洁	李翡玉莹
2	天津	胡芳	王雅楠	16	湖北	高祖梅	刘玲
3	河北	单伟颖	樊子双	17	湖南	唐莹	颜丽霞
4	山西	赵润娥	张敏	18	海南	梁芳恋	冯晓雯
5	辽宁	许广军	邹蕴	19	重庆	游建平	钱莉
6	吉林	何凤云	王明超	20	四川	庄红	兰芙蓉
7	黑龙江	牛继红	梁思卿	21	贵州	杨晓玲	夏宇歌
8	上海	朱爱勇	林秀怡	22	云南	杨亚萍	蒋怡婷
9	江苏	戴新娟	杨钦	23	西藏		赵敏
10	浙江	张晓军	王文文	24	陕西	雷海茹	韩莎
11	安徽	杨爱琴	卢雅兰	25	宁夏		米宗山
12	福建	刘小玲	张康宁	26	新疆	夏慧玲	马婷婷
13	江西	汪爱琴	肖宝英	27	广东	凌淑芬	谢思明
14	山东	马承梅	来庆专				

餐厅服务

项目介绍

餐厅服务（国赛精选）项目包括宴会主题设计方案、现场主题宴会摆台、服务技能展示，主题设计说明和答辩、中式分餐服务等，为客人提供健康环保、安全、节约服务的竞赛项目。

竞赛模块

模块 A：主题宴会摆台

模块 B：服务技能

模块 C：主题设计方案及造型

模块 D：分餐服务

模块 E：综合评价

人员名单

裁判长：熊久香   裁判长助理：熊培芳

序号	参赛代表团	裁判员	选手	序号	参赛代表团	裁判员	选手
1	北京	杨德才	倪雯艳	15	河南	宋 娇	于婷婷
2	天津	马国婧	任诗童	16	湖北	李 俊	伍秋月
3	河北	刘大伟	庞旭昇	17	湖南	彭维捷	欧思敏
4	山西	胡丽娜	贺 静	18	广西	吉东瑜	孔昕彤
5	辽宁	王 群	杨雪菲	19	海南	王 荣	赵淑洋
6	吉林	陈 金	夏伟丽	20	重庆	郭小曦	王静秋
7	黑龙江	马丽涛	逢国琳	21	四川	雷 琳	陈小蝶
8	上海	张倩倩	李 凯	22	贵州	谢朝刚	范小煜
9	江苏	匡家庆	刘玮豪	23	云南	潘晓烨	段奕冰
10	浙江	张建红	陈天月	24	西藏	杨 征	仁青卓玛
11	安徽	晏文娟	王 寒	25	陕西	张 园	龙 惠
12	福建	张清影	吴一平	26	青海	王 丽	赵思杰
13	江西	郑 巍	张若彤	27	新疆	刘堪才	何发宇
14	山东	孙 宁	蒋竺男	28	广东	孔祥华	黎梓亮

西式烹调

项目介绍

西式烹调（国赛精选）项目是指利用不同原料经过加工制作成不同的菜肴的竞赛项目。比赛对选手的技能要求包括：了解原料知识，烹饪加工方法，食品安全与营养；能够根据技术标准制作符合要求的开胃菜、汤类、主菜、甜品等具有不同国家风味的菜肴。

竞赛模块

模块A：手指餐制作

模块B：海鲜头盘制作

模块C：牛肉主菜制作

人员名单

裁判长：刘立新　　裁判长助理：史汉麟

序号	参赛代表团	裁判员	选手	序号	参赛代表团	裁判员	选手
1	北京	侯德成	刘鹏	16	河南	王源	刘鹏威
2	天津	李智铭	苏庆林	17	湖北	周卫	沈思静
3	河北		林志征	18	湖南	何彬	杨海波
4	山西	韩跃飞	刘晓东	19	广西	朱照华	赵虹媛
5	内蒙古	杨华	吴国红	20	海南	余敏	赵福振
6	辽宁	丁建军	李翔鹏	21	重庆	刘波平	施智锟
7	吉林	李浩莹	杨东升	22	四川	乔兴	张振宇
8	黑龙江	包曙光	范海涛	23	贵州	刘先	蔡林玻
9	上海	钱继龙	马晓亮	24	云南	蔺永康	李本成
10	江苏	陆理民	徐海姝	25	西藏	沈建兵	白明
11	浙江	金苗	胡旭定	26	陕西	韩超	宋峰
12	安徽	解卫	刘军	27	甘肃	廖志杰	殷世润
13	福建	刘贵才	庄雅婷	28	宁夏		肖鹏飞
14	江西	吴蔚书	李勇	29	新疆	刘银宝	姚秦征
15	山东	邓介强	宫彦	30	广东	邹宇航	范镔镔

烘焙

项目介绍

烘焙（国赛精选）是利用搅拌机、烤箱、醒发箱等专业设备，将面粉、酵母、水、盐、油脂、鸡蛋和糖等原料加工、烘烤成面包或糕点的技术。烘焙技术充分体现了烘焙师对原料和面团性能、发酵工艺、整形技艺、烘烤过程以及风味搭配、营养均衡等方面的掌握和运用。

竞赛模块

模块A：作业书

模块B：竞赛过程

模块C：软质面团制作

模块D：无糖无油面团制作

模块E：酥性面团制作

模块F：特色面包制作

模块G：三明治制作

模块H：艺术面包制作及摆台

人员名单

裁判长：干文华　　裁判长助理：周志刚

序号	参赛代表团	裁判员	选手	序号	参赛代表团	裁判员	选手
1	北京	本项目由第三方裁判执裁	安凤楼	17	湖北	本项目由第三方裁判执裁	沈文龙
2	天津		胡广义	18	湖南		周海泉
3	河北		王海港	19	广西		黄华天
4	山西		张福龙	20	海南		陈 良
5	内蒙古		徐 霞	21	重庆		王 旎
6	辽宁		韩 冬	22	四川		田孝清
7	吉林		郑 涛	23	贵州		袁归远
8	黑龙江		张 帅	24	云南		何兴伟
9	上海		钟保根	25	西藏		贡觉培杰
10	江苏		杨 涛	26	陕西		王 哲
11	浙江		黄明晓	27	甘肃		李银芳
12	安徽		陶 东	28	青海		王雅琳
13	福建		陈 锦	29	宁夏		董子雄
14	江西		黎德保	30	新疆		柳继亮
15	山东		张梦飞	31	新疆兵团		郭永丰
16	河南		罗珂涵	32	广东		王真娣

茶艺

项目介绍

茶艺（国赛精选）项目是以中国茶道精神为指导，以泡好一杯茶和呈现茶艺之美为目的，通过择水选器与水温、茶水比、浸泡时间等参数的科学设计与调控，充分展示茶的色、香、味、形等性状，强调茶汤质量和泡茶过程完美结合的竞赛项目。

竞赛模块

模块 A：规定茶艺演示

模块 B：茶汤质量比拼

模块 C：自创茶艺演示

人员名单

裁判长：周智修　　裁判长助理：薛　晨

序号	参赛代表团	裁判员	选手	序号	参赛代表团	裁判员	选手
1	北京	柴晓娟	杨诗雯	13	福建	郭雅玲	刘芷君
2	天津	郝连奇	李姝梦	14	江西	李　玲	王　倩
3	河北	魏兴华	许大志	15	山东	杨　洋	纪小川
4	山西	张雪红	吴　飚	16	河南	王　杉	肖珺景
5	内蒙古	李晓霞	袁　琳	17	湖北	刘晓芬	田　杨
6	辽宁	爱新觉罗毓叶	陈胜男	18	湖南	陈　勋	董　昭
7	吉林	宋子跃	张天石	19	广西	刘　芳	陈婉仪
8	黑龙江		马冰心	20	海南	邓兰萍	王浩然
9	上海	王亚雷	常　静	21	重庆	曾　亮	陈应会
10	江苏	房婉萍	黄子轩	22	四川	彭　慧	向　春
11	浙江	于良子	岑　姗	23	贵州	罗　萍	刘　阳
12	安徽	宋　丽	陈慧雯	24	云南	张亚萍	王　宇

续表

序号	参赛代表团	裁判员	选手	序号	参赛代表团	裁判员	选手
25	西藏		骆慧容	28	新疆	舒毅	齐涵
26	陕西	高运华	白晴	29	广东	许玫	叶慧琳
27	甘肃	唐陈虓	张宝彤				

社会体育指导（健身）

项目介绍

社会体育指导（健身）（国赛精选）项目是指根据运动人体科学知识、健身运动指导的知识、技术和技能，通过健康体适能测试和评估，制订个性化的健身运动计划，指导和帮助健身者系统性保持或提高健康体适能水平能力的竞赛项目。

竞赛模块

模块 A：体能比拼

模块 B：动作教学

模块 C：知识竞答

模块 D：小团体课程

模块 E：姿态与动作评估

模块 F：运动计划设计

人员名单

裁判长：陈　超　　裁判长助理：栾　茜

序号	参赛代表团	裁判员	选手	序号	参赛代表团	裁判员	选手
1	北京	本项目由第三方裁判执裁	刘玉洁	15	山东	本项目由第三方裁判执裁	张亚舟
2	天津		孟子平	16	河南		韩俊峰
3	河北		刘子杨	17	湖北		胡世俊
4	山西		王永萍	18	湖南		谢凯
5	内蒙古		特木尔	19	广西		刘礼飞
6	辽宁		马兰兰	20	海南		沈新雨
7	吉林		陈鹏	21	重庆		杨川
8	黑龙江		陈浩然	22	四川		杨帆
9	上海		刘哲	23	贵州		范海涛
10	江苏		徐寅	24	云南		阿锦麟
11	浙江		王盛	25	西藏		陈鹏飞
12	安徽		孙全振	26	甘肃		潘哲明
13	福建		郑凤龙	27	新疆		陆金亮
14	江西		周修铜	28	广东		刘军

中华人民共和国第一届职业技能大赛组委会机构和人员名单

一、领导机构

（一）主　任

张纪南　人力资源社会保障部党组书记、部长

马兴瑞　中共广东省委副书记、广东省人民政府省长

（二）副主任

汤　涛　人力资源社会保障部副部长、党组成员

李红军　广东省人民政府副省长

温国辉　中共广州市委副书记、广州市人民政府市长

（三）委　员

俞家栋　人力资源社会保障部办公厅主任

张立新　人力资源社会保障部职业能力建设司司长

郝　斌　人力资源社会保障部国际合作司司长

刘小军　人力资源社会保障部直属机关党委副书记、机关纪委书记

王明政　人力资源社会保障部宣传中心主任

刘　康　中国就业培训技术指导中心主任

吕玉林　人力资源社会保障部国际合作司副司长、国际交流服务中心主任

张　斌　中国人力资源和社会保障出版集团总经理

刘新昌　人力资源社会保障部职业能力建设司二级巡视员

龚南香　人力资源社会保障部宣传中心副主任

袁　芳　中国就业培训技术指导中心副主任

阎中兴　人力资源社会保障部国际交流服务中心副主任

魏　萌　中国人力资源和社会保障出版集团副总经理

陈奕威　广东省人力资源和社会保障厅厅长

杨红山　广东省人力资源和社会保障厅副厅长、一级巡视员

黎　明　广州市人民政府副市长

王　健　广州市人力资源和社会保障局局长

二、工作机构

（一）秘书处

秘 书 长：张立新（兼）

　　　　　陈奕威（兼）

　　　　　黎　明（兼）

副秘书长：刘新昌（兼）

　　　　　杨红山（兼）

　　　　　王　健（兼）

成　　员：翟　涛　人力资源社会保障部职业能力建设司技能竞赛管理处处长

　　　　　贾　捷　人力资源社会保障部国际合作司国际组织处处长

　　　　　朱　丹　中国人力资源和社会保障出版集团读者服务部主任

　　　　　刘正让　广东省人力资源和社会保障厅二级巡视员兼职业能力建设处处长

　　　　　何士林　广州市人力资源和社会保障局副局长

（二）技术工作组

组　　长：刘　康（兼）

副 组 长：袁　芳（兼）

成　　员：王　静　中国就业培训技术指导中心信息远程处一级调研员

　　　　　叶　磊　广东省职业技能服务指导中心副主任

（三）活动指导组

组　　长：吕玉林（兼）

副 组 长：阎中兴（兼）

　　　　　张广立　广东省人力资源和社会保障厅二级巡视员

成　　员：李　敏　人力资源社会保障部国际交流服务中心技能竞赛服务处处长

　　　　　高良锋　广东省人力资源和社会保障厅办公室主任

（四）新闻宣传组

组　　长：王明政（兼）

副 组 长：龚南香（兼）

　　　　　周　成　广东省人力资源和社会保障厅副厅长

成　　员：吴渊渊　人力资源社会保障部宣传中心新闻处处长

　　　　　邱　璟　广东省人力资源和社会保障厅宣传处处长

三、监督仲裁委员会

主　　任：刘小军（兼）

副 主 任：刘新昌（兼）

　　　　　刘文彬　中国就业培训技术指导中心党委副书记、纪委书记

　　　　　袁新琳　广东省人力资源和社会保障厅机关纪委书记

成　　员：翟　涛　人力资源社会保障部职业能力建设司技能竞赛管理处处长

　　　　　应　炜　人力资源社会保障部直属机关纪委办公室（巡视工作处）处长

　　　　　建登攀　中国就业培训技术指导中心行政财务处三级调研员

　　　　　温世让　广东省人力资源和社会保障厅职业能力建设处一级调研员

专　　家：陈晓明　中国机械工业联合会教育培训部主任

　　　　　路　明　住房和城乡建设部人事司人才工作处处长

张　帅　中国焙烤食品糖制品工业协会副理事长兼秘书长

周　明　中国电子商会专家咨询委员会委员

顾卫东　上海市技师协会副会长兼秘书长

过克强　江西省人力资源和社会保障厅退休人员

陈晓曦　世界技能大赛中国（天津）研究中心副教授

中华人民共和国第一届职业技能大赛
执委会机构和人员名单

一、领导机构

（一）主　任

李红军　广东省人民政府副省长

（二）副主任

李朝明　广东省人民政府副秘书长

陈奕威　广东省人力资源和社会保障厅厅长

黎　明　广州市人民政府副市长

（三）成　员

杨红山　广东省人力资源和社会保障厅副厅长、一级巡视员

崔朝阳　广东省委宣传部副部长、省新闻办主任

邢　锋　广东省教育厅副厅长

张绍新　广东省公安厅治安管理局政委

杨朝峰　广东省财政厅副厅长

杨　树　广东省文化和旅游厅副厅长

张玉润　广东省卫生健康委员会副主任

杨胜强　广东省应急管理厅副厅长

洪声隆　广东省消防救援总队总工程师

唐　锐　共青团广东省委副书记

蔡万麟　中央广播电视总台广东总站、粤港澳大湾区总部召集人

王　健　广州市人力资源和社会保障局局长

二、工作机构

组建执委会办公室，设在广东省人力资源和社会保障厅，负责统筹管理和推动赛事各项组织实施工作。下设综合协调部（广东省职业技能竞赛组委会办公室）、赛务保障部、技术保障部、监督仲裁协助部、后勤保障部、展示交流部、安全保障应急部、志愿者工作部、开闭幕式筹办部、新闻宣传部、财务保障部、赞助工作部、项目招标部、接待部等14个工作部，分别负责落实各项工作任务。择优遴选各项目实施保障单位，分别承担各竞赛项目保障服务工作。

中华人民共和国第一届职业技能大赛参赛代表团

序号	参赛代表团	团长	领队	领队助理
1	北京	徐熙	蔡仑	尉敏 张玉梅
2	天津	沈超	吴立国	王健 李战强
3	河北	赵爱平	王鹏	田琦 朱卫华
4	山西	吴海亮	郜保军	张喜贵 祁慧丽
5	内蒙古	那炜清	王卿	车玉军 毛常盛
6	辽宁	段君明	赵长文	王雨
7	吉林	吴兰	尚绪更	杨彬 蔡宏伟
8	黑龙江	赵志刚	张国忠	王淑范 蒋志强
9	上海	赵永峰	孙兴旺	王波 李晔
10	江苏	戴元湖	李建方	陈彦德 李赟华
11	浙江	金林贵	吴钧	黄晓红 管武鲜
12	安徽	徐建	刘晓燕	马军 徐支艳
13	福建	洪长春	陈捷	刘丽红 陈梅
14	江西	肖国军	钟阳萍	王明超 吴炜东
15	山东	梅建华	李建军	窦煜明 包春
16	河南	刘世伟	任海军	李国军 王远
17	湖北	刘艳红	张发军	刘华平 曾九洲
18	湖南	唐白玉	李国华	羊国杰
19	广东	陈奕威	叶磊	陈琨鹏 吴权
20	广西	李宁波	周南屏	霍柱威 李博
21	海南	李璟	石磊	王飞
22	重庆	陈元春	兰云鹏	蹇晓林 夏颖
23	四川	胡斌	李桢	何永红 廖清平
24	贵州	潘荣	万远茂	胡然 罗建军
25	云南	石丽康	刘彦群	冯海兵 王冀云
26	西藏	解海源	李文学	扎西平措
27	陕西	井海滨	陈树	苏根泰 张燕
28	甘肃	周丽宁	何元魁	唐占雄
29	青海	王定邦	赵力强	马富海
30	宁夏	刘国强	杨晓宁	闫文昌
31	新疆	热合满江·达吾提	田晨枫	吾布力哈斯木·吾甫尔 乔鹏程
32	新疆兵团	孙中震	郭建业	韩壮丽
33	住建行业	江小群	胡秀梅	胡晓光
34	交通运输部	王韬	郝鹏玮	卫婧茹
35	中国机械联	房志凯	刘加勇	曹怀明
36	中国轻工联	徐祥楠	单燕玲	贾高峰

中华人民共和国第一届职业技能大赛标识

标识将中国汉字"技"的笔意与"新时代、新技能、新梦想"的主题精神融为一体,体现中国传统文化与精益求精的工匠精神及"劳动光荣、技能宝贵、创造伟大"的时代风尚的多元共融。

标识上部的两线条代表"长江"与"黄河",有生生不息之意,寓意华夏文明的科学技术、发明创造绵延不断。整体为"技"字,凸显"技能成才""技能推动经济社会发展"的理念,体现新时代工匠精神。

标识利用三个主色系体现"天人合一"的中国文化思想,表达追求人与自然、社会和谐发展的理念。

活力红:代表阳光,寓意阳光与活力、创造与激情。

生态绿:寓意现代技能文明大赛的热烈与恢宏、华彩与生态。

智慧蓝:代表创造的伟大、技能的广阔。

中华人民共和国第一届职业技能大赛吉祥物

吉祥物以广东醒狮为原型,凸显中华人民共和国第一届职业技能大赛在广东省广州市举办的地方特色。醒狮,象征着"技能强国"的雄健、豪迈精神,也传达了中国广大技能人才"技能报国"的时代强音。

吉祥物取名为"扬扬"和"悦悦"。广州又名羊城,"扬"谐音"羊",吉祥物具有昂扬进取、积极向上的气质,故取名"扬扬";"悦"谐音"粤",既表示喜悦开心,也有"国赛举办地在美丽的广东"的含义。

"扬扬"和"悦悦"都身着工装,手持工具和图纸,是技能人才的卡通代言,他们热忱欢迎全国的技能健儿来到广州同台竞技交流,共走技能成才之路,共抒技能报国之志。

中华人民共和国第一届职业技能大赛场馆布置

赛场楼层示意图

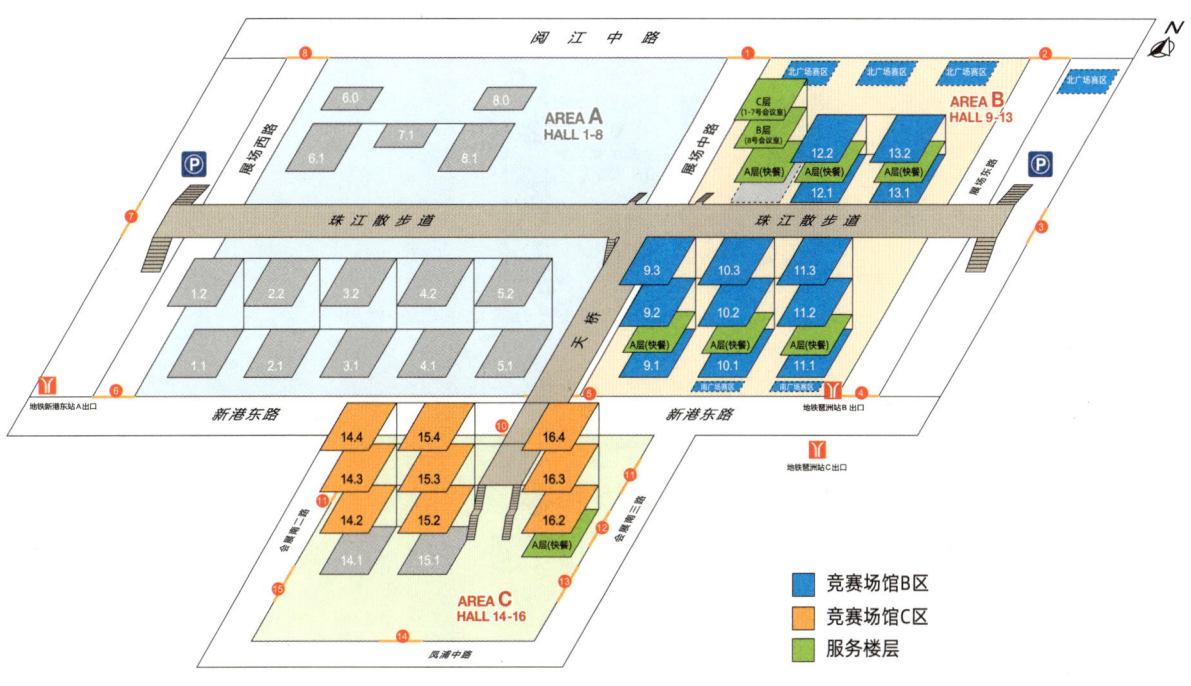

B 区一层及广场赛区

B区二层赛区

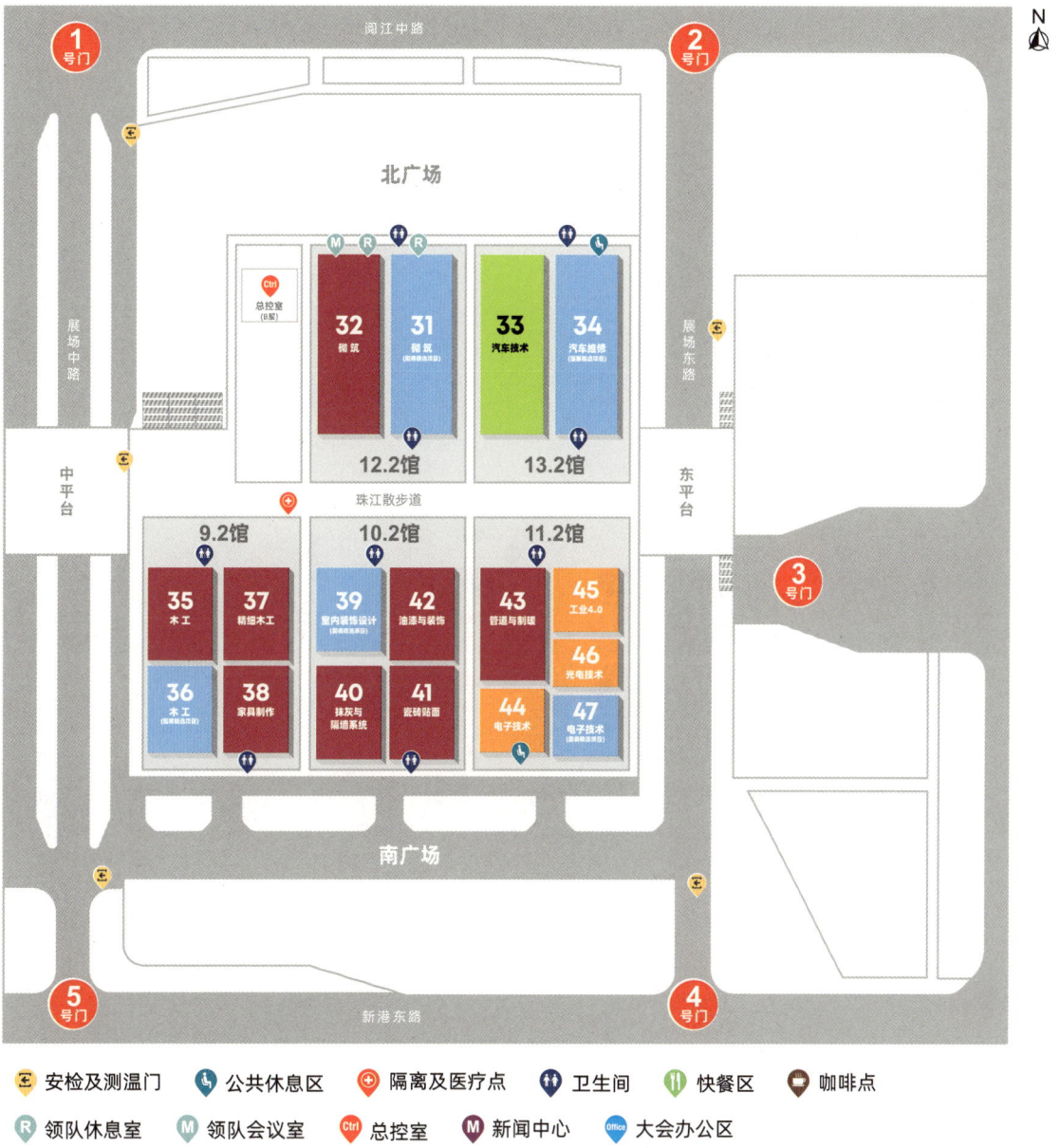

B区三层赛区

C区二层赛区

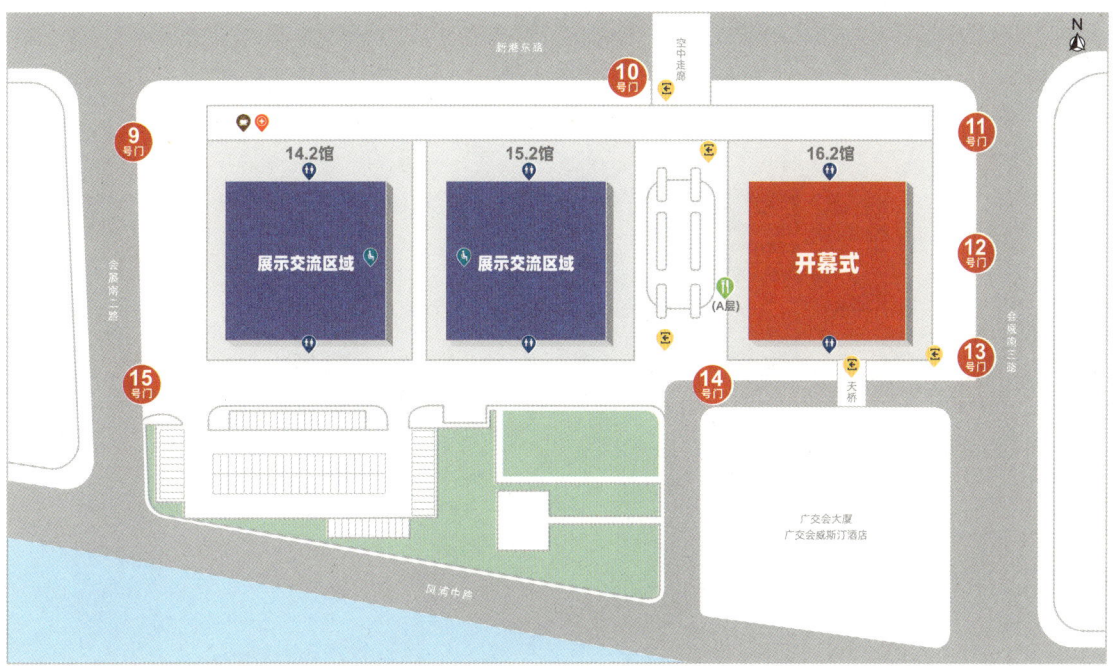

C区三层赛区

C区四层赛区

中华人民共和国第一届职业技能大赛实施保障单位

序号	竞赛项目	实施保障单位
1	电子技术	广东省技师学院
2	网络安全	广东省技师学院
3	可再生能源	广东省技师学院
4	电子技术（国赛精选）	广东省技师学院
5	装配钳工（国赛精选）	广东省技师学院
6	物联网技术（国赛精选）	广东省技师学院
7	商品展示技术	广东省轻工业技师学院
8	美容	广东省轻工业技师学院
9	信息网络布线	广东省轻工业技师学院
10	信息网络布线（国赛精选）	广东省轻工业技师学院
11	数控车	广东省机械技师学院
12	数控铣	广东省机械技师学院
13	制造团队挑战赛	广东省机械技师学院
14	塑料模具工程	广东省机械技师学院
15	工业机械	广东省机械技师学院
16	增材制造	广东省机械技师学院
17	数控车（国赛精选）	广东省机械技师学院
18	数控铣（国赛精选）	广东省机械技师学院
19	油漆与装饰	广东省城市建设技师学院
20	建筑信息建模	广东省城市建设技师学院
21	室内装饰设计（国赛精选）	广东省城市建设技师学院
22	机电一体化	广东省岭南工商第一技师学院
23	电工（国赛精选）	广东省岭南工商第一技师学院
24	货运代理	广东省交通运输技师学院
25	汽车技术	广东省交通运输技师学院
26	汽车维修（国赛精选）	广东省交通运输技师学院
27	社会体育指导（健身）（国赛精选）	广东体育职业技术学院
28	电气装置	广州市技师学院
29	原型制作	广州市技师学院
30	精细木工	广州市轻工技师学院
31	木工	广州市轻工技师学院
32	家具制作	广州市轻工技师学院
33	健康和社会照护	广州市轻工技师学院
34	餐厅服务	广州市轻工技师学院
35	木工（国赛精选）	广州市轻工技师学院
36	餐厅服务（国赛精选）	广州市轻工技师学院
37	健康照护（国赛精选）	广州市轻工技师学院
38	制冷与空调	广州市工贸技师学院
39	网络系统管理	广州市工贸技师学院
40	网站设计与开发	广州市工贸技师学院
41	商务软件解决方案	广州市工贸技师学院
42	云计算	广州市工贸技师学院
43	CAD 机械设计	广州市工贸技师学院

续表

序号	竞赛项目	实施保障单位
44	移动应用开发	广州市工贸技师学院
45	网络系统管理（国赛精选）	
46	CAD 机械设计（国赛精选）	
47	管道与制暖	广州市公用事业技师学院
48	园艺	
49	移动机器人	广州市机电技师学院
50	工业控制	
51	机器人系统集成	
52	新能源汽车智能化技术（国赛精选）	
53	混凝土建筑	广州城建技工学校
54	重型车辆维修	广州市交通技师学院
55	汽车喷漆	
56	飞机维修	
57	轨道车辆技术	
58	烹饪（西餐）	广州市旅游商务职业学校
59	美发	
60	西式烹调（国赛精选）	
61	珠宝加工	广州南华工贸高级技工学校
62	珠宝加工（国赛精选）	
63	时装技术	广州市白云工商技师学院
64	时装技术（国赛精选）	
65	砌筑	广州市建筑工程职业学校
66	瓷砖贴面	
67	抹灰与隔墙系统	
68	砌筑（国赛精选）	
69	焊接	广州造船厂技工学校
70	建筑金属构造	
71	焊接（国赛精选）	
72	光电技术	深圳信息职业技术学院
73	花艺	深圳职业技术学院
74	酒店接待	
75	平面设计技术	深圳技师学院
76	印刷媒体技术	
77	3D 数字游戏艺术	
78	工业设计技术	
79	车身修理	深圳第二高级技工学校
80	茶艺（国赛精选）	珠海市技师学院
81	工业 4.0	东莞市技师学院
82	烘焙	
83	烘焙（国赛精选）	
84	糖艺/西点制作	中山市技师学院
85	化学实验室技术	
86	水处理技术	

赛事聚焦

飞机维修项目

车身修理项目

轨道车辆技术项目

货运代理项目

汽车喷漆项目

混凝土建筑项目

园艺项目

机电一体化项目

原型制作项目

化学实验室技术项目

水处理技术项目

可再生能源项目

印刷媒体技术项目

烘焙项目

机器人系统集成项目

电工项目

装配钳工项目

焊接项目

CAD 机械设计项目

时装技术项目

展示展演

中华人民共和国第一届职业技能大赛技能展示交流日程安排

序号	时间	事项	参与人员	地点
1	12月10日上午	全国技能展示交流	各参展单位工作人员 观众	广交会展馆 C14.2、C15.2 馆
2	12月10日下午	全国技能展示交流	各参展单位工作人员 观众	广交会展馆 C14.2、C15.2 馆
		"中华绝技"现场展演第一场 触测蒙眼配钥匙 传统中药炮制 陶瓷微书 漳浦剪纸 玑镂刻花 （14:00—16:30）	展演人员 工作人员 观众	广交会展馆 C16.2 馆
3	12月11日上午	全国技能展示交流	各参展单位工作人员 观众	广交会展馆 C14.2、C15.2、C16.2 馆
		"中华绝技"现场展演第二场 电钻钻鸡蛋 紫砂泥画 木牛流马创新系列作品 惠山泥人瓷砖贴面 （9:00—11:30）	展演人员 工作人员 观众	广交会展馆 C16.2 馆

续表

序号	时间	事项	参与人员	地点
4	12月11日下午	全国技能展示交流	各参展单位工作人员 观众	广交会展馆 C14.2、C15.2、C16.2馆
		"中华绝技"现场展演第三场 花式调酒 龚扇技艺 拉坯技艺 内画 库车大馕 （14:00—16:30）	展演人员 工作人员 观众	广交会展馆 C16.2馆
5	12月12日上午	全国技能展示交流	各参展单位工作人员 观众	广交会展馆 C14.2、C15.2、C16.2馆
		"中华绝技"现场展演第四场 芜湖铁画锻制技艺 响搨技艺 美发绝技 藏族传统唐卡绘制技艺 数控微雕 （9:00—11:30）	展演人员 工作人员 观众	广交会展馆 C16.2馆
6	12月12日下午	全国技能展示交流	各参展单位工作人员 观众	广交会展馆 C14.2、C15.2、C16.2馆

中华人民共和国第一届职业技能大赛展示交流活动

活动概况

第一届全国技能大赛展示交流活动作为大赛的一项重要配套活动，旨在宣传党和国家对技能人才的关心和支持，展示交流职业能力建设成果和经验，进一步扩大技能人才工作和职业技能竞赛的社会影响。活动与大赛同期在广州市琶洲广交会展馆举办，分设国家展板、省（区、市）及参赛行业部门展区、广东技工院校展区、赞助企业展区和设施设备支持单位展区5个展区，共计179个展位，展区面积约2.2万平方米。

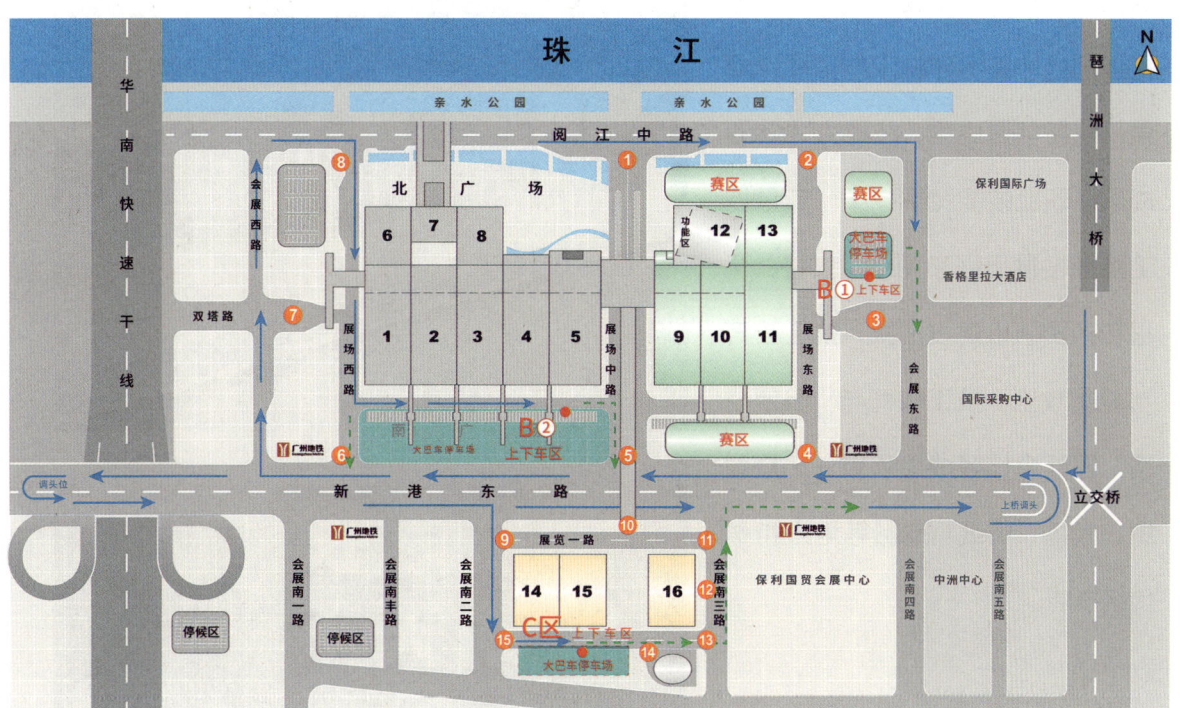

主要展示内容

（一）国家技能人才队伍建设成果。 主要内容包括：中央领导同志对技能人才队伍建设的重要指示批示；技能人才队伍建设成就、技工教育和职业技能培训发展情况；职业技能竞赛发展情况、技能人才评价工作等。

（二）各省（区、市）技能人才队伍建设成果。 主要内容包括：一是技能人才队伍建设工作历程和成果、创新创业成果、技能人才就业成果、职业技能竞赛成果；二是技工院校发展历程和亮点，教材、课程和师资队伍建设成果，技工教育与脱贫攻坚、技工教育与"一带一路"国际合作等成果项目；三是刺绣、瓷器、剪纸、皮影等地方特殊传统技能。

赛事活动篇

（三）上海第46届世界技能大赛筹备工作情况。主要内容包括：中央领导同志对筹办工作的指示、论述等，各方为成功举办上海第46届世界技能大赛所做的工作，举办城市的特色和优势，世界技能组织（WSI）及各成员国家（地区）对筹办工作的支持情况以及世界技能博物馆筹建情况等。

（四）广东技能人才建设成果。主要内容包括：广东省职业能力建设发展历程，技能人才工作成就和世界技能大赛参赛成绩，粤港澳大湾区技能交流活动，"粤菜师傅""广东技工""南粤家政"三项工程展示和广东技工院校展示，场馆间人行天桥部分的技能展示等。

（五）有关参赛行业部门职业能力建设工作。主要内容包括：有关参赛行业部门职业技能培训和技能人才队伍建设工作成果，代表先进科技水平和制造工艺的高新技术成果和产品的展示发布等。

（六）部分企业形象展示。主要内容包括：重要的技能大赛赞助企业、技工院校合作企业等品牌、产品、人才培养、社会责任以及对职业技能大赛的参与和支持等。

# 直击现场

中华人民共和国第一届职业技能大赛 "中华绝技"展演活动

创新展示"中华绝技",精湛技能"有滋有味"

创新展示"中华绝技",弘扬工匠精神。为提升全国技能大赛参与度和互动性,营造"人人参与"的良好氛围,在第一届全国技能大赛期间,大赛组委会创新开展了"中华绝技"展演活动。活动面向社会各界公开征集职业技能类绝技绝活,重点向各地、相关行业企业、技工院校定向征集,推荐技能绝技短视频,展现各行业、各领域有特色、有代表性的绝技绝活项目。活动大力弘扬执着专注、一丝不苟、精益求精、追求卓越的工匠精神,极大提升了全国技能大赛的社会关注度,为营造"劳动光荣、知识崇高、人才宝贵、创造伟大"的社会氛围发挥了积极作用。

人人不问出身,技能成才深入人心。展演活动过程坚持公开、公平、公正原则,经过两轮的淘汰初选确定现场展演项目。现场展演期间,经现场专家、媒体、企业代表打分和现场观众投票、网民线上投票,以及组委会成员单位集体讨论等环节,评选出数控微雕等"最受欢迎的中华十大绝技",并选择了5个内容新颖、技艺精湛、可视性强的绝技绝活项目,在大赛闭幕式"中华有绝技 行行出状元"篇章进行集中展示。此次展演活动年龄最小的是郑州银饰技艺——郭志鹏(22岁),年龄最大的是新疆库车大馕第五代传承人——热西提·依米提(61岁)。展演人不受资历、身份、学历限制,只要拥有一技之长,都能在公开、公平的舞台上一展身手。

社会广泛参与,技能绽放新魅力。展演活动在确保绝技质量的同时,注重提高活动的参与性、趣味性,让广大劳动者亲身感受技能的魅力。入围项目除在央视网、技能大师在线平台滚动播出外,还借助"抖音"等平台将"技能大咖"的专业技能以精彩短视频的形式播放。广大网友能在计算机或手机上随时观看并参与线上投票。第一轮评选出40个优秀展播项目在网上滚动播出,15天内网民点击数超过2 000万人次;第二轮评选出20个优秀展演项目，网民点击总数达310万人次，单项最高点击量超29万人次。

"赛展演"结合，打造职业技能竞赛特色。全国技能大赛首次组织展演活动，在全国各地产生了积极影响，很多省、区、市都表示将在举办各类技能竞赛活动时配套组织"绝技绝活"展演活动，打造独具特色的技能竞赛"赛展演"办赛模式。世界技能组织首席执行官大卫·霍伊非常赞赏此项活动，表示可以邀请其他国家和地区的技能组织参与此项活动，让"中华绝技"展演活动走进世赛。

新时代　新技能　新梦想——中华人民共和国第一届职业技能大赛实录

最受欢迎的中华十大绝技

1. 数控微雕

北京新风航天装备有限公司高级技师常晓飞，用比头发丝还细 0.05 mm 的刻刀刀头在直径 0.15 mm 的金属丝上雕刻"中华绝技"四个字，必须借助 70 倍以上的显微镜才能看到字体轮廓。在直径 220 mm 的铝板上雕刻全国各省（区、市）轮廓，并用 100 个直径只有 0.03 mm 的超微小孔加工出一个火炬轮廓的图案，只有借助强光的照射微孔才能显现出来，加工难度极大。

2. 拉坯成型

国家级技能大师工作室领办人占绍林，潜心钻研集卷泥、压泥、开口、提升、修型在内的一次拉坯成型绝技，实现了对传统技艺的重大突破，成为景德镇大物件一次拉坯成型第一人。作品《中国梦之酒足饭饱》入选第二届中国当代陶瓷艺术大展。

144

3. 玑镂刻花

河南省工艺美术大师程育财，潜心钻研玑镂刻花工艺多年，研发的玑镂刻花机获得国家发明专利。程育财用灵巧的双手操作一把普通雕琢刀，运用扎实的玑镂技术，熟练完成推平、画线以及镂刻等十几道工序，在表盘上镌刻出各种美轮美奂的图案，精度控制在头发丝的二十分之一左右。

4. 美发造型

世界技能大赛美发项目中国代表团专家组成员、高级技师、全国技术能手李文猛，目前担任北京市新媒体技师学院人物形象设计专业带头人，擅长根据人物风格定位，设计打造符合人物特征的整体形象造型，以及服装饰品搭配。他创新运用发型创意分区、发片控制等技术，打造出三维空间几何立体剪裁发型，并能结合顾客年龄、体型、肤色、气质等不同特点，设计符合人物特征的发型，进一步彰显了发型的创意视觉。

5. 响搨技艺

山西省非物质文化遗产手工临摹经典碑帖技艺——阳泉响搨技艺代表性传承人，山西省贾更新技能大师工作室领办人贾更新。贾更新幼年从父学艺，接续第一代清末宫廷御匠马少宣响搨技法，积极推进响搨技艺创新发展，大胆突破古人只能  在小尺幅摹书小字的局限，研发出符合现代审美的大尺幅书法作品。新研发书法作品形神兼备、笔意俱存、一气呵成。代表作有唐神龙冯承素《王羲之兰亭序》贾更新摹本等。同时，响搨技艺对博物馆馆藏纸质文物修复和复制起到不可替代的重要作用。

6. 漳浦剪纸

福建漳浦非物质文化遗产剪纸项目代表性传承人曾芳芳，积极传承漳浦剪纸艺术精髓，在技艺上不断追求、不断创新，用套色技法创作出更符合现代审美、具有新时代特色的剪纸。她的作品线条流畅、圆润匀称、细腻雅致、洋溢着青春的气息和活力，颇具特色，具有很强的艺术感染力，形成了漳浦剪纸构图丰富匀称，线条纤巧细腻的写实特色。

7. 陶瓷微书

中国工艺美术大师、国家级非物质文化遗产代表性项目（陶瓷微书）的代表性传承人王芝文，将传统微书用于陶瓷之上，用细小的汉字组成近观的造型艺术、远观的优美画卷。陶瓷微书创作时仅凭裸视用特制毛笔书写，再烧制而成器。字体小至在每平方厘米的瓷面上书写100多个繁体汉字。作品字画结合、色彩艳丽、笔法流畅，是集书法、绘画、诗词、古文、陶瓷、微雕于一体的艺术。

8. 花式调酒

全国技术能手、调酒师高级技师王勇的花式调酒，将传统调酒技术与舞蹈、音乐、杂技艺术完美融合，让观众像欣赏表演一样欣赏调酒过程。调制的鸡尾酒外观、颜色、香气、味道和装饰物，整体搭配协调，技术与艺术融合。调酒过程自然流畅、不滴不洒、动作优美，曾获世界杯调酒锦标赛铜牌及最佳调酒技术大奖。

9. 芜湖铁画

安徽省工艺美术大师、安徽省第五届技能大奖获得者储铁艺，在继承铁画技艺的基础上，勇于开拓创新，将山水、人物、花鸟、书法表现得古朴典雅、意境深远，融观赏、装饰、收藏为一体。储式铁画以铁为原料，在红炉冶炼后再经锻、錾、焊、锉等技巧制成。它糅合了国画的意境和技法，还融入木制、石雕、剪纸等造型神韵，精细程度参照金银首饰的镶嵌技术，是独具风格的造型艺术品，具有浓厚的民族艺术特色，被世人誉为"中华一绝"。

10. 唐卡绘制

国家级非物质文化遗产，藏族唐卡勉萨派自治区级代表性传承人贡觉杰。唐卡绘制复杂，用料考究，颜料全为天然矿植物原料，色泽艳丽、经久不衰，具有浓郁的雪域风格。贡觉杰在传承传统唐卡绘画技法的同时，在点睛、细节绘制方面持有独特见解，其唐卡作品慈悲肃穆、比例精准，笔触细腻生动，笔下景物栩栩如生。

现场展演 精彩瞬间

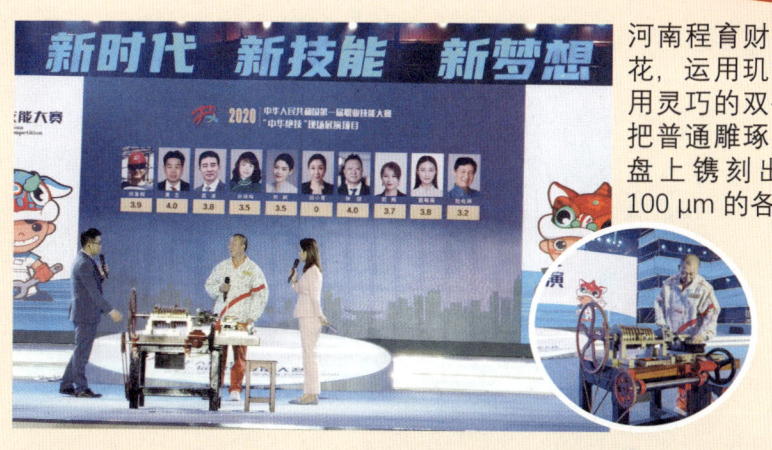

河南程育财的玑镂刻花，运用玑镂技术，用灵巧的双手操作一把普通雕琢刀，在表盘上镌刻出不高于 100 μm 的各种图案

湖北调酒师高级技师王勇的花式调酒，将传统调酒技术与舞蹈、音乐、杂技艺术完美融合

广东汕头王芝文的陶瓷微书，将传统微书用于陶瓷之上，用细小的汉字组成近观的造型艺术、远观的优美画卷

北京新风航天装备有限公司常晓飞的数控微雕，在直径 220 mm 的铝板上雕刻全国各省（区、市）轮廓，生动展现了祖国大好河山

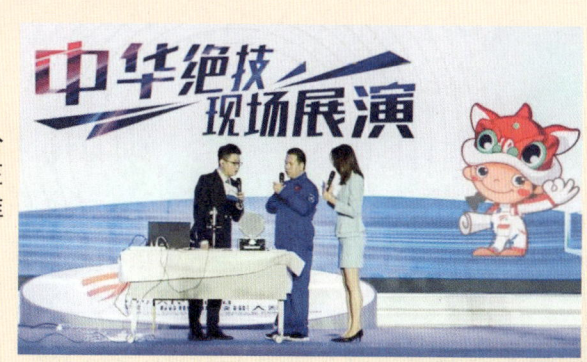

成绩

中华人民共和国第一届职业技能大赛奖牌

中华人民共和国第一届职业技能大赛设立金牌、银牌、铜牌和优胜奖。对各比赛项目获得前3名的选手，相应颁发金牌、银牌和铜牌，选手排名原则上不并列。对前3名以外但排名在参赛人数1/2以上的选手颁发优胜奖。

正面　　　　　　　背面

奖牌正面主体为中华人民共和国第一届职业技能大赛标识，底部雕刻着代表中国古代工匠精神的建筑奇迹——长城；奖牌背面浮雕图像以广州塔、港珠澳大桥代表现代工匠精神，周边饰有木棉花代表举办地广东；吊耳以中华文化标志性形象——"龙"为元素，代表中华民族。

整个奖牌设计风格简约，将中国古代建筑和现代建筑融为一体，反映中华民族从古到今的工匠精神，表达了对技能健儿们弘扬工匠精神、展现精湛技艺、实现自我价值的美好祝愿，体现了"新时代、新技能、新梦想"的大赛主题。

奖牌绶带以木棉花为纹理，金牌采用中国红为主色，银牌为银白色，铜牌为枣红色，寓意喜庆祥瑞。

金牌　　　　　　银牌　　　　　　铜牌

中华人民共和国第一届职业技能大赛获奖选手名单

国赛精选项目获奖名单

项目	金牌 选手	金牌 代表团	银牌 选手	银牌 代表团	铜牌 选手	铜牌 代表团
数控车	吴伟康	广东	陈　顺	福建	楚智阳	湖南
数控铣	范　彪	广东	刘晓涛	四川	王俊皓	山东
电工	钟武剑	广东	李子安	湖北	于志勇	山东
装配钳工	杨长剑	江苏	张文良	辽宁	郭郁汀	山东
焊接	肖　林	四川	范德余	山东	王言旭	黑龙江
电子技术	谢志平	广东	詹冠森	江苏	李志豪	江西
CAD机械设计	代士玉	江苏	郑旭升	广东	邵思程	浙江
汽车维修	杨荣利	江苏	李喜龙	广东	贺　希	四川
新能源汽车智能化技术	陈丽华 刘　浩	广东	刘爱志 吴　飞	江苏	布　丹 张明华	海南
木工	王亚兵	江苏	李　蒙	河南	张　超	上海
砌筑	高海建	江苏	梁锦涛	广东	丁尚明	四川
室内装饰设计	钟清闲	广东	孙奕彬	浙江	殷灿贤	广西
网络系统管理	黄新颖	广东	陈加春	江苏	李兆祺	山西

续表

项目	金牌		银牌		铜牌	
物联网技术	刘思雨	广东	任 乐	江苏	黄 崇	河南
信息网络布线	李 铭	上海	贾浩宇	吉林	王儒咏	广东
珠宝加工	林钰鑫	广东	林坤松	河南	吕平平	安徽
时装技术	谢玲莉	重庆	雍 飞	上海	陈 勇	四川
健康照护	李翡玉莹	河南	林秀怡	上海	谢思明	广东
餐厅服务	于婷婷	河南	陈天月	浙江	黎梓亮	广东
西式烹调	刘 鹏	北京	沈思静	湖北	刘鹏威	河南
烘焙	田孝清	四川	钟保根	上海	王真娣	广东
茶艺	陈胜男	辽宁	常 静	上海	袁 琳	内蒙古
社会体育指导（健身）	徐 寅	江苏	刘 军	广东	韩俊峰	河南

世赛选拔项目获奖名单

项目	金牌		银牌		铜牌	
飞机维修	熊岑辉	江西	郑敬霖	广东	姚轶文	陕西
车身修理	李 杰	上海	赵光耀	山东	张 宇	云南
汽车技术	敬博家	四川	卢 逸	重庆	吴李宏	广东
汽车喷漆	陈彬彬	浙江	程裕林	安徽	杨振声	江西

153

续表

项目	金牌		银牌		铜牌	
重型车辆维修	蒋昕桦	浙江	廖明旺	广东	朱宏宇	湖北
货运代理	朱 珂	上海	杨 言	交通运输部	罗心雨	四川
轨道车辆技术	崔亚鹏 王 瑞	交通运输部	李勇江 徐 磊	四川	张 恒 张肖翔	湖北
砌筑	伍远州	湖南	罗 杰	住房和城乡建设部	陈佳弟	广东
家具制作	李德鑫	中国轻工业联合会	彭洪君	江西	陈成龙	山东
木工	王纵横	黑龙江	石纪龙	中国轻工业联合会	陈赛玉	广东
混凝土建筑	谢健强 林怡峰	广东	冯坤痒 田 浩	江苏	段启迪 王良昊	浙江
电气装置	余守安	江苏	王 州	湖南	诸逸文	上海
精细木工	孙 岩	中国轻工业联合会	邵茹鹏	上海	苏子杰	四川
园艺	郝少宇 于飞龙	安徽	杨华雄 周 东	广东	何兴茂 陈新华	浙江
油漆与装饰	王雅斌	安徽	高诗惠	浙江	杨 旭	江苏
抹灰与隔墙系统	程 邦	住房和城乡建设部	王阿飞	浙江	熊远星	重庆
管道与制暖	陈宇航	上海	马澳龙	浙江	马崇喜	山东
制冷与空调	阮 康	广东	李梦华	江西	冯 骁	中国机械工业联合会
瓷砖贴面	郭志豪	浙江	傅宇豪	住房和城乡建设部	苏柯烨	重庆
建筑信息建模	杨艳梅	浙江	蓝宇航	广东	张 颖	四川

续表

项目	金牌		银牌		铜牌	
数控铣	周楚杰	广东	郭旭贤	中国机械工业联合会	林海锐	吉林
数控车	吴鸿宇	广东	刘 洋	中国机械工业联合会	贾振望	河南
建筑金属构造	周新东	山东	何文强	云南	刘允飞	西藏
电子技术	刘泽龙	广东	杨 安	河北	吴宇豪	重庆
工业控制	王明辉	山东	姜 昊	辽宁	肖 创	广东
工业机械	林家喜	广东	谢村善	江苏	杨兆源	吉林
制造团队挑战赛	吴辰晨 刘常发 张 意	江苏	李萌月 张治新 聂 豪	陕西	罗建文 江浩森 陈 龙	福建
CAD机械设计	林武全	广东	陈启熙	江苏	许晨涛	浙江
机电一体化	张展锐 吴延航	中国机械工业联合会	罗自立 潘朝阳	北京	聂嘉伟 王梦雨	江苏
移动机器人	许 骏 李晓杰	广东	田权生 张皓伟	江苏	邓伟康 杜云鹏	北京
塑料模具工程	陈镇彬	广东	潘家升	海南	黄 荣	吉林
原型制作	许思路	广东	张风利	山东	史济隆	上海
焊接	王 浩	四川	李伦勇	重庆	蒋鸿森	住房和城乡建设部
水处理技术	焦贺铭	上海	杜佩奇	山东	陈 锋	广东
化学实验室技术	项东雪	山东	王德龙	江苏	姜雨荷	河南
增材制造	林伟桐	广东	刘晋廷	吉林	魏龙翔	山东
工业设计技术	卓嘉鹏	广东	杨吉通	四川	邱树宇	江苏

续表

项目	金牌		银牌		铜牌	
工业4.0	贺涛涛 李云鹏	天津	花培文 万志瑶	上海	朱中铭 张茁昂	江苏
光电技术	陈骏安	广东	李小松	重庆	崔建强	山东
可再生能源	陈智勇	广东	王风泽	山东	汪一帆	河南
机器人系统集成	吴龙辉 郭永昇	广东	欧金林 朱俊杰	四川	王 硕 赵 普	山东
信息网络布线	张洪豪	天津	崔艳霞	广东	张 鹏	河北
网络系统管理	黄金强	广东	劳 淋	海南	陆炜杰	浙江
商务软件解决方案	王旭政	河北	曹佳豪	江苏	庞泽锐	上海
印刷媒体技术	顾俊杰	上海	刘瑾睿	广东	赵常庚	山东
网站设计与开发	梁 俊	上海	梁佳乐	江西	廖栋梁	浙江
云计算	陈新源	广东	徐 崇	江西	袁 明	上海
网络安全	张 波 冯文韬	重庆	洪家聪 李雄基	广东	武永兴 蔡淦朴	上海
移动应用开发	杨书明	广东	朱姚飞	浙江	齐 瓒	天津
时装技术	肖 琪	广东	高子怡	北京	董 青	湖南
花艺	杨灵芝	上海	闫盈吉	住房和城乡建设部	周婉怡	广东
平面设计技术	黄玉婷	广东	绳 祺	北京	李 鑫	河北
珠宝加工	梁荣浩	广东	胡蔓玲	福建	管凯鸿	湖北
商品展示技术	陈嘉荣	广东	杨珍华	浙江	闫晓晗	山东
3D数字游戏艺术	罗 凯	广东	吴嘉馨	上海	曹 婧	江苏

续表

项目	金牌		银牌		铜牌	
烘焙	张佳辉	江苏	黄星演	广东	刘曼曼	中国轻工业联合会
美容	王珮	重庆	郑雅婷	四川	唐雪如	上海
糖艺／西点制作	孙彤彤	江苏	王丽丽	中国轻工业联合会	梁海欣	广东
烹饪（西餐）	康邦成	浙江	王晨	上海	丁阳	山东
美发	刘江华	重庆	胡鲁飞	上海	乐露瑶	浙江
健康和社会照护	吴怡欣	上海	张茂晴	重庆	胡弘扬	河南
餐厅服务	陈延	江苏	吴煜	上海	李崇玉	江西
酒店接待	李若薇	江苏	郑晓雯	广东	颜悦轩	重庆

中华人民共和国第一届职业技能大赛参赛队最佳奖获奖选手名单

序号	参赛代表团	姓名	项目
1	北京	刘　鹏	西式烹调（国赛精选项目）
2	天津	张洪豪	信息网络布线（世赛选拔项目）
3	河北	王旭政	商务软件解决方案（世赛选拔项目）
4	山西	聂怡博	珠宝加工（世赛选拔项目）
5	内蒙古	张文鑫	信息网络布线（世赛选拔项目）
6	辽宁	陈胜男	茶艺（国赛精选项目）
7	吉林	刘晋廷	增材制造（世赛选拔项目）
8	黑龙江	王纵横	木工（世赛精选项目）
9	上海	梁　俊	网站设计与开发（世赛选拔项目）
10	江苏	杨长剑	装配钳工（国赛精选项目）
11	浙江	郭志豪	瓷砖贴面（世赛选拔项目）
12	安徽	王雅斌	油漆与装饰（世赛选拔项目）
13	福建	陈　顺	数控车（国赛精选项目）
14	江西	熊岑辉	飞机维修（世赛选拔项目）
15	山东	王明辉	工业控制（世赛选拔项目）
16	河南	李翡玉莹	健康照护（国赛精选项目）
17	湖北	李子安	电工（国赛精选项目）

续表

序号	参赛代表团	姓名	项目
18	湖南	伍远州	砌筑（世赛选拔项目）
19	广东	林家喜	工业机械（世赛选拔项目）
20	广西	殷灿贤	室内装饰设计（国赛精选项目）
21	海南	吴淑伟	货运代理（世赛选拔项目）
22	重庆	廖本祥	木工（国赛精选项目）
23	四川	王 浩	焊接（世赛选拔项目）
24	贵州	韦顺水	塑料模具工程（世赛选拔项目）
25	云南	张熙健	3D数字游戏艺术（世赛选拔项目）
26	西藏	桑吉多杰	汽车技术（世赛选拔项目）
27	陕西	张前前	化学实验室技术（世赛选拔项目）
28	甘肃	曹 鑫	珠宝加工（世赛选拔项目）
29	青海	梁 晗	抹灰与隔墙系统（世赛选拔项目）
30	宁夏	王亚洲	电工（国赛精选项目）
31	新疆	何 烨	美发（世赛选拔项目）
32	新疆兵团	刘家成	云计算（世赛选拔项目）
33	住房和城乡建设部	程 邦	抹灰与隔墙系统（世赛选拔项目）
34	交通运输部	杨 言	货运代理（世赛选拔项目）
35	中国机械工业联合会	张展锐	机电一体化（世赛选拔项目）
36	中国轻工业联合会	李德鑫	家具制作（世赛选拔项目）

中华人民共和国第一届职业技能大赛各参赛代表团成绩

代表团	参赛项目数	获奖数量				团体总分
		金牌	银牌	铜牌	优胜奖	
北京	65	1	3	1	37	117
天津	69	2	0	1	23	102
河北	72	1	1	2	18	101
山西	80	0	0	1	21	103
内蒙古	62	0	0	1	9	73
辽宁	51	1	2	0	20	81
吉林	76	0	2	3	28	116
黑龙江	61	1	0	1	23	90
上海	86	9	10	7	45	211
江苏	86	12	10	5	51	225
浙江	84	5	7	7	52	191
安徽	86	2	1	1	44	143
福建	86	0	2	1	30	124
江西	86	1	4	3	44	152
山东	86	3	5	11	55	190
河南	86	2	2	7	54	168
湖北	84	0	2	3	52	148
湖南	80	1	1	2	41	132

续表

代表团	参赛项目数	获奖数量				团体总分
		金牌	银牌	铜牌	优胜奖	
广东	86	32	13	11	27	302
广西	60	0	0	1	32	94
海南	52	0	2	1	27	87
重庆	86	4	4	4	41	163
四川	86	4	5	6	36	165
贵州	86	0	0	0	19	105
云南	79	0	1	1	16	100
西藏	27	0	0	1	0	29
陕西	83	0	1	1	27	115
甘肃	49	0	0	0	12	61
青海	34	0	0	0	1	35
宁夏	42	0	0	0	2	44
新疆	69	0	0	0	3	72
新疆兵团	25	0	0	0	4	29
交通运输部	6	1	1	0	1	
住房和城乡建设部	8	1	3	1	3	
中国机械工业联合会	8	1	2	1	4	
中国轻工业联合会	5	2	2	1	0	

注：1. 团体总分由获奖分和参赛分组成。获奖分按金牌 4 分、银牌 3 分、铜牌 2 分、优胜奖 1 分计算；参赛分按每参加一个项目计 1 分。

2. 行业部门不计团体总分。

中华人民共和国第一届职业技能大赛圆满闭幕

2020年12月13日，中华人民共和国第一届职业技能大赛闭幕式在广东省广州市海心沙公园举行。大赛组委会主任、人力资源社会保障部部长张纪南宣布大赛闭幕。大赛组委会主任、广东省人民政府省长马兴瑞致闭幕辞。承办第二届全国技能大赛的天津市代表、天津市市长廖国勋承接会旗。世界技能组织主席克里斯·汉弗莱斯通过视频发表致辞。大赛组委会副主任、人力资源社会保障部副部长汤涛，大赛组委会副主任、执委会主任、广东省人民政府副省长李红军等出席闭幕式。大赛组委会、执委会成员单位负责同志，各参赛代表团全体成员、参赛选手、裁判员，赞助企业和实施保障单位代表，以及有关媒体记者共8 000余人参加。

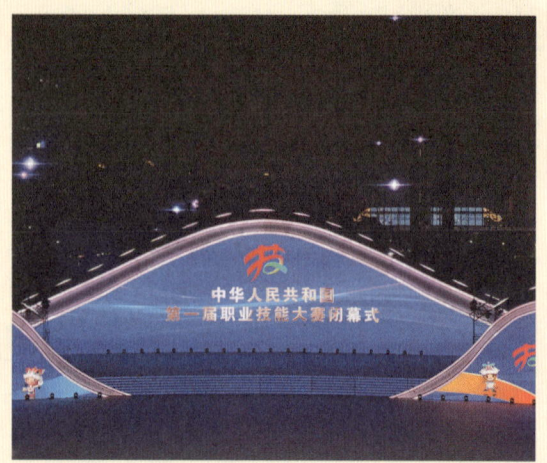

闭幕式围绕"技能报国　创造美好人生""众志成城　弘扬抗疫精神""致敬新时代　走向新辉煌"三个篇章开展。来自全国各地各行业的大国工匠、劳动模范、全国技术能手、世赛冠军、特邀代表等作为颁奖嘉宾，为本届大赛86个项目金、银、铜牌获奖选手颁奖。现场揭晓了"最受欢迎的中华十大绝技"，公布了参赛队最佳奖、西部技能之星获奖名单。

中华人民共和国第一届职业技能大赛闭幕式议程

一、时间

2020年12月13日（周日）19:30—21:00

二、地点

广州海心沙

三、主题

新时代、新技能、新梦想

四、主持人

专业主持

五、议程

闭幕式正式开始前，循环播放大赛比赛期间的精彩花絮。

（一）升国旗，奏唱国歌。

（二）节目表演及颁奖仪式：3幕4批次颁奖。

1. 第一幕：技能报国　创造美好人生。

2. 第一批颁奖（23个国赛精选项目金、银、铜牌颁奖）。

3. 第二幕：众志成城　弘扬抗疫精神。

4. 第二批颁奖（20个世赛项目金、银、铜牌颁奖）。

5. "最受欢迎的中华十大绝技"揭晓，"中华绝技"表演。

6. 第三批颁奖（21个世赛项目金、银、铜牌颁奖）。

7. 第三幕：致敬新时代　走向新辉煌。

8. 第四批颁奖（22个世赛项目金、银、铜牌颁奖）。

9. 宣读36个参赛队最佳奖、13个西部技能之星、大赛突出贡献奖和优秀组织奖。

（三）世界技能组织主席视频致辞。

（四）中共广东省委副书记、广东省人民政府省长马兴瑞同志致闭幕辞。

（五）人力资源社会保障部党组书记、部长张纪南同志宣布大赛闭幕。

（六）会旗交接仪式。

（七）展望：大型歌舞《新梦想启航》。

总结宣传

中华人民共和国第一届职业技能大赛总结工作会召开

2021年1月8日，人力资源社会保障部召开中华人民共和国第一届职业技能大赛总结工作会，深入学习贯彻习近平总书记致首届全国技能大赛的贺信精神，全面总结大赛成果，对职业技能竞赛工作进行安排部署。第一届全国技能大赛组委会副主任、人力资源社会保障部副部长汤涛出席会议并讲话。

会议指出，第一届全国技能大赛是新中国成立以来，赛事规格最高、竞赛项目最多、参赛规模最大、技能水平最高、社会影响力最广泛的综合性国家职业技能大赛。大赛圆满成功举办，展示了新时代技能人才的风采风貌，提高了各级党委政府乃至全社会对技能人才工作的重视程度，推动了职业技能竞赛活动创新发展，促进了技能人才培养工作均衡发展，形成了技能成才、技能报国的社会共识，取得了重大成果，打响了国赛品牌。

会议强调，习近平总书记向大赛致贺信，李克强总理作出批示，深刻阐明了职业技能竞赛的定位和作用，彰显了党中央、国务院对技能人才工作的高度重视，为当前和今后一个时期职业技能竞赛工作指明了方向、提供了遵循。各级人社部门要学深悟透习近平总书记贺信的精神实质和深刻内涵，充分认识开展职业技能竞赛工作的政治意义、经济意义和民生意义，增强进一步做好职业技能竞赛工作的使命感、责任感和紧迫感，不断完善以世界技能大赛为引领、中华人民共和国职业技能大赛为龙头、全国行业职业技能竞赛和地方各级职业技能竞赛以及专项赛为主体、企业和院校职业技能比赛为基础的、具有中国特色的职业技能竞赛体系。

会议要求，各级人社部门要深入学习贯彻习近平总书记对职业技能竞赛工作的重要指示，不断改革创新、探索实践，提升职业技能竞赛科学化、规范化、专业化水平，全面推动省、市、县三级综合性职业技能竞赛工作，更好发挥职业技能竞赛在技能人才工作中的引领带动作用，为全面建设社会主义现代化国家提供有力技能人才保障。

会上，第一届全国技能大赛组委会秘书处通报了大赛总体情况，广东、江苏、河南、四川、天津等5省（市）人社厅（局）和交通运输部人教司负责同志作了交流发言。

会议以视频会形式召开。大赛组委会各成员单位负责同志及工作人员，交通运输部、住房和城乡建设部、中国机械工业联合会、中国轻工业联合会有关单位负责同志及工作人员在主会场参加会议。大赛执委会相关负责同志，各省、自治区、直辖市、新疆生产建设兵团以及各省会城市、计划单列市人社厅（局）分管负责同志和相关工作人员在分会场参加会议。

中华人民共和国第一届职业技能大赛新闻发布会

经国务院批准，中华人民共和国第一届职业技能大赛定于 2020 年 12 月 10 日在广州开幕，目前，大赛各项筹办工作均有效推进。11 月 10 日上午，广东省政府新闻办举行新闻发布会介绍有关情况，并回答记者提问。本次发布会由省新闻办副主任邓鸿同志主持。

邓鸿： 女士们，先生们，各位记者朋友，大家上午好！欢迎出席广东省人民政府新闻办公室新闻发布会。经国务院批准，中华人民共和国第一届职业技能大赛定于 2020 年 12 月 10 日在广州开幕，目前，大赛各项筹办工作均有效推进。今天，我们非常高兴地邀请到：大赛组委会副主任、人力资源社会保障部副部长汤涛先生；大赛组委会副主任、广东省政府副省长李红军先生；大赛组委会委员兼秘书长、人力资源社会保障部职业能力建设司司长张立新先生；大赛组委会委员兼秘书长、省人力资源和社会保障厅厅长陈奕威先生；大赛组委会委员兼秘书长、广州市政府副市长黎明女士。请他们介绍大赛的相关筹备情况并回答记者提问。

首先，有请大赛组委会副主任、人力资源社会保障部副部长汤涛先生介绍有关情况。

汤涛： 各位媒体朋友们，大家上午好！首先我代表中华人民共和国第一届职业技能大赛组委会，代表人力资源社会保障部欢迎大家参加今天的专题新闻发布会，感谢大家对大赛的关注。

经国务院批准，从 2020 年起，将每两年举办一届中华人民共和国职业技能大赛，简称全国技能大赛。第一届全国技能大赛将于 12 月 10 日—13 日在广东省广州市举行，由人力资源社会保障部主办，广东省人民政府承办，广东省人力资源和社会保障厅和广州市人民政府协办。今天，距离第一届全国技能大赛开幕还有 30 天，很高兴向各位介绍第一届全国职业技能大赛的有关情况。

第一届职业技能大赛以"新时代、新技能、新梦想"为主题，共设 86 个比赛项目，其中，世赛选拔项目 63 个，国赛竞选项目 23 个，全国各省（区、市）、新疆生产建设兵团和有关行业组成 36 支代表队，现报名的选手有 2 565 名，有裁判 2 383 名。这将是新中国成立以来首次举办的规格最高、项目最多、规模最大的全国性、综合性职业技能赛事。

刚刚闭幕的十九届五中全会吹响了开启全面建设社会主义现代化国家的新征程、向第二个百年目标进军的号角。"十四五"时期，我国将进入新发展阶段，在这一大背景下，创新举办全国技能大赛具有重要意义。

一是有利于推动高素质技能人才队伍建设。习近平总书记强调，要健全技能人才培养、使用、评价、激励制度，大力发展技工教育，大规模开展职业技能培训，加快培养大批高素质劳动者和技术技能人才。我国有 8 亿多劳动者、2 亿多技术工人，这支队伍是支撑制造强国、质量强国建设，发展实体经济的基础力量，是实施创新驱动发展战略不可或缺的宝贵人力资源。职业技能大赛是技能人才培养选拔的重要途径，是职业技能提升行动的重要推动方式，举办全国技能大赛可以激发广大劳动者学习技能、掌握技能、提升技能的积极性，对于建设知识型、技能型、创新型劳动者大军起到积极的引领示范作用。

二是有利于助力推动经济高质量发展和促进就业。习近平总书记指出，"素质是立身之本，技能是立业之本"。第一届职业技能大赛设置了与世界技能大赛接轨的世赛选拔项目，还选择了与经济社会发展和人民群众生活密切相关，涵盖生产制造、通信信息、建筑工程、交通运输、生活服务等类别，且具有通用性、广泛性的国赛精选项目。通过这些竞赛项目的高水平比拼，可以进一步激发广大劳动者热爱技能、投身技能、提高技能的热情，达到以赛促学、以赛促训、以赛促评、以赛促建的效果，全面提高劳动者素质，为经济高质量发展提供技能人才支撑，让"有技能、好就业，长技能、就好业，高技能、就业好"逐渐成为社会共识。

三是有利于弘扬劳动精神和工匠精神。习近平总书记强调，建成富强、民主、文明、和谐的社会主义现代化国家，根本上靠劳动，靠劳动者创造。在新时代的伟大征程中，我们必须大力弘扬劳动精神和工匠精神，树立正确的劳动观、成才观，激发广大劳动者的劳动热情，用劳动创造、托起中华民族伟大复兴的中国梦。全国技能大赛全景式展示生产制造、日常生活服务的过程，汇集各行各业优秀技能劳动者在一起比技能、展风采，集聚广大民众参与竞赛过程、欣赏竞赛成果、体悟劳动收获。有助于广大劳动者特别是青年人懂得劳动最光荣、劳动最崇高、劳动最伟大、劳动最美丽的道理。树立正确的劳动观念，在全社会弘扬劳动精神、工匠精神。

考虑到第一届全国技能大赛对今后届次全国技能大赛和国内职业技能大赛具有"风向标"意义和示范带动作用，我们对大赛的顶层设计和各个环节都进行了认真研究和精心谋划，借鉴世界技能大赛有益经验，重点突出以下五个特点：

一是集中办赛。本届大赛全部比赛项目将集中在大型会展中心开放式进行，这与以往在单位开展的比赛有很大不同。二是开放观赛。考虑到新冠疫情防控的要求，我们将合理组织社会观众观摩，尽可能扩大赛事的社会影响。同时，积极利用新媒体等技术，组织"云观赛"。三是节俭办赛。在开源节流上下工夫，广泛吸纳社会组织，简化开闭幕式，体现技能元素、技能特色和技能亮点，减少不必要的开支，切实提高办赛的实效。四是绿色办赛。坚持绿色、安全办赛理念，注重科技元素的应用，坚持厉行节约、反对浪费。五是赛展结合。大赛同期，将举办"中华绝技"展演、技能展示交流、技能互动体验等活动，力求通过这些活动，让社会公众更好地了解技能，投身技能。

借此机会，诚恳邀请各位新闻界的朋友们届时能够一同参与、见证和宣传第一届全国技能大赛。

谢谢大家！

邓鸿： 谢谢汤涛副部长的介绍，现在有请大赛组委会副主任、广东省副省长李红军先生介绍有关情况。

李红军： 大家上午好！很高兴和各位朋友欢聚一堂，参加这次新闻发布会。在此，我谨代表广东省人民政府，对媒体和记者朋友们表示热烈欢迎！对大家长期以来关心支持广东改革发展表示衷心感谢！中华人民共和国第一届职业技能大赛在广东举办，我们深受鼓舞，倍感珍惜。下面，我介绍一下本次大赛的筹备情况。

广东省委、省政府认真贯彻落实习近平总书记关于技能人才工作的重要指示批示精神，广东省委高度重视本次大赛筹办工作,在人力资源社会保障部的指导和支持下,开展了严密细致的筹备工作,取得了阶段性进展。

一是强化大赛组织领导。人力资源社会保障部、广东省政府、广州市政府组建了大赛组委会,明确职责分工、健全工作机制,集中全省力量统筹推进各项工作。省、市两级人力资源社会保障、宣传、公安、文化旅游、卫生健康、应急等12个部门组建大赛执委会,负责赛事组织协调、技术实施、开闭幕式、交通食宿、疫情防控、安全保障等工作。执委会办公室设在省人力资源社会保障厅,下设14个工作部,从省、市各相关单位抽调128名业务骨干组成专班,稳步推进各项工作。

二是高效推进大赛筹办。人力资源社会保障部和我省先后进行了五次对接,就一线防控进行了深入对接,坚持廉洁办赛、节俭办赛,协调落实各项工作,包括:发布"扬扬、悦悦"大赛吉祥物,确定"技行天下,能创未来"口号,拉开大赛宣传序幕;精心选择竞赛场馆,确定广州市琶洲国际会展中心作为大赛场地,面积达22.4万平方米;集中办赛,加强现场管理,细致规划场地安排,满足86个项目同时比赛和展示的需求;制定大赛技术规则,开展项目裁判员、录分员、场地经理、赛务保障员培训,确保大赛公平公正;采用公开遴选方式确定92家支持单位,为大赛提供总估值约5.4亿元的设备设施和技术服务。做到少花钱,多办事。

三是创新谋划系列活动。为达到"富有新意、影响广泛"的办赛目标,我们创新谋划了大赛开幕式、闭幕式、宣传预热和"点亮技能之光"等一系列活动。比如举行大赛"倒计时50天"启动仪式,大赛开闭幕式分别在琶洲国际会展中心和海心沙举行,充分吸收新科技、新技能元素;大赛过程中,还将同步举行具有观赏性、互动性"中华绝技"展演、技能交流研讨、展示和互动体验等系列活动,丰富表演元素,增强大赛吸引力,营造全方位、多维度、持续性的大赛热度。建议媒体对此多一些关注、重视。

四是细致做好后勤保障。此次参赛运动员、裁判员以及相关工作人员一万多人,我们将对36个代表团实行一对一服务,开展志愿者招募和培训,组建86个项目解说团队,选取20多家酒店用于赛事接待,对住宿、交通、用餐等实行统一管理,为大赛提供全方位的服务保障。逐一细化，逐步检查，为参赛人员提供好环境。

五是严密部署疫情防控。严格落实疫情防控有关要求，制定赛事疫情防控工作预案和应急预案，对所有参赛人员，严格执行实名登记、核酸检测、查验"穗康码"、体温监测等多项防控措施，确保大赛安全顺利。防控严格，省疫情防控指挥部每日开会，有信心在大赛期间，做到位。

下一步，我们将继续扎实推进技术保障、场地安排、疫情防控、安全应急等工作，做好志愿者招募和培训，筹备好开闭幕式活动和系列活动，力争举办一届富有新意、影响广泛的职业技能"全运会"。

我相信，这届技能盛会的成功举办，必将更好地激励广大青年走技能成才、技能报国之路，推动广东打造一支规模更大、结构更优、素质更高的技能人才大军。作为经济大省、人口大省，广东"十三五"期间新增城镇就业累计680万人，约占全国的1/9，是名副其实的就业大省。我们向来高度重视技能人才工作，把培养高技能人才作为促进充分就业、高质量就业的重要抓手。李希书记亲自部署实施"粤菜师傅""广东技工""南粤家政"三项工程，推动技能人才与产业发展深度融合，加快培育适应现代产业体系要求的"广东工匠"队伍，技能人才总量为1 330万人，高技能人才占比达33.3%；建成全国规模最大的技工教育体系，全省有146所技工院校，技工教育有了较好的基础。我们将以这次大赛为契机，深入贯彻落实党的十九届五中全会关于"加快提升劳动者技能素质"的要求，坚持以赛促教、以赛促学、以赛促训，全面提升技工教育能力水平，加快打造高技能人才大军，为中国制造、中国创造作出广东贡献。

希望新闻界的朋友多宣传、多报道，为营造"劳动光荣、技能宝贵、创造伟大"的社会氛围呐喊助威！

我的介绍就到这里，谢谢大家！

邓鸿： 谢谢李红军副省长的介绍。下面开始提问环节，提问之前，请各位媒体朋友介绍你所属的机构。

人民日报记者： 我们了解到，由于疫情的影响，原定 2021 年 9 月在上海举办的第 46 届世界技能大赛推迟一年举办，这对于第一届全国技能大赛的举办以及备战第 46 届世界技能大赛会产生一些影响，请问汤涛副部长，我们如何解决这些问题？

汤涛： 谢谢你的提问。11 月 3 日，世界技能组织召开全体成员大会作出决定，原定于 2021 年 9 月在上海举办的第 46 届世界技能大赛推迟一年举办，意味着要到 2022 年举办。具体举办时间，我们将与世界技能组织再研究后确定。总的来看，推迟举办第 46 届世赛，对我国办赛、参赛有所影响、有利有弊，但影响可控。我们将继续按照习近平总书记提出的"努力办成一届富有新意、影响广泛的世界技能大赛"要求筹办好第 46 届世赛，同时这对于举办第一届全国技能大赛同样具有重要的指导意义。举办时间推迟后，我们更有充分的时间来筹备。

推迟举办较大的影响是参赛选手年龄问题。按照世界技能组织规定，参赛选手年龄应在 22 岁以内，个别项目在 25 岁以内。经世界技能组织特别会议研究确定，第 46 届世赛参赛选手年龄将放宽一岁。

世界技能组织还决定将 2021 年定位为"创新、展示和推广年"，这对于推动技能大赛、带动技能人才队伍建设具有积极作用。目前，世界技能组织正在策划举办一系列有影响力的活动，目的是在挑战中寻找机遇，促进各成员组织的交流，在全球推广技能活动，提升技能的影响力，发挥技能在抗疫中的积极作用。谢谢！

南方日报记者： 请问李红军副省长，汤涛副部长告诉我们，这届国赛是新中国成立以来举办规格最高、项目最多、规模最大的综合性技能赛事，这样一届比赛放到广东省来举办，广东具有哪些特点和优势？

李红军： 我刚才在介绍相关情况时提到，国家把第一届大赛放在广东举办，应该是体现了对广东的重视。另一方面，应该也说明对广东举办第一届充满了信心，我们自己对此也是有着清醒的认识。为什么国家把第一届留给广东办？广东应该说有这么几个方面的比较好的条件：

一是广东是全国第一经济大省。尤其是在制造业方面，基础非常好，我们的现代产业体系非常完整。特别是这几年，按照党中央的部署，我们进行产业转型升级，产业链、供应链的完善，为我们未来的发展打下了很好的基础。同时，深圳先行示范区的建设、粤港澳大湾区的建设为整个产业发展提供了更加广阔的空间，同时也为我们的技能人才的培养、成长提供了很好的条件。这些都是广东办好技能大赛非常关键、非常重要的因素。

二是广东在参赛和办赛方面也积累了比较丰富的经验。大家可能从媒体、从我们的材料上都了解到，广东从2011年开始连续参加了5届世界技能大赛，这里有几个数字：广东累计取得了15块金牌、10块银牌、12块铜牌和21个优胜奖，特别是在俄罗斯喀山举办的第45届世界技能大赛上，我省拿了8块金牌。如果我没有记错，这8块金牌差不多占了全国的一半，我们有丰富的参赛经验。

另外，我们在承办类似的技能大赛方面积累了丰富的经验。前段时间我们克服疫情影响，顺利地完成了广东省第一届技能大赛，同时也举办了世赛的很多选拔赛，不管是对场地、设施设备、组织运行等，应该说经验还是比较丰富的。前段时间结束的省第一届技能大赛也就相当于体育界的第一届省运会一样，效果非常好。

三是广东省技工教育的发展非常迅速，同时李希书记强力推动"三大工程"（粤菜师傅、广东技工、南粤家政），这些产教融合、技能人才培养的行动为全省技能人才的培训起到了很大推动作用。到目前为止，广东省技能人才总量已经达到了1 330万。广东的常住人口大概是1.15亿，技能人才是1 330万，占的比例是非常高的。这其中，高技能人才有443万，占技能人才总量比重的33.3%。而且，我们技工院校培养的人非常契合广东产业的发展需求，就业率非常高。这几年下来，都是98%、99%，有些学校的学生还没有毕业就被企业预定了，所以就业形势非常好。

正因为有这么一些比较好的工作成效，也为我们组织参加高水平的广东省（技能）大赛和世界（技能）大赛在人才方面奠定了比较好的基础。当然还有其他很多方面，比如说广州市有比较好的办赛条件，包括交通、安全等方面的条件。

相信在我们的共同努力之下，我们能够把这个大赛办好。谢谢！

中国报道记者： 请问人社部的领导，中国首届技能大赛结果后，有没有后续的奖励政策？

张立新： 谢谢你的提问。经过研究，会议发挥大赛以赛促教、以赛促评的作用，本届大赛制定了多项奖励政策。

一是设金银铜牌和优胜奖。对各竞赛项目获得前三名的选手，相应颁发金银铜牌，对前三名以外但排名在参赛人数 1/2 以上的选手颁发优胜奖。

二是对各竞赛项目前 5 名选手（双人赛项前 3 名、三人赛项前 2 名）授予"全国技术能手"称号。

三是获得优胜奖以上的选手可直接晋升技师，也就是二级职业资格或职业技能等级，已具有技师（二级）职业资格或职业技能等级的可晋升高级技师，也就是一级职业资格或职业技能等级。

四是为鼓励各地参赛，特别是支持西部地区参赛，增设了参赛队最佳奖和西部技能之星奖项。

五是鼓励各地制定本地区奖励政策，对参赛人员进行表彰奖励。

谢谢！

南方都市报记者： 请问陈厅长，据介绍，我们的目标是举办一届富有新意、影响广泛的职业技能"全运会"。请您介绍一下，在扩大赛事影响方面，广东采取了什么具体的举措？

陈奕威： 这次国赛，为了扩大它的影响力，我们做了一些努力。

一是充分利用世赛的影响效应。大家都知道，在第 45 届世界技能大赛，中国选手勇夺 16 块金牌，广东选手贡献了一半的金牌，这在社会上引起了强烈反响。省委省政府为了全面贯彻落实总书记重要指示精神，实施了广东技工工程。应该说在广东大地掀起了技工热，我们这一次国赛吸引了社会各界广泛的关注，目前共有 92 家支持单位为大赛提供了总估值约 5.4 亿元的设备设施与技术服务。其中，华为、腾讯、西门子等众多知名企业参与其中。而且本次大赛设置了 23 个国赛精选项目和 63 个世赛选拔项目，吸引了国有、民营、外资等各类企业员工的广泛参与。到目前为止，一共有 2 565 名选手报名参加了本次比赛。

二是举办了系列的展演活动。整个比赛过程，所有的比赛都通过线上组织云端观看。在大赛期间，举办群众喜闻乐见的技能交流展示互动体验活动。通过线上线下的展演、网民参加评选、赛场直播评选等方式，开展最受欢迎的"中华绝技"展演活动。同时，我们将举办交流研讨活动，不断丰富竞赛的活动内涵，推动更大范围、更高水平、更深层次的技能交流与合作。

三是策划开展了系列的宣传活动。比如我们精心制播广东卫视《技行天下》品牌节目，发布了"扬扬、悦悦"大赛吉祥物和宣传大赛口号"技行天下，能创未来"，开展"点亮技能之光"等系列活动，在广州塔等标志性建筑举办了灯光秀，邀请公众人士为竞赛打 call，与抖音、西瓜视频等平台合作，开展全国技能主播遴选等。通过多渠道、多层次、多形式的宣传活动，有效提升了社会公众对赛事的关注度，扩大了赛事的影响力。

我们要努力营造一个"劳动光荣、技能宝贵、创造伟大"的社会文化。谢谢！

澳门月刊记者： 黎市长，您好，第一届全国技能大赛还有 30 天就要举办了。请问在举办如此大规模的赛事方面，广州市采取了哪些安保措施？

黎明： 谢谢你的提问！国家把本届大赛放在广州举行，这是对广州的充分信任，我们将全力以赴做好大赛各项服务工作，有信心确保大赛安全、有序、顺利举行。前期，我们专门成立了领导小组，组建了工作专班，明确了工作职责，制定了各类方案预案，确保做到万无一失。安保工作总体分以下计划实施：

（一）开闭幕式和大赛期间人员管控。大赛安保保障单位根据《广东省大型群众性活动新冠肺炎疫情常态化防控工作指引》文件要求，将开闭幕式期间各场馆参加人员每天控制在场馆的最大容纳人数 50% 以内，场馆安保人员按照分时段、分批次错峰原则，组织观众有序入场观摩，防止拥挤等引发安全的事件发生。

（二）现场秩序管理。一是设置治安缓冲区。在各场馆主要入口安检区域设置缓冲区域，控制人员进入数量，防止拥挤引发安全事件，设置安全提示牌及出入口提示标识，随时提示人员有序进、出场馆。二是安检措施和票证检查。开闭幕式和大赛期间场地安保和票证检查，由安保工作保障单位负责组织人员进行场地布置、安检、检票工作，防止无关人员入场。三是通勤保障。由属地交警部门保障周边交通通畅，由场馆方保障开闭幕式及赛场足够的停车位，所有车辆届时凭停车证入场。四是消防安全保障。组织消防部门对大赛的开闭幕式及比赛期间的所有场馆的消防安全进行检查，绘制现场疏散路线图，开展消防逃生演练和消防安全培训，配备足够的消防设备，确保大赛消防安全。五是突发事故应急处置。我们坚持"迅速、及时、妥善"的原则，制定大赛突发事故应急处置预案，包括防爆、防恐、火警、人员拥堵、突发疾病等。同时，配备了此次大赛期间突发公共事件应急处置工作需要的相关物资和保障人员，并对相关人员做好应急知识培训，开展应急演练，增强有关单位的协同配合、快速反应能力和应急处置能力。

中央广播电视总台国广记者： 刚才汤涛副部长提到，职业技能大赛是技能人才培养选拔的重要途径，是职业技能提升行动的重要方式。想请问这一届职业技能大赛之后，将如何发挥大赛的作用，在推动我国的技能人才队伍建设以及其他相关工作方面发挥作用？

张立新： 谢谢你的提问。你提到的这个问题，也是我们高度重视和重点谋划的工作。赛后，我们将对大赛进行全面总结、评估成效、逐步完善，力争将全国技能大赛打造成全新的、综合性的国家技能竞赛品牌。我想大赛可从以下三个方面推动技能人才工作：

一是发挥好大赛的示范引领作用，壮大技术技能人才队伍。技能人才是支撑中国制造、中国创造的重要基础。当前，我国进入新发展阶段，更加迫切需要大批高素质劳动者。本届大赛分全国总决赛和各地各行业选拔赛，带动近百万人参加省、市和行业选拔赛，数十倍间接带动企业、院校的技能岗位练兵比武活动，将影响一批青年劳动者、吸引一批技能爱好者、聚集一批高技能从业者，从而推动实现以赛促学、以赛促训、以赛促评、以赛促建，进一步壮大技能人才队伍。

二是发挥好大赛的平台优势，构建新时代职业技能竞赛新格局。大赛注重学习借鉴世界技能大赛的组织方式，注重体现我国职业技能赛事的特点，坚持开放办赛、节俭办赛的原则，全面对接世界技能大赛理念和标准，充分发挥地方办赛积极性，广泛吸纳社会赞助，对获奖者进行奖励，逐步形成国内和国际技能竞赛相互衔接、协同发展的竞赛工作新格局，构建以世界技能大赛为引领、以中华人民共和国职业技能大赛为龙头，以全国行业职业技能竞赛和地方各级职业技能竞赛为主体，以企业岗位技能竞赛为基础的职业技能竞赛体系。大赛期间，还将同期举办富有观赏性、互动性强、群众喜闻乐见的"中华绝技"展演、技能交流体验和第46届世赛筹办宣传展示等系列活动，全方位展现技能人才工作取得的新发展、新成效，推动更大范围、更高水平、更深层次的技能交流与合作。

三是综合运用好大赛成果，推动大规模开展职业技能培训。职业技能培训是提高劳动者职业技能和就业创业能力的有效途径，也是破解就业结构性矛盾的重要举措，对于就业创业具有显著的促进作用。《职业技能提升行动方案（2019—2021年）》提出，从2019年至2021年共开展各类补贴性职业技能培训5 000万人次以上。赛后，我们将研究、汇集大赛成果，开展成果转化、标准优化、推广运用等工作，将大赛的理念和标准，特别是大赛中涌现出来的新技术、新工艺、新方法等广泛在职业教育培训中推广，进一步提高技能人才培养水平，进一步激发广大群众参与技能培训、提升职业能力的意愿和热情，开创技能人才培养新局面。谢谢！

广东电视台记者：请问陈厅长，本次大赛设有开幕式和闭幕式，请您介绍一下活动有什么特别值得关注的环节？谢谢！

陈奕威：谢谢你的提问。作为国家的第一届全国技能大赛，开幕式、闭幕式是整个活动的关键环节，我们将按照"高效节俭、绿色安全"的办赛理念，充分体现技能元素、技能特色、技能文化，力求隆重热烈、富有特色，努力把开闭幕式办成高水平、有新意、有影响的技能盛宴。

12月10日上午，开幕式将在广州琶洲国际会展中心举行，开幕式以"技能之光"为主题，在倒计时环节融入了大量的中华传统技能文化，采取富有岭南民俗风情特色的方式来欢迎参赛队伍入场，并安排了青春洋溢的技能表演项目，从而营造感恩奋进、积极向上、热烈喜庆的氛围，唱响"技能创造美好生活"的新时代主旋律。

12月13日晚上，闭幕式将在广州的海心沙举行。活动规模更大、规格更高、内容更丰富，闭幕式以"技能之巅"为主题，分三个篇章展开。第一篇章，技能报国，创造美好人生。主要体现技能人才为实现伟大的民族复兴的中国梦所做出的不懈努力。第二篇章，众志成城，弘扬抗疫精神。主要展示技能人才在抗疫期间促进复工复产和推动高质量发展的突出作用。第三篇章，致敬新时代，走向新辉煌。主要表达对参加上海第46届世界技能大赛取得优异成绩的美好祝愿。在闭幕式上，将举行高科技的特色演出，以及观赏性、互动性强、技能知识鲜明的"中华绝技"绝活表演。充分应用先进技术和大型道具，营造出极具冲击力的视觉盛宴。现场还将为86个项目的金银铜牌获奖选手颁奖，并举办第二届全国技能大赛举办城市的交接仪式，敬请大家关注。谢谢！

新快报记者： 黎市长，您好，现在还处在疫情防控期，此届大赛竞赛项目最多、竞赛规模最大、竞赛规格最高，请介绍一下本届大赛的疫情防控等方面的准备情况和下步打算。

黎明： 谢谢你的提问！你的问题也是大家最关注的问题。大家知道，疫情是我们这次大赛最大的变量。我们对防控工作高度重视、周密计划、倾力工作，按照"外防输入、内防扩散"的工作要求，由市卫健委牵头建立了疫情防控工作小组联防机制，从以下三个方面做充足准备：

一是加强人员的防疫准备。所有人员特别是市外人员从抵穗前14日起进行全程健康管理。具体措施为：各参赛代表团人员要在抵穗前14日每日上报健康状况并确保无中高风险地区旅居史，做好出发前3日内核酸检测，抵穗后坚持每日健康上报，开幕式前72小时、闭幕式前48小时内组委会将统一进行核酸检测，赛后组委会与各参赛代表团保持联系，进行连续14日的健康监测；对观众实行实名预约制，分批次、分时段错峰入场观赛。

二是加强对场地的防疫准备。具体措施为：将场馆、酒店、就餐等场地进行合理规划，对重点区域、重点时段进行重点防控。

三是加强对医疗保障的防疫准备。在酒店和场馆配备了充足的防疫物资和医疗团队，制定相应的疫情防控应急预案，并进行应急演练。

组委会将密切关注疫情动态，根据疫情形势变化，相应调整大赛的举办方式、规模和防控措施，确保大赛安全顺利进行。

邓鸿： 由于时间关系，今天的发布会到此结束。谢谢各位发布人，谢谢各位记者朋友！

中华人民共和国第一届职业技能大赛赛前新闻发布会

第一届全国技能大赛于12月10日—13日在广州举行。此次大赛以"新时代、新技能、新梦想"为主题,共设86个比赛项目,来自全国各省(区、市)、新疆生产建设兵团和有关行业组成的36支代表团参赛。大赛组委会定于12月9日10:00—11:00举行第一届全国技能大赛赛前新闻发布会。

第一届全国技能大赛组委会宣传组组长、人力资源社会保障部宣传中心主任王明政:

媒体朋友们:大家好!欢迎来到岭南文化中心、风景娟秀的美丽羊城广州。首先,感谢大家对第一届全国技能大赛宣传工作的大力支持!

技能大赛是技能人才培养、选拔的重要手段和途径。近几年来,人力资源社会保障部相继组织开展了"三区三州"职业技能大赛、全国扶贫职业技能大赛等全国性职业技能赛事,各地纷纷举办了省级综合性职业技能竞赛,逐渐形成以世界技能大赛为引领、以全国行业职业技能竞赛和地方各级各类竞赛为主体、以企业技能练兵比武为基础的技能竞赛体系。为全面加强技能人才建设,进一步推动技能人才工作提质增效,第一届将于12月10日—13日在广州举办。这次大赛,是新中国成立以来规格最高、项目最全、选手最多、影响最广的综合性、全国性技能竞赛盛会。

2019年9月,习近平总书记关于技能大赛明确提出了"加强技能领域交流互鉴,展示职业技能培训成就和水平""富有新意、影响广泛"等的指示要求。11月24日,习近平总书记在全国劳动模范和先进工作者表彰大会上明确提出了"大力弘扬劳模精神、劳动精神、工匠精神""营造劳动光荣、知识崇高、人才宝贵、创造伟大的社会风尚"等重要论述。为贯彻落实习近平总书记重要指示精神,帮助大家更好地了解大赛、更加全面深入地宣传报道大赛,大赛期间组委会将连续组织2场新闻发布会和3场媒体见面会。今天是第1场,主要内容是通报第一届全国技能大赛组织筹备、总体安排、疫情防控等相关情况,并回答解读大家关心关注的有关问题。

今天，我们请来了大赛组委会委员兼秘书长、人社部职业能力建设司司长张立新同志，大赛组委会委员兼秘书长、广东省人社厅厅长陈奕威同志，广州市人民政府副秘书长马曙同志介绍相关情况。

首先，请张立新同志介绍大赛的重要意义及特点。

第一届全国技能大赛组委会委员兼秘书长、人力资源社会保障部职业能力建设司司长张立新：

各位媒体朋友们，大家上午好。首先，我代表中华人民共和国职业技能大赛组委会秘书处，欢迎大家参加今天的赛前新闻发布会，感谢大家对大赛的持续关注。

经国务院批准，从2020年起，人力资源社会保障部将举办中华人民共和国职业技能大赛，简称全国技能大赛。第一届全国技能大赛将于明天，即12月10日，在广州市琶洲广交会展馆隆重举行，共有来自全国36个代表团2 557名选手参赛，这将是新中国成立以来，首次举办的赛事规格最高、竞赛项目最多、参赛规模最大、技能水平最高的综合性国家职业技能大赛。下面，我简要介绍一下有关情况。

从2021年起，我国进入"十四五"时期，将开启全面建设社会主义现代化国家新征程，向第二个百年奋斗目标进军，创新举办全国技能大赛对于立足新发展阶段、贯彻新发展理念、构建新发展格局具有重要意义。一是举办全国技能大赛可激发广大劳动者学习技能、投身技能、提升技能的积极性，激励更多劳动者特别是青年人走技能成才、技能报国之路，加快培养和选拔一大批创新型、应用型、技能型劳动者，为全面建设社会主义现代化国家提供坚强保障。二是举办全国技能大赛可发挥以赛促学、以赛促训、以赛促评、以赛促建作用，全面提高技能人才工作能力和水平，完善技能人才培养、使用、评价、激励机制，为劳动者成才创造条件、提供平台，培养更多高技能人才和大国工匠。三是举办全国技能大赛可推动各地党委、政府和有关部门高度重视技能人才工作，引导全社会关注技能、尊重劳动，让劳模精神、劳动精神、工匠精神在全社会蔚然成风，形成劳动光荣、知识崇高、人才宝贵、创造伟大的社会风尚。

本届全国技能大赛得到党中央、国务院的高度重视，中央领导同志将出席大赛开幕式。

人力资源社会保障部等相关部委、部分省（区、市）人民政府、新疆生产建设兵团以及有关行业的负责同志也将出席大赛。本届大赛以"新时代、新技能、新梦想"为主题，以"技行天下，能创未来"为口号，借鉴世界技能大赛的理念和标准，采取集中开放、绿色安全、赛展结合的办赛方式，致力于打造全新的、综合性的国家职业技能竞赛品牌。

一、大赛组织工作

本届大赛由人力资源社会保障部主办，广东省人民政府承办，广东省人力资源和社会保障厅、广州市人民政府协办。为做好大赛组织工作，我部会同广东省成立了大赛组委会，负责大赛的组织领导和统筹协调。广东省、广州市有关单位组建执委会，负责具体落实相关工作。在各有关单位共同努力下，大赛各项准备工作已经就绪。

二、大赛比赛项目情况

本届大赛共设86个比赛项目，其中，单人赛项目76个、双人赛项目9个、三人赛项1个，是新中国成立以来竞赛项目最多的一次职业技能赛事。

从项目构成看，大赛规模大。竞赛项目分世赛选拔项目和国赛精选项目。其中，世赛选拔项目与世界技能大赛保持一致，共六大类63个项目；国赛精选项目23个，主要是通用性、广泛性、引领性强，从业人员较多且办赛条件成熟的职业（工种）。

从项目参赛率看，参赛积极性高。覆盖所有省份代表团的竞赛项目有3个，分别是世赛选拔项目中的汽车技术项目和国赛精选项目中的电工、烘焙两个项目，这三个项目所有省份代表团参加，也说明这三个项目应用广泛、从业人员多。覆盖26个以上代表团的竞赛项目有58个，占全部项目的67.4%。只有4个竞赛项目的代表团不足20个，分别是管道与制暖（19个代表团）、油漆与装饰（19个代表团）、印刷媒体技术（17个代表团）、可再生能源（13个代表团）。

从项目类别看，技能水准高。大赛共涉及制造业、信息技术、交通运输、建筑业、服务业等14个国民经济行业大类，覆盖国民经济行业大类的70%。所有比赛项目均服务于实体经济，有超过半数的项目属于生产性和生活性服务项目，近半数的项目属于基础设施建设项目，近四成的项目属于战略性新兴产业项目，超过三成的项目属于先进制造业项目。

三、参赛代表团情况

本届大赛共有 36 个代表团参赛,分别来自 31 个省(区、市)和新疆生产建设兵团,以及交通运输、住房城乡建设、机械工业、轻工业等 4 个行业代表团,行业代表团只参加世赛选拔项目的比赛。今年,受新冠肺炎疫情影响,各地各行业坚定信念、攻坚克难、积极作为,在抓好疫情防控的同时踊跃参赛,积极举办选拔赛,为大赛举办打下良好的基础。

本届大赛,11 个代表团将参加全部 86 个比赛项目,分别是上海、江苏、安徽、福建、江西、山东、河南、广东、重庆、四川、贵州。特别是安徽、江西、河南、重庆、四川、贵州 6 个中西部省份参加了全部项目的比赛,值得肯定。另有 17 个省份代表团参赛项目超过一半(43 个)。这些数据充分体现了各地积极参与大赛,借助大赛加强技能人才培养的决心。

四、参赛选手情况

在规定的报名时间内,全国共有 2 565 名选手、2 384 名裁判人员报名。12 月 7 日是大赛报到时间,根据最新统计,由于伤病等原因,个别选手、裁判员未能报到参赛,实际参赛选手是 2 557 名,来自全国 1 041 家单位,实际参与执裁的裁判员是 2 376 名,这些数据都表明本次大赛是新中国成立以来参赛规模最大的职业技能大赛。

从身份看,由于世赛项目占比高,学生身份的选手比较多。参赛选手中技工院校学生 1 208 名,占比 47%;大中专院校学生 1 088 名,占比 43%;企业职工 261 名,占比 10%。特别是技工院校、职业院校参赛积极性很高,海南省技师学院、江西省电子信息技师学院、江苏省常州技师学院、广东省机械技师学院、广州市工贸技师学院等 23 所技工院校,长春职业技术学院、重庆电子工程职业学院等 7 所职业院校的参赛选手都超过 10 名。

从年龄看,由于世赛选拔项目对年龄有限制,年轻选手多。全部选手平均年龄 21.8 岁,最大的 58 岁,最小的 16 岁,跨度较大,大国工匠与技能人才同场竞技,30 岁以下的占 90%。其中世赛选拔项目平均年龄 19.7 岁,国赛精选项目平均年龄 27.4 岁。选手平均年龄最大的项目是木工国赛精选项目,平均年龄 35.2 岁;年龄最小的项目是美容项目和美发项目,平均年龄均为 18.9 岁。

从性别看，各项目参赛选手性别特点鲜明。共有男选手 2 118 名，占比 83%；女选手 439 名，占比 17%。焊接、飞机维修、工业控制、砌筑等 29 个项目全部是男选手。美容项目全部是女选手，另外，健康和社会照护、酒店接待等 9 个项目女选手占比超过 2/3。男女选手占比比较均衡的项目为油漆与装饰、平面设计技术。

值得关注的是，本届大赛共有来自 30 个省份的 141 名建档立卡贫困家庭选手，占参赛选手（2 557 名）的 5.5%。其中，10 人（含 10 人）以上的省份是贵州 15 人、甘肃 12 人、重庆 10 人。

五、大赛主要安排

本届大赛全国总决赛不进行单独的理论考试，只进行现场实操的比拼。赛事活动时间为 4 天，12 月 10 日上午举行开幕式，10 日—12 日为比赛日，12 月 13 日晚举行闭幕式，闭幕式上将集中向获奖选手颁奖，广东将与第二届全国技能大赛举办城市天津市进行会旗交接。大赛期间，将同期举办观赏性、互动性强，群众喜闻乐见的全国技能展示交流活动，组织开展具有地域和行业特色、技能文化浓郁的"中华绝技"展演活动。

与此同时，大赛还吸引社会各界广泛关注和积极参与。一是创新建立了四级社会赞助体系。11 月 20 日，在北京举行了第一届全国技能大赛战略合作伙伴和高级合作伙伴签约仪式，共有 15 家知名企业成为战略合作伙伴和高级合作伙伴，104 家企业为大赛提供设备设施和技术支持，9 家媒体合作伙伴为大赛提供宣传服务。二是媒体积极宣传大赛。大赛共有 170 余家媒体共 500 余名记者报名宣传报道大赛。同期，还将聚焦大赛、技能人才队伍建设、高质量技能人才培养等主题，举办 2 场新闻发布会、3 场媒体见面会。三是各界大力支持大赛。大赛期间，将有 600 名志愿者为大赛提供志愿服务，还有大量医护人员、公安干警等为大赛提供防疫、安全保障等服务。

我先介绍这些，谢谢大家！

第一届全国技能大赛组委会委员兼秘书长、广东省人力资源和社会保障厅厅长陈奕威：

各位新闻界的朋友们，大家上午好！我代表大赛执委会向大家介绍大赛的筹备情况。

在组委会的统一领导下，大赛执委会深入贯彻习近平总书记关于技能人才工作的重要指示精神，在各方共同努力下，各项筹备工作已全部就绪。

一是场地设施设备准备就绪。本届大赛将在广州琶洲广交会展馆举行，大赛场馆总面积22.4万平方米，其中室内场地18.9万平方米、室外搭建场地3.5万平方米，已全面完成开闭幕式舞台、竞赛区、展示区的策划、设计和布展。赛场集中设置在展馆的B区和C区，其中B区为制造与工程技术、结构与建筑技术、运输与物流、社会与个人4类赛项竞赛区，C区为信息与通信技术、创意艺术与市场2类赛项竞赛区，展示交流区和开幕式区也设置在C区。目前，赛事所需的直升机、地铁车厢、数控车床铣床、挖掘机、装载机等大型重型设备设施以及各种工具、耗材等均已配置到位，并完成安装调试，打造了与现实工作环境高度相似的竞赛场景。华为、腾讯、西门子等100多家知名企业广泛参与，累计将为大赛提供总估值约6.3亿元的设施设备及技术服务。

二是技术支持保障有力。本届大赛共有竞赛项目86个，包括世赛选拔项目63个和国赛精选项目23个。坚持做到公平、公正、公开，组织开展了多次技术对接活动，开展大赛技术规则集中培训；参考世赛标准、国家标准和行业规范，编制技术规则、项目技术文件和竞赛试题；由各参赛队推荐1名裁判员组成评判队伍或邀请第三方对竞赛项目进行集体评判；对赛场竞赛区实行全程视频监控。制作竞赛指南和赛务手册，开发大赛信息服务平台，为参赛人员提供项目信息和技术指引。与中央广播电视总台、广东广播电视台等媒体合作，在赛场设立直播间，进行赛事现场的网络直播，联合中国网、腾讯课堂等多渠道实现全程"云端观赛"。

三是后勤服务细致到位。本届大赛规格高、规模大、涉及广，包括选手、裁判、参赛代表团人员、展示交流、媒体记者、技术观察员等各类人员近万人。我们制定了详细的后勤保障方案，组建专门接待团队与36个代表团紧密对接，开展一对一全方位服务；招募和培训600多名志愿者，在场馆内外、机场、高铁站和火车站等提供周到服务。按照疫情防控工作要求，大赛期间各参赛代表团的食宿交通实行统一安排，在赛场内免费提供餐食，设置专门就餐区错位错峰用餐，所有代表团集中入住21家酒店，提供免费直通车、穿梭巴士等往返酒店至赛场。

四是开闭幕式及展演活动准备充分。大赛期间，将举办开闭幕式、全国技能展示交流、"中华绝技"展演等大型活动。目前，开幕式已准备就绪，闭幕式正按计划排演。开幕式将于明天上午在广州琶洲广交会展馆C区举行，各参赛代表队会陆续亮相。闭幕式将于12月13日晚在广州海心沙举行，为获奖选手颁奖。执委会精心组织设计了大赛奖牌，包括金牌、银牌、铜牌以及优胜奖、参赛队最佳奖、西部技能之星奖6种奖牌。奖牌设计既突出中华文化，又体现广东特色，既弘扬工匠精神，又融合科技元素，充分展示"新时代、新技能、新梦想"的大赛主题。闭幕式上，往届世赛获奖选手、港珠澳大桥建设团队将到场与大家共襄技能盛会。此外，本届大赛将技能竞赛和技能展示交流有机结合，我们在C区场馆将举行全国技能展示交流活动、"中华绝技"展演，欢迎大家通过线上、线下方式观看，积极投票选出你最喜爱的"中华绝技"。

五是疫情防控措施落实到位。做好疫情防控是保障大赛安全平稳首要工作。我们制定了大赛疫情防控工作方案及相关指引，开发了每日健康申报小程序，遴选核酸检测机构，每个代表团居住酒店均安排了医生、护士和民警24小时值班，组织了实地探察和防控演练。从检查验收情况看，各场馆、酒店、车辆等场所设备防疫物资和措施全部落实，消毒、测温等工作已准备就绪。按照"谁派出、谁监测、谁负责"的原则，从11月底开始每日进行健康申报，在抵穗前7天内和3天内、开幕式前72小时和闭幕式前48小时统一组织4次核酸检测，目前全部报到人员健康申报和核酸检测均无异常。

明天，大赛就要开幕了，广东作为大赛的承办方、东道主和参与者，我们将竭诚为参赛选手和各位嘉宾提供热情、细致、周到的服务。我相信，在组委会的精心指导下，经过全体选手、裁判员和工作人员的共同努力，我们一定能将首届全国技能大赛办成一届富有新意、影响广泛的技能盛会！

我的介绍就到这里，谢谢大家！

广州市人民政府副秘书长马曙：

下面，我来介绍一下大赛的组织保障及防疫安排。这次全国职业技能大赛，比赛项目多、办赛规模大、赛事规格高、参赛人员多，加之新冠肺炎疫情变因增多、防控压力巨大。为此，这次大赛采取了最严格的防控措施。

一是制定了《中华人民共和国第一届职业技能大赛新冠肺炎疫情防控工作方案及相关指引》，成立了专门的防控工作小组，组织了实地检查和防控演练。

二是开发了每日健康申报小程序，协调各类参赛人员从11月底开始每日进行健康申报。

三是先后4次对所有相关人员进行核酸检测。大赛前7天和前4天在所在地进行了2次核酸检测，到广州后，我们又遴选确定了2家核酸检测机构，到酒店对所有参赛人员再次进行了核酸检测，闭幕式前48小时对参加闭幕式的人员进行核酸检测，做到全覆盖、严防控。

四是在已建立各类人员每日健康申报基础上，抓紧收集各代表团防疫资料，完善防控预案和抵穗后人员核酸检测流程图，有针对性地做好防控工作。按照"谁派出、谁负责、谁监测"的要求，以下四类人员严禁参加大赛：1.赛前14天内有中高风险地区旅居史，或有呼吸系统疾病疑似症状无法排除新冠肺炎可能的人员；2.赛前14天被标注为新冠肺炎确诊病例、疑似病例、无症状感染者及密切接触者；3.已治愈出院的确诊病例和已解除集中隔离医学观察的无症状感染者，但尚在随访及医学观察期内的人员；4.入境后处于集中隔离医学观察期的人员。

下面，我介绍一下大赛的安全保障和后勤服务工作。

前期，我们根据大型群众性活动安全管理原则，成立了安保工作领导小组，成立工作专班，建立联防联控机制，完善各类方案预案，召开安保工作协调会，制定了《中华人民共和国第一届职业技能大赛安全保卫总体工作方案》及各类预案，设置大赛开闭幕式场地、比赛场馆的防疫点、安检口和消防点，组织应急演练，做好了大赛闭幕式与广州马拉松赛日期、地点重叠交叉等工作的前期协调，安保准备工作紧锣密鼓推进。

本届大赛有36个参赛代表团参加，加上展示交流、媒体、技术观察等各类人员，大赛执委会接待安排的人员将超过万人,总体规模大、接待规格高。为做好后勤保障工作,我们组建接待团队对36个代表团实行一对一服务,对大赛期间各代表团人员的食、住、行等方面都制定了详细的后勤保障方案,主动为大赛提供周到细致的服务。

总体来讲,广州相关职能部门已建立联动机制,加强沟通协调,通力协作做好本届大赛后勤保障各项工作,保证大赛的安全和顺利进行。

王明政: 刚才,张立新同志、陈奕威同志、马曙同志分别给大家介绍了相关情况。下面,请记者就关心的问题进行提问。

新华社: 张司长,你好!刚才你提到本届大赛采取集中开放、绿色安全、赛展结合的办赛方式,我们很想知道本届大赛有哪些看点?

张立新: 谢谢你的提问。第一届全国技能大赛将技能竞赛和技能展示交流活动有机结合,吸引企业、院校和社会各界集中布展,广大公众广泛参与和观摩赛事活动。主要看点有:

一是竞赛活动本身,精彩纷呈,这也是大赛的首要看点。本届大赛项目多、规模大、水平高、观赏性强,既有机电一体化、数控车、工业控制、飞机维修等先进制造业项目,也有机器人系统集成、移动机器人、增材制造、云计算等新兴产业项目,还有电工、焊接、装配钳工、汽车技术、砌筑等传统产业项目,也有时装技术、木工、园艺、花艺、酒店接待、餐厅服务等观赏性强的项目,还有美容、美发、烹饪、健康和社会照护、烘焙、茶艺等与人民生活息息相关的项目,项目丰富多彩、精彩有趣。社会公众可以根据自己的兴趣,根据赛事安排到现场观赛。同时,根据疫情防控要求,本届大赛创新观赛方式,所有项目均开设"云观赛",广大公众可以足不出户,通过"云观赛"平台直播观看或回播观摩大赛。

第二个看点是技能展示交流活动多,互动性强。技能展示活动将全方位展示"十三五"时期我国技能人才工作取得的成效,这是大赛的第二个看点。大赛同期,在展馆设5个展区,分别是国家展板、省(区、市)及参赛行业部门展区、广东技工院校展区、赞助企业展区和设施设备支持单位展区,共计179个展位,展位总面积超过1万平方米。来自全国各省(区、市）和有关行业部门的150多个展示项目、31所院校、6家大赛战略合作伙伴、9家高级合作伙伴和110多家设备设施支持单位将同场展示。展示项目内容丰富、形式新颖，可与观众进行很好互动和体验。通过这些活动大家可以全面了解各地各行业技能人才队伍建设工作成果、技工教育经验和亮点、地方特色技能技艺、行业风采和企业品牌、产品、技术等，同时还为政府、企业、院校搭建了深入交流、讨论与合作的平台。

第三个看点是"中华绝技"展演活动，充分展示中华民族高水平的技能技艺。活动将现场展演20项具有中华民族传统特色的"中华绝技"，这也是大家了解技能文化最有趣的看点。大赛共收到"中华绝技"报名参演项目171个，涵盖高新技术、手工制作、艺术创意等六大行业领域，内容丰富。活动开展以来，得到了全社会广泛关注，尤其是40个优秀展播项目在央视网、抖音、技能大师在线培训平台滚动播出以来，观众踊跃投票，短短的15天时间，三个网络平台投票总数超2 000万人次。大赛期间，将评选出"最受欢迎的中华十大绝技"，并在大赛闭幕式上揭晓、颁发证书。

目前，技能竞赛、技能展示交流活动、"中华绝技"展演活动各项准备工作已经就绪，欢迎大家关注、报道。

人民网：陈厅长，您好。第一届全国技能大赛一共有86个项目，包括了世赛选拔和国赛精选项目，一定是精彩纷呈，极具吸引力的。可以为我们详细介绍一下这86个项目的特点吗？

陈奕威：谢谢你的提问。本次大赛共86个项目，涵盖生产制造、建筑工程、信息通信、生活服务等14个国民经济行业大类，具体分为运输与物流、结构与建筑技术、制造与工程技术、信息与通信技术、创意艺术与时尚、社会及个人服务六大类别。具体来说，有以下三个特点：

一是紧密对接先进制造业。制造业是国民经济的主体，是立国之本、兴国之器、强国之基。本届大赛设有先进制造业项目30个，占比35%，例如数控车、塑料模具工程、工业设计、原型制作、CAD机械设计、工业机械、焊接、飞机维修等。大家可以在比赛现场参观现代工业制造的高精尖设备,观摩选手们的精湛技艺,近距离感受我国先进制造业高速发展的蓬勃态势。

二是充分衔接新基建新职业。新基建涉及通信、电力、交通、数字等多个社会民生领域。本次大赛,战略性新兴产业项目32个,占比37.2%,例如工业4.0、轨道车辆、移动机器人、云计算、汽车智能化、物联网技术、光电技术等。在这类项目中,大家可以身临其境感受工业4.0应用环境,观看机器人系统集成组装全过程,观摩轨道技术人员作业程序和细节,领略选手们比速度、比技艺、比意志的工匠风采。

三是高度贴合群众生产生活。本次竞赛还设置了许多与人民群众生活密切相关的竞赛项目,如美容、美发、花艺、烘焙、茶艺及商品展示技术等,每个项目都有非常精彩的看点,大家可以根据自己的兴趣爱好进行观摩。在花艺项目中,有新娘花饰、植物设计、切花装饰等极具观赏性的现场展示;在茶艺项目中,除基本技能、礼仪接待、茶艺流程演示,还有极具创意的茶艺作品展演;在烘焙项目中,选手们制作出来的糕点香飘四溢。如果你是一位热爱生活、热爱时尚、热爱美食的人,一定不要错过这类赛事。

中国劳动保障报: 张司长,您好!本次大赛大家除了关注赛事项目和选手,我们也更加关注大赛的公平和公正,请问第一届全国技能大赛都采取了哪些措施来保障大赛的公平和公正?

张立新: 谢谢你的提问。公平公正是举办职业技能竞赛的生命线,也是我们严守的底线。一直以来,我们高度重视大赛的公平公正,多次召开专题会议,研究部署大赛的技术工作。主要做了以下工作:

一是制定竞赛技术文件,明确"大赛比什么、怎么比"。9月初,大赛组委会印发《中华人民共和国第一届职业技能大赛竞赛技术规则》,为大赛技术工作确立了根本方向,为组织工作提供了政策遵循,是技术工作开展的依据和标准。11月10日,公布各项目技术工作文件,包括试题、评分标准或命题思路、样题等内容。大赛世赛选拔项目参照世赛相关技术标准确定竞赛标准;国赛精选项目参照国家职业技能标准三级或以上,或世赛技术标准确定竞赛标准。

二是公开遴选项目裁判人员，组建高素质执裁队伍。6月，采取遴选推荐方式组建各项目裁判长团队。9月，完成裁判长助理、各参赛队裁判员、第三方执裁项目裁判员推荐和报名注册工作。截至目前，将有来自企业、技工院校、大学等方面的2 376名专业人员参与裁判，为竞赛按计划组织开展、竞赛作品专业评审提供了基本保障。

三是组织技术培训和交流活动，统一裁判尺度和标准。制定培训总体方案，多次组织集中技术对接活动，开展大赛技术规则集中培训，组织开展项目内技术交流、大赛信息系统应用培训等活动，指导各项目技术文件的编制。赛前已开展各项目裁判员培训176次，其中，面向西部裁判员培训49次。进一步细化裁判对技术规则的理解和要求，明确了自由裁量权的使用，有效规避对技术规则的理解偏差。

四是成立监督仲裁委员会，加强大赛监督。大赛成立监督仲裁委员会，建立申诉处理机制，健全大赛巡察制度，切实保障大赛公平公正举办。同时，通过云观赛、大赛信息系统等信息技术手段，做到事件可追溯、处理有依据。

为保障大赛公平公正，大赛组委会、执委会前期做了大量工作，各项工作进展顺利。但是，公平公正的大赛氛围的形成，还需要各代表团，所有参赛选手等全体人员共同参与和维护，我们也希望各代表团严格遵守技术规则，正确对待比赛成绩，为大赛的公平公正举办共同努力。当然，我们也热忱欢迎广大媒体朋友参与大赛监督，提出宝贵意见。

谢谢大家！

南方日报： 陈厅长，您好！刚才您提到，本届大赛也设计制作了奖牌，能否为大家具体介绍一下奖牌的样式和设计理念？

陈奕威： 谢谢你的提问。本届大赛设金银铜牌和优胜奖，对各项目获得前3名的选手分别颁发金牌、银牌和铜牌，对前3名以外但排名在参赛人数1/2以上的选手颁发优胜奖。同时，为了鼓励各地参赛特别是支持西部地区参赛，增设了参赛队最佳奖和西部技能之星奖。

针对各类奖项我们相应设计和制作了大赛奖牌。奖牌设计融入了中国传统文化、新科技成果等元素，同时突出广东特色。奖牌正面主体为全国技能大赛标识，底部雕刻着中国古代工匠的建筑奇迹——长城；背面浮雕图像是广州塔、港珠澳大桥等广东代表性建筑，周边饰有广州市花木棉花，吊耳则是中华文化标志性形象——"龙"。整个奖牌设计风格简约，将中国古代和现代建筑融为一体，表达了对技能健儿们弘扬工匠精神、展现精湛技艺、实现自我价值的美好祝愿，体现了"新时代、新技能、新梦想"的大赛主题。

羊城晚报： 陈厅长，您好。第一届全国技能大赛是在家门口举办的一届重要赛事，作为普通市民，可以通过什么渠道观看或参与大赛？如果想到现场近距离观赛，有什么需要注意的事项？

陈奕威： 谢谢你的提问。非常感谢大家对第一届全国技能大赛的关注。12月10日—12日三天为正式比赛日，86个项目同时在各赛场开展比赛，比赛时间从上午9点至下午4点。欢迎广大市民朋友关注大赛、观摩大赛、参与活动。大家可以通过线上和线下两种方式观看赛事。

一是到现场观看。市民可通过微信小程序进行实名制预约，登记个人信息，选择入场日期和时间，获得预约二维码，携带个人身份证件到场馆扫码进场。我们在小程序上提供了观赛指引，现场每个项目也有解说员提供解说服务。这里特别提醒大家，现场观赛请全程佩戴口罩，并保持观赛秩序，不要干扰选手比赛。大赛期间还将同步开展全国技能展示交流、"中华绝技"展演、高技能人才研讨会等活动，欢迎大家持续关注、踊跃参与。

二是在云端观赛。赛事期间，中央电视总台粤港澳大湾区总站将设立融媒体直播间，创新性实现音频、视频同步直播；广东广播电视台将设置现场直播间，直播精彩纷呈的赛事内容。广大观众可通过央视新闻客户端、中国之声、央广网、中国网、广东广播电视台触电新闻、腾讯课堂等多渠道观看赛事直播，也可以通过大赛官方网页、官方微博、微信小程序等平台获取更多赛事资讯。

同时，约有170多家500多名媒体朋友们来到大赛现场，开展全方位、多角度的现场报道。大赛精心遴选了"技能主播"和"技能达人"现场观赛,通过抖音、快手等平台与广大观众线上线下互动,实现精彩赛事多渠道共享,让大家都能参与到大赛中来。谢谢。

王明政: 今天的媒体见面会到此结束。

谢谢大家!

中华人民共和国第一届职业技能大赛赛后新闻发布会

人力资源社会保障部宣传中心主任王明政：

媒体朋友们，大家上午好！

中华人民共和国第一届职业技能大赛已于12月13日晚落下帷幕。这次大赛很好地体现了"新时代、新技能、新梦想"的主题，富有新意，影响广泛。

今天（12月14日），举行第一届全国技能大赛最后一场新闻发布会，主要有两项议题：一是介绍第一届全国技能大赛取得的成果，二是介绍承办第一届全国技能大赛的经验和收获，并回答记者的提问。

出席今天发布会的嘉宾有：第一届全国技能大赛组委会委员兼秘书长、人力资源社会保障部职业能力建设司司长张立新同志，第一届全国技能大赛组委会委员兼秘书长、广东省人力资源和社会保障厅厅长陈奕威同志，天津市人社局党组成员、副局长沈超同志。

首先，请张立新同志介绍相关情况。

第一届全国技能大赛组委会委员兼秘书长、人力资源社会保障部职业能力建设司司长张立新：

各位媒体朋友们，大家上午好！经过3天激烈比拼，中华人民共和国第一届职业技能大赛已于12月13日晚顺利闭幕。

习近平总书记对本届大赛高度重视，专门发来贺信，李克强总理作出批示。习近平总书记在贺信中指出，技术工人队伍是支撑中国制造、中国创造的重要力量。职业技能竞赛为广大技能人才提供了展示精湛技能、相互切磋技艺的平台，对壮大技术工人队伍、推动经济社会发展具有积极作用。习近平总书记的重要指示，深刻阐明了技能人才队伍在国家发展中的战略地位和时代意义，为新时代技能人才工作指明了方向，提供了根本遵循，给参赛人员和技能劳动者以极大鼓舞，在各参赛代表团和全社会引起强烈反响。

第一届全国技能大赛筹办时间紧、任务重，加上新冠肺炎疫情影响，为大赛的举办带来很大难度。大赛组委会、执委会各有关单位克服困难、化危为机,仅用不到6个月的时间,就完成了大赛各项筹备工作。2 557名选手、2 376名裁判顺利参赛,6万人次现场观赛,3天的比赛时间有1.7亿人次通过"云观赛"方式观摩大赛。从比赛结果看,所有参赛代表队均获得1个以上优胜奖,30个代表队获得了奖牌,20个代表队收获了金牌。大赛采取集中开放、赛展结合的办赛模式,各项工作安全有序、平稳顺利、精彩纷呈,实现了举办一届富有新意、影响广泛的全国技能大赛的预期目标,可以说,我们成功举办了一届规模大、水平高、形式新的综合性国家职业技能大赛。这得益于党中央、国务院的高度重视,得益于人力资源社会保障部的精心组织,得益于广东省委、省政府,广州市委、市政府以及广东省人社厅等单位的全力支持,得益于各地、各有关行业和全体参赛人员、工作人员、新闻媒体朋友以及社会各界的共同努力。在此,我代表大赛组委会,通过在座的各位媒体朋友,向所有为此次大赛成功举办付出辛苦努力的同志们致以崇高敬意和衷心感谢。

第一届全国技能大赛对技能人才队伍建设和职业技能竞赛工作都具有"风向标"意义,备受社会各界广泛关注。从本届大赛组织情况看,主要达到了以下成果。

一是技能成才、技能报国成为社会共识。习近平总书记指出,要激励更多劳动者特别是青年一代走技能成才、技能报国之路。本届大赛86个竞赛项目,涵盖了生产制造、信息通信、交通运输、社会服务等众多行业领域,项目设置契合经济发展、产业升级,和人民生活息息相关,技术技能含金量高,对提高技能人才职业技能水平发挥了积极作用。参赛选手平均年龄21.8岁,最大的58岁,最小的16岁,年轻选手占九成。通过比赛,大家在高水平平台上相互切磋技艺、共同提升技能,既为世界技能大赛选拔优秀选手,又为企业和社会培育技能英才,让全社会更直观地了解不同职业的特点和价值,感受技能之美,"三百六十行,行行出状元"的观念更加深入人心。大赛期间,很多知名企业到比赛现场观摩比赛,瞄准参赛的学生选手,提早引才揽才,体现了职业技能竞赛与就业紧密相关的生命力。大赛不仅转变了广大民众对技能的观念,更让"有技能、好就业"成为社会共识,技能成才、技能报国也将成为广大青年人向往的目标。

二是劳动精神、工匠精神深入人心。习近平总书记强调,要大力弘扬劳模精神、劳动精神、工匠精神。本届大赛紧扣"新时代、新技能、新梦想"这一主题，围绕"技行天下，能创未来"，在全社会掀起了热爱技能、投身技能、提升技能的新高潮。参赛选手在比赛中专注比赛、辛勤劳动，一丝不苟、精益求精，创造出一个个卓越的作品，展现了优质的服务，用汗水和智慧诠释了"劳动光荣、技能宝贵、创造伟大"的精神。大赛同期，进行了技能展示交流活动。全国各地、各有关部门和行业、大赛合作伙伴和设备设施支持单位、技工院校全方位展示"十三五"时期技能人才工作取得的新经验、新成效，搭建了政府、企业、院校各方深入交流与合作的平台。通过举办大赛，劳动精神、工匠精神将得到进一步弘扬，尊重劳动、崇尚技能的社会氛围将越来越浓厚。

三是精湛技能技艺广泛传承。习近平总书记在贺信中希望广大参赛选手奋勇拼搏、争创佳绩，展现新时代技能人才的风采。本届大赛坚持"赛、展、演"相结合的理念，特别是全国技能展示交流、"中华绝技"展演等活动使大赛的关注度明显提升，让广大群众感受到了技能的魅力。同时，本届大赛有新闻媒体 170 余家、记者 500 余人参与宣传报道，大家积极宣传职业技能竞赛的改革举措和创新亮点，既宣传大赛盛况，又聚焦技能明星，讲好技能成才、技能报国故事。大家坚持弘扬正能量、唱响主旋律，为本届大赛营造了良好的舆论氛围。各代表团纷纷表示，将深入贯彻落实习近平总书记的贺信精神，蓬勃开展职业技能竞赛，大规模开展职业技能培训，大力发展技工教育，用实际行动培育更多高技能人才和大国工匠，为新时代技能人才展示精湛技能、传承民族技艺搭建平台、提供条件。

四是技能竞赛活动创新发展。习近平总书记指出，职业技能竞赛为广大技能人才提供了展示精湛技能、相互切磋技艺的平台，对壮大技术工人队伍、推动经济社会发展具有积极作用。本届大赛在总结国内职业技能竞赛有益经验的基础上，创新运用集中开放办赛理念和国际国内先进技术标准，填补了综合性国家职业技能竞赛的空白，形成了国内和国际技能赛事相互衔接、协同发展的竞赛工作新格局，为构建以世界技能大赛为引领、以中华人民共和国职业技能大赛为龙头、以全国行业职业技能竞赛和地方各级职业技能竞赛为主体、以企业岗位技能竞赛为基础的职业技能竞赛体系作出了积极探索，迈出了坚实的一步。我们将进一步推广第一届全国技能大赛的理念和标准，引领国内各级各类职业技能竞赛科学化、规范化、专业化发展。

第一届全国技能大赛已经圆满落幕。经国务院批准，中华人民共和国第二届职业技能大赛将在天津市举行。下一步，人力资源社会保障部将深入学习贯彻习近平总书记重要指示精神，认真总结经验，全面做好第一届全国技能大赛总结工作。同时，与天津市一道，提前谋划、精心组织、周密实施，做好第二届全国技能大赛筹备和举办工作。

王明政： 谢谢张司长！现在请陈奕威同志介绍相关情况。

第一届全国技能大赛组委会委员兼秘书长、广东省人力资源和社会保障厅厅长陈奕威：

各位新闻界的朋友，大家上午好！经过3天紧张激烈的角逐，第一届全国技能大赛12月13日晚在广州海心沙落下帷幕。本次大赛，党中央、国务院高度重视，习近平总书记专门发来贺信，李克强总理作出批示，胡春华副总理出席大赛开幕式。在组委会的统一领导和各方的共同努力下，大赛取得了圆满成功。

在这次大赛中，广东省扮演了"三个角色"：作为组织者，我们提高政治站位，全力维护竞赛秩序，确保大赛公平公正；作为东道主，发扬广东热情好客的传统，为大赛提供一流服务；作为参与者，我们发扬工匠精神，赛出了风格、赛出了水平。在筹备大赛的过程中，广东省通过"建立五个机制"，有效调动各方资源，优化工作机制，确保了大赛安全、平稳、有序举行。

一是建立科学高效运作机制。人力资源社会保障部、广东省政府、广州市政府组建大赛组委会，省、市两级人力资源和社会保障、宣传、公安、文化和旅游、卫生健康、应急等12个部门组建大赛执委会，统筹推进筹办工作。组委会与执委会多次对接，上下联动推进各项重点任务；执委会14个工作部紧密配合、高效运转，全面落实赛事组织协调、技术实施、活动安排、交通食宿、安全保卫和疫情防控等工作。设立大赛指挥调度中心，建立工作台账，督促任务落实落地。

二是建立安全联防联控机制。本届大赛规格高、项目多、规模大、要求高，加上新冠肺炎疫情影响，给赛事组织带来新挑战。为保证大赛安全，执委会专门成立疫情防控和安全保卫工作小组，精心制定了疫情防控、安全保卫等系列方案预案，组织开展多次应急演练。大赛期间，采取最严格的防控措施，开发使用每日健康申报小程序，先后4次对相关人员进行核酸检测，安排医生、护士和民警24小时值班，为各场馆、酒店、车辆等场所配足防疫物资。同时，严格落实反恐维稳、交通管制、消防应急等各项安保措施，确保办赛安全。

三是建立公平公正竞赛机制。确保大赛公平公正是我们严守的底线。参考世赛标准、国家标准和行业规范，编制技术规则和项目技术文件、竞赛试题；公开遴选项目裁判长，通过参赛代表团选派、聘请第三方等方式组建裁判队伍进行集体评判；组织技术交流培训，统一裁判尺度和标准；成立监督仲裁委员会，加强对大赛的监督；开发应用大赛信息服务平台，为各参赛代表团提供技术服务。同时，通过云观赛、大赛信息系统等技术手段，对竞赛、评分等过程实行全程视频监控，确保事件可追溯、处理有依据。

四是建立多元共享参与机制。创新构建"政府＋院校＋企业"合作办赛模式，政府搭建职业技能大赛平台，充分调动院校、企业、社会各方力量参与大赛，共享大赛成果。此届大赛，2 557名参赛选手来自院校、企事业单位、行业协会等社会各界，70 00多名技术、展示、场馆、交通等保障人员为大赛提供服务；26家技工院校作为实施保障单位为大赛提供技术支持和赛务保障，100多家企业为大赛提供设施设备和技术服务；社会公众广泛参与大赛标识、主题曲、口号、吉祥物、中华十大绝技评选。此外，我们积极利用新媒体等技术，组织"云观赛"，拓展公众的参与渠道。

五是建立严格规范管理机制。大赛筹备过程中，执委会努力在制度建设上推陈出新，用制度管人、流程管事，让各项工作有章可循。制定大赛经费管理办法，规范赛事经费预算、项目采购和经费使用。委托第三方专业机构全程跟踪大赛项目资金使用绩效，确保资金安全。建立"一对一"服务保障机制，为参赛代表团提供全方位服务。

媒体朋友们！承办这次大赛，我们收获良多！我们积累了宝贵的办赛经验，有利于我们更好地对标国赛办赛模式和技术标准，提升省赛竞技水平，全力备战第46届世界技能大赛；学习借鉴了兄弟省区经验做法，有利于我们博采众长，高质量推进"粤菜师傅""广东技工""南粤家政"三项工程，全面提升技能人才培养质量；新闻媒体对大赛全方位、多层次的新闻报道，有利于在全社会弘扬精益求精的工匠精神，营造"劳动光荣、技能宝贵、创造伟大"的时代风尚。再次感谢媒体朋友们的支持。

我就介绍到这里,谢谢大家!

王明政: 刚才,张立新同志、陈奕威同志分别从不同侧面介绍了第一届全国技能大赛的相关情况。相信大家还有许多关心关注的问题。

下面,进入提问环节,请大家提问前先通报所属新闻单位。

中央广播电视总台央视记者: 张司长,你好!第一届全国技能大赛已圆满闭幕,从12月13日晚闭幕式上,我看到西部省份与东部省份的奖牌数量还是有较大差距的,您能否给我们解读一下本届大赛各参赛代表队的参赛情况?我们应该怎样看待不同地区在成绩上的差距?

张立新: 谢谢你的提问。经过3天的激烈角逐,大赛共291名选手获得86个项目的金、银、铜牌,1 010名选手获得优胜奖,13位选手获得西部技能之星,36名选手获评各参赛代表队最佳奖,累计共有1 350人获得相关奖项。从各代表队成绩情况来看,东部地区的成绩总体仍处于领先地位,但中西部地区的进步非常明显。

首先,从参赛情况看,各地积极踊跃参赛,重在参与和交流提高。职业技能竞赛是推动技能人才工作的重要手段,摘金夺银并不是唯一目的,关键是要通过办赛、参赛,促进技能人才队伍建设。我们欣喜地看到,11个省份参加全部86个赛项,其中包括安徽、江西、河南、重庆、四川、贵州6个中西部省份,17个省份参赛项目超过一半,体现了各地对技能竞赛工作的高度重视,注重通过更高水平的职业技能竞赛推进和提升技能人才工作。

其次,从比赛情况看,各地选手技能水平普遍提高。选手水平与当地的经济发展和产业层次、技工教育质量等因素有很大关系。随着近些年来国家高度重视技能人才工作,包括西部地区在内的全国各地技工教育和职业技能培训水平不断提高。比赛期间,多位裁判长与我交流,本届大赛的选手水平与前些年相比,普遍有了大幅提升,表明蓬勃开展的职业技能竞赛整体促进和提高了各地技能人才培养水平,也为我们打造高素质技能人才队伍奠定了坚实的基础。

第三，从获奖情况看，各地普遍都有进步，呈现区域性特点。本届大赛，36个参赛代表队均获奖，奖项覆盖面较广，呈现东部地区领先、中西部地区追赶的特点。我们欣喜地看到，西藏代表队获得一枚铜牌，实现了在国家级赛事上的突破，四川、重庆两个代表队各获得4枚金牌，西部地区金银牌数量与中部地区相同，发展的态势和潜力值得关注。我们对成绩进行了分析，与以往相比，各地技能水平明显提高。我们相信，随着中西部地区积极参与职业技能竞赛，不断加强职业技能培训和技工教育工作，在技能领域的差距一定会逐步缩小。

工人日报记者： 恭喜天津成为第二届全国技能大赛的承办地。请问，在承办大赛方面，天津具备哪些条件和优势？

天津市人社局党组成员、副局长沈超： 谢谢你的提问。首先感谢人力资源社会保障部对天津承办第二届大赛的支持，祝贺广东省成功举办第一届全国技能大赛。天津成为第二届全国技能大赛的承办地，充分体现了党中央、国务院以及人力资源社会保障部对天津技能人才培养工作的肯定、支持和信任。对天津来说，这是光荣的使命，也是艰巨的任务。虽然有挑战，但我们完全有信心，举办一届高质量、高水平的大赛：

首先，天津有培养技能人才的肥沃土壤。天津是我国现代工业文明的发祥地，新中国工业的摇篮。习近平总书记亲自谋划推动的京津冀协同发展重大战略，赋予天津"一基地三区"的功能定位，首要目标就是建设"先进制造研发基地"，这在31个省区市中是独一无二的。刚刚闭幕的天津市委十一届九次全会，作出了"制造业立市"的战略抉择。在工业全部41个大类中，天津市占39个；207个中类里，占191个，是全国工业产业体系最完备的城市。当前，天津市委、市政府正在全力构建以智能科技产业为引领，以生物医药、新能源、新材料为重点，以高端装备、汽车、石油化工、航空航天为支撑的"1+3+4"现代工业产业体系，培育世界级产业集群。制造业的高质量发展，为技能人才培养奠定了雄厚基础，为技能人才成长创造了良好条件，也是天津举办技能大赛的独特产业优势、资源优势。

第二，天津有齐全的场馆和设施。拥有梅江国际会展中心、国家会展中心（天津）两个大型会展中心，展馆面积 55 万平方米，可满足大赛场馆需求；拥有奥林匹克中心体育场等多座体育场馆，可满足大赛开闭幕式需求。拥有中国（天津）职业技能公共实训中心，4 个世界技能大赛中国集训基地，以及 26 所高职、45 所中专和 22 所技工院校，设置数控技术、物联网技术、养老护理等专业 300 余个，具有相应的实训场地和设备设施，可以基本满足大赛需求。

第三，天津有完备的配套服务。拥有各类餐饮门店 6 万余家、四星级以上酒店 160 余家、三甲医院近 30 家，具备公共卫生安全的接待保障能力，能够为大赛提供方便、安全的公共服务。拥有国内外航线 220 余条、通航城市 100 余个，京津城际和京沪、津秦、津保高铁在天津市交汇，市内建成 6 条地铁网线，可为举办全国技能大赛提供方便、快捷的交通支持。

第四，天津有丰富的办赛经验。2017 年，天津成功举办了第十三届全国运动会；天津也是夏季达沃斯论坛永久举办城市之一，以及世界智能大会、中国国际矿业大会的永久举办地。多年来，天津积累了丰富的大型赛事办赛经验。同时，近年来通过开展市级技能竞赛、参与国家级大赛和世界技能大赛，锻炼和培育了一批素质优良、经验丰富的技术专家和技能竞赛管理人才，能够满足举办全国技能大赛的需要。

最后，天津市委、市政府对技能人才高度重视。天津市委、市政府始终把培养造就知识型、技能型、创新型劳动者大军作为天津创新发展的战略优势，坚决贯彻落实习近平总书记关于技能人才工作一系列重要指示批示精神，深入落实产业工人队伍建设、提高技术工人待遇、推进评价机制改革、推行终身职业培训等党中央、国务院决策部署，深入实施职业技能提升行动计划。2019 年 5 月，创新实施"海河工匠"建设工程，充分发挥企业在技能人才培养中的主阵地作用，坚持把企业作为技能培训主体、技工院校办学主体，引导企业根据产业规划需求、职业紧缺程度开展精准培训，构建企业自主认定、社会组织评价、政府部门指导监管的多元化评价体系。天津市委、市政府对技能人才工作的全力支持，是我们办好大赛的重要保障。

下一步，在发挥好优势的同时，我们要深入学习贯彻习近平总书记对本届大赛贺信指示精神，在全市大力弘扬劳模精神、劳动精神、工匠精神，营造浓厚的技能成才、技能报国氛围，吸引更多青年人才投身技能、踊跃参赛、创造佳绩。我们还要请人力资源社会保障部给予指导和帮助，请广州市传授成功经验，争取社会各界更多有力支持。

我们相信，有总书记的指引，有人力资源社会保障部的关心，有天津市委、市政府的领导，有天津人民的支持，我们一定能够成功举办大赛，交出一份满意答卷！在此，也邀请天下技能英才到天津去参加比赛、交流技艺、展示才华，邀请各位媒体朋友到天津去观摩比赛、加油助威、报道盛况！我们一定竭诚为大家提供服务和保障！开放的天津欢迎大家！

谢谢大家！

中新社记者： 陈厅长，你好。你刚才提到，本届大赛创新构建政府负责搭台、社会广泛参与的办赛模式，请您具体介绍一下本届大赛的社会参与情况如何？有什么影响？

陈奕威： 谢谢你的提问。本届大赛创新采用了社会参与办赛的模式，广大企业、行业鼎力支持，社会各界广泛参与，在全社会引起强烈反响。

在赛事支持方面，15家知名企业成为大赛战略合作伙伴和高级合作伙伴，100多家大型企业集团和中小型企业为大赛提供设备设施和技术支持，600名志愿者为大赛提供细致周到服务，3 900多名演职人员参与闭幕式，1 100多名工作人员全面参与赛事安全保障工作。

在氛围营造方面，广州市倾力支持，从11月中旬起，大赛广告和视频就开始在广州地铁、公交上线，广州塔连续14晚在黄金时段为大赛"亮灯"。赛事期间，珠江北岸建筑携手完成"技能主题灯光秀"。12月14日上午，即将启动"大国工匠湾区行"，大赛优秀选手走访大湾区城市，宣扬大赛成果，弘扬工匠精神。

在赛事宣传方面，中央广播电视总台粤港澳大湾区总部在现场设立融媒体直播间，首次在中央级媒体层面进行立体式、全渠道技能赛事传播，中国网等60多家媒体参与直播，各平台直播累计观看1.7亿人次；各类媒体进行了广泛宣传，相关报道累计2万篇次。联合微博、抖音、快手等平台开展"全国技能主播遴选""技能达人秀"等网上主题活动，阅读量超9亿。"技能主题灯光秀视频"在网上广泛传播，曝光量超千万。

可以说，本届大赛通过创新办赛模式，有效调动各方资源和力量，融竞技、交流、观摩为一体，为探索技能竞赛新模式提供了有益尝试。

中国组织人事报记者：张司长，你好！第一届全国技能大赛闭幕后，从大赛总结收尾方面，还将开展哪些方面的工作？

张立新：谢谢你的提问。本届大赛是在我国即将进入"十四五"时期，成功举办的一次综合性国家职业技能大赛。赛后，我们将认真对大赛的成功经验进行总结，推动下一步工作的创新发展。

一、全面总结。赛后，组委会将与执委会一起，组织大赛各有关单位和部门、各参赛代表团，对本次大赛进行全面总结。在肯定成绩的基础上，查找不足、分析原因、找出对策，特别是要总结出对技能人才工作有推动和促进作用、对职业技能竞赛开展有指导和示范作用的经验和做法，形成有益的办赛经验，为新时代技能人才培养探索新方式、创造新模式、推广新理念。

二、进行奖励。为发挥以赛促奖、以赛促评作用，大赛制定了多项奖励政策。在闭幕式上，我们颁发了相关奖项。接下来，我们还将落实好三个方面的奖励政策。一是对各竞赛项目前5名选手（双人赛项前3名、三人赛项前2名）授予"全国技术能手"荣誉称号。二是指导各地对获得优胜奖以上的选手晋升技师，也就是二级职业资格或职业技能等级，已具有技师职业资格或职业技能等级的晋升高级技师，也就是一级职业资格或职业技能等级。三是指导各地制定激励政策，对参赛人员给予物资和荣誉奖励。

三、组织世赛集训。按照工作计划，本届大赛的世赛选拔项目中，单人项目前10名、团队项目前5名选手入围第46届世界技能大赛中国集训队。第45届世界技能大赛各项目符合条件的选手可直接入围第46届世界技能大赛中国集训队。接下来，我们将做好入围集训选手的确认工作，组织好集训，并考核遴选出代表我国参加第46届世赛的选手。

四、开展大赛成果研究。赛后，我们将组织有关机构，一方面对大赛的意义、影响和模式进行深入研究，形成具有建设性的研究成果，为技能人才培养、职业技能竞赛提供理论指引和政策建议。另一方面，开展竞赛成果转化、标准优化、推广运用等工作，把大赛的理念和标准，特别是大赛中涌现出来的新技术、新工艺、新方法等广泛在职业教育培训中运用，进一步提高技能人才培养水平，进一步激发广大劳动者参与技能培训、提高职业能力的意愿和热情。谢谢。

广东广播新闻中心记者： 张司长，你好。请问，本届比赛有2 500多名选手比赛，通过本届高规格、高水平的比赛大赛，能为参赛选手带来怎样的改变？

张立新： 谢谢你的提问。职业技能大赛是促进优秀技能人才脱颖而出的重要手段，本届大赛将给参赛选手带来很大改变。

一是个人素质有提升，发展前景光明。职业技能竞赛是最具针对性、有效性的人才培养培训方式。俗话说"台上一分钟，台下十年功"，本次大赛对接国际和国内最新、最先进的技能技术标准，选手们在赛场上只是十几个小时的比赛时间，但只有通过比赛前的艰苦学习、层层选拔、针对性训练才能站在本届大赛的赛场上并完成比赛任务，这些都是技能提升的过程。在比赛过程中，不仅考验参赛选手的技能理念、操作能力等技能素养，也考验选手的心理素质、文化知识、礼仪修养、个人形象等，可谓是全方位历练，选手参赛的过程就是不断提高综合素质的过程，对选手来说是难得的锻炼，对他们的未来发展具有很好的促进作用。

二是获得荣誉奖励，坚定技能报国之志。本届大赛，将对优秀选手授予"全国技术能手"等荣誉，各地各行业还将对获奖选手给予表彰奖励，这既是一份荣誉，更是对其走技能成才、技能报国之路的激励。虽然有部分选手没有获奖，但通过本次大赛找到了差距，学习了先进技术和方法，明确了奋斗目标，扩大了技能朋友圈，为在今后的工作中开展技能交流、提升技能水平打下了基础，也必将实现他们技能成才的理想。

三是收入待遇有提高，获得感增强。本届大赛，我们将对获奖选手给予职业资格或职业技能等级晋升等奖励，企业等用人单位将根据晋升的职业资格或职业技能等级兑现薪酬等相应待遇，各地也将结合实际给予相应的物资奖励。特别是大赛期间，120余家知名企业积极参与大赛，向一些参赛的学生选手发出邀约。可以说，参赛选手不管是学生还是企事业单位职工，通过参加大赛可获得多种奖励，提高经济待遇，实现多劳者多得、技高者多得，增强职业荣誉感、获得感。

同时，我们也高度关注来自建档立卡贫困家庭的141名选手，他们共获得了1枚金牌、5枚银牌、5枚铜牌和46个优胜奖。这些选手虽然来自贫困家庭，但他们通过自己不懈努力、持续学习和比别人多一份付出，最终站在了我国最高的职业技能竞技舞台上，从他们身上我们看到了技能扶贫工作的成效，看到了他们励志脱贫的信心，看到了他们对未来生活的憧憬，他们更值得我们去关注，必将激励更多青年人走技能成才、技能报国之路。

中国日报记者： 陈厅长，你好。通过承办第一届全国技能大赛，将会对广东省技能人才队伍建设产生哪些影响？

陈奕威： 谢谢你的提问。对我们广东来说，第一届全国技能大赛，既是展示技能人才精湛技艺的"大舞台"，更是助力人才队伍建设的"大平台"。承办这次大赛，对广东技能人才队伍建设具有重要促进作用，主要体现在"四个有力"。

一是有力提升了广东省技能竞赛水平。为选拔出优秀的选手参加本次大赛，广东省进行了层层选拔。今年7—10月，广东省组织开展了广东省第一届职业技能大赛，设置142个竞赛项目，超过5 000名选手参与，产生了165名冠军选手，其中97名选手代表广东省参加了本次大赛。这些选手在比赛中发挥了"执着专注、精益求精、一丝不苟、追求卓越"的工匠精神，其中32个项目的参赛选手脱颖而出、获得金牌。他们在实战中得到了锻炼，在交流中提高了技能，为冲刺第46届世界技能大赛打下了坚实基础。同时，通过组织筹办国赛和省赛，广东省积累了丰富的大型综合赛事的办赛经验，锻造出了一批能干事、干成事的竞赛工作队伍，进一步提升了广东省技能竞赛组织水平，对打造广东技能竞赛品牌，进一步健全以世赛为龙头、国赛为主体、省赛为基础的职业技能竞赛体系起到了积极的促进作用。

二是有力提高了广东省技能人才队伍素质。目前，广东省技能人才总量为1 330万人，其中高技能人才443万人，占技能人才比重达33.3%。承办本次大赛，既充分展示了广东省技能人才队伍建设成果和技能竞赛水平，也选拔培养了一大批技艺精湛的广东工匠，他们代表了广东产业发展的先进水平，必将引领带动全省技能人才队伍实现整体发展。同时，广东省通过举办集中开放、有影响力的国赛和省赛，带动各级选拔赛以及企业、院校的技能比武、技术练兵等活动，有力提高了劳动者的技能素质。本次大赛的一大亮点，是对接企业生产实际，模拟现实工作环境打造竞赛场景，对标世赛标准、技术发展方向制定竞赛标准，有利于提高技能人才培养质量，建设与现代产业体系相适应的技能人才队伍。

三是有力促进了广东省技工教育高质量发展。广东技工教育规模大，有146所技工院校，在校生规模达55.8万人。本次大赛中，有47%的参赛选手来自技工院校，设立了广东技工院校展区，全面展示了广东省技工教育办学成果。大赛期间，还举办了高技能人才研讨会，各地技工院校进行了深入交流。将技工教育深度融入技能大赛，有利于加快世赛技术标准转化，开发与世赛接轨、市场需求潜力大的专业，优化全省技工院校专业设置。技工院校通过参与技能大赛，不断推广大赛的先进理念、经验和成果，以赛促学、以赛促训、以赛促建，促进技工教育师资培养、课程标准、教学要求等对接国内甚至是世界先进标准，全面提高培养质量。大赛也为企校合作提供了绝佳平台，有利于推动企校全领域、全方位、全链条的交流合作，深化产教融合，推动广东省技工教育高质量发展。

四是有力激发了广大青年走技能成才、技能报国之路。本次大赛汇聚了各地优秀的技能人才同台竞技，20个"中华绝技"精品项目展演、形式多样的技能展示和体验，吸引了6万多人次现场观摩、近1.7亿人次云端观赛，让广大劳动者参与竞赛过程、欣赏竞赛成果、感受技能之美，营造了关注技能、尊重劳动的浓厚社会氛围。大赛期间，约170家媒体的500余名记者在现场参与赛事报道，上千家媒体参与传播，大力弘扬劳模精神、劳动精神、工匠精神，积极宣传技能人才在经济社会发展中的重要作用和突出贡献，充分展现了技能人才精益求精、勇于拼搏的时代精神，必将激励更多劳动者特别是青年一代走技能成才、技能报国之路，培养更多高技能人才和大国工匠，为全面建设社会主义现代化国家提供有力人才支撑。

王明政：刚才，张立新同志、陈奕威同志分别对媒体朋友表示了感谢，最后我也借这个机会，还要感谢媒体朋友们在大赛期间的辛勤付出。由于你们的努力工作，这次大赛获得了广泛的社会影响，为大赛圆满成功营造了良好的舆论氛围。希望大家今后继续关心支持技能人才队伍建设工作，把聚光灯更多地投射到千千万万技能劳动者身上，激励更多劳动者特别是青年一代走技能成才、技能报国之路。

谢谢各位嘉宾！谢谢大家！

今天的发布会到此结束，让我们天津见！

中华人民共和国第一届职业技能大赛战略合作伙伴和高级合作伙伴签约仪式在京举行

2020年11月20日，中华人民共和国第一届职业技能大赛战略合作伙伴和高级合作伙伴签约仪式在京举行。本次签约活动是大赛组委会首次直接与企业签订合作协议，标志着职业技能竞赛工作社会影响力和品牌建设工作取得重要进展。

签约活动的举行是践行开放办赛理念的生动实践，旨在建立"政府＋企业"合作办赛的新模式，发挥企业技能人才培养使用主阵地作用，发挥企业在技术标准、设备设施、服务保障等方面的优势，借助企业的社会影响力和号召力，营造良好的社会氛围。大赛组委会将全力维护合作伙伴的权益，充分利用好大赛主办方和承办方的影响力和权威性，发挥好大赛规格高、规模大、水平优、综合性强、社会关注度高等优势，为合作伙伴搭建品牌宣传推广的

大舞台、树立企业形象的好载体。通过精诚合作，将本次大赛办成一届"富有新意、影响广泛"的技能盛会，实现资源互补、优势共享、互惠双赢、共创品牌的效果，创造以"技能竞赛"为纽带的政企合作新典范。

参加签约仪式的企业代表表示，将全面履行责任和义务，全力支持大赛各项筹办工作，在技能舞台展示中国优秀企业的良好形象。

中华人民共和国职业技能大赛是新中国成立以来，赛事规格最高、参赛规模最大、技能水平最高的综合性国家职业技能赛事。大赛组委会秉持公平、公正、公开、择优的原则，经过公开征集、企业申报、专家评审和公示等环节，确定华为技术有限公司、深圳市腾讯计算机系统有限公司、交通银行股份有限公司、中国旅游集团有限公司、中国南方航空集团有限公司和广州汽车集团股份有限公司6家企业为大赛战略合作伙伴，联想（北京）有限公司、立邦投资有限公司、北京五八信息技术有限公司、广西柳工集团有限公司、德马吉森精机机床贸易有限公司、广东三向智能科技股份有限公司、广东唯康集团股份有限公司、世达工具（上海）有限公司和新大陆科技集团有限公司9家企业为大赛高级合作伙伴。这些合作企业将在品牌推广、设施设备、工具耗材、技术标准、服务保障等方面为大赛提供支持。

数看全国技能大赛

培养更多高技能人才　技工院校应有更大担当

中华人民共和国第一届职业技能大赛共有来自技工院校的选手1 208人，占参赛选手的47%。经过3天激烈角逐，57名来自技工院校的选手获得金牌，占金牌获得者的58.8%；50名选手获得银牌，占银牌获得者的51.6%；60名选手获得铜牌，占铜牌获得者的61.9%；获得金银铜牌的选手占全部奖牌获得者的57.4%。此外，来自技工院校的选手共有518人获得优胜奖，占获得优胜奖选手的51.2%。从成绩看，来自技工院校的参赛选手技能水平较高，这得益于技工教育坚持走特色办学之路。

技工教育始终不忘初心

技工院校选手在第一届全国技能大赛中表现不俗，充分体现出我国技工教育的办学水平和质量。技工教育作为国民教育体系和人力资源开发的重要组成部分，承担着为经济社会发展培养高素质技能人才的重要任务。长期以来，技工院校始终不忘初心，坚持以就业为导向，以职业技能培养为核心，以培养生产服务一线技能人才为目标，实行校企双制、工学一体办学模式。经过不断发展，形成了以技师学院为龙头、以高级技工学校为骨干、以普通技工学校为基础的现代技工教育体系，是技能人才培养的主阵地。

截至2019年底，全国共有技工院校2 392所，在校生360.3万人。2020年，全国技工院校招生约160万人，实现持续增长。每年向生产服务一线输送约100万名中高级技术工人，毕业生就业率长期保持在97%以上，毕业生专业对口率、就业质量和稳定性、用人单位满意度均保持较高水平，深受用人单位欢迎。

技工院校坚持特色办学

在多年的实践过程中，技工院校不断探索出具有自身特色的办学模式。

校企合作办学，学生就业好。长期以来，技工院校坚持以就业为导向，实行校企双制办学模式。校企合作已成为当前技工院校基本办学制度，校企双方以组建技工教育集团、校企股份制合作、企中校、校中企等多种方式开展订单、定向、定岗人才培养，在招工招生、专业建设、师资培养、教学标准、生产实训等全面合作、深度融合，实行"入学即就业、招生即招工"，实现了企业得人才、学生就业好的双赢目标。

紧贴市场需求，专业设置活。技工院校始终紧跟市场需求，根据就业形势和产业发展灵活设置和动态调整专业。近年来，围绕新兴产业、先进制造业、现代服务业以及新职业和新业态，大量开设了信息通信技术、数控技术、轨道交通、3D打印、工业机器人、新能源汽车、无人机应用、新媒体应用、康养服务等新专业，专业含金量越来越高，职业荣誉感越来越强，毕业生工作环境越来越好，改变了以往技校就业岗位"苦、脏、累"的状况，形成了市场需求旺盛、学生就读意愿强烈的良好发展态势。

深化教学改革，技能水平高。技工院校打破传统的学科式教学方式，全面开展"工学一体化"教学改革，即依据最新国家职业标准和企业生产实践开发教学培养标准，以真实的工作任务为载体，根据工作过程设计课程体系，实现"在工作中学习、在学习中工作"，学生学完一门课程就可以掌握一项工作技能，学完一个专业就能胜任工作岗位需要，学生技能水平与岗位需求无缝衔接，适应了用人单位工作要求，解决了结构性就业矛盾。我国自2011年起参加了5届世界技能大赛，共有162名选手获得奖牌，其中来自技校的师生101人，占获奖选手的62.3%，体现出技工院校师生高超的技能水平。

大力发展技工教育，培养更多高技能人才

近年来，全国人力资源社会保障部门坚决贯彻落实习近平总书记提出的"大力发展技工教育"指示精神和李克强总理提出的"办好技工院校"具体要求，全面贯彻落实党中央、国务院决策部署，扎实推进技工院校改革创新，技工院校办学规模不断扩大，教学质量稳步提高，为经济社会发展提供了有力的技能人才保障。

尽管技工院校办学质量不断提升，但受重学历轻技能等观念的影响，技工院校对青年学生的吸引力依然不足，仍面临着资金缺、招生难、待遇低等困难，需要各级党委政府更加重视技能人才工作，大力发展技工教育，完善政策措施，破解技工院校发展面临的突出问题，为经济社会高质量发展培养更多德智体美劳全面发展的优秀技能人才。

（来源：中国组织人事报）

发挥企业资源优势　培养更多高技能人才和大国工匠

中华人民共和国第一届职业技能大赛共有来自249家企事业单位的261名选手参赛，分别参加37个世赛选拔项目、23个国赛精选项目共60个项目的比赛。其中，183名职工选手获得18枚金牌、17枚银牌、11枚铜牌和137个优胜奖，选手获得金牌、奖牌（金银铜牌）的比例为6.9%、17.6%，参赛选手获奖比例高达70%，均高于院校选手的获奖比例（院校选手获得金牌、奖牌及获奖比例分别为3.4%、11.7%和48.7%），真实反映了技能人才的培养规律。

从参赛情况看，职工参赛选手占比、参赛项目覆盖面不高，但从金牌、奖牌和参赛选手获奖比例看，职工选手技能水平高出一筹。培养更多高技能人才和大国工匠，企业的担当不可或缺。比赛成绩的背后，是党中央、国务院、各地党委政府大力发展实体经济，实施制造强国、质量强国战略，推进供给侧结构性改革和企业转型升级的共同成果。

政策措施支持企业培养技能人才。党中央、国务院高度重视技能人才工作，近年来，相继出台新时期产业工人队伍建设改革方案、提高技术工人待遇、推行终身职业技能培训制度、实施职业技能提升行动等政策措施，各地区各有关部门不断完善企业新型学徒制、以工代训等相关配套政策，对加强技能人才队伍建设提供了政策保障，支持企业更好发挥技能人才培养主阵地作用。

发展需求推动企业主动培养技能人才。在经济高质量发展要求带动下，企业更加重视技能人才，将技能人才确立为优先发展战略，强化和突出技能培训实现供求关系协调一致，整合人才资源促使各类人才有序流动，形成重视人才、培养人才、科学使用人才的常态工作机制。很多企业多渠道招才引才、组织岗位技能提升培训、加大对一线技术工作的奖励政策，技术工人队伍的技能水平不断提高。技工院校充分发挥在技能人才培养中的重要基础作用，每年向生产服务一线输送约100万名高素质技术工人，与企业加强合作开展在岗、转岗技能培训等超过420万人次。

企业培养技能人才有"大舞台"。近年来，人力资源社会保障部每年组织各类职业技能竞赛 80 余项，带动企业职工和院校学生超千万人次参加，同时借助职业技能大赛选拔优秀选手代表中国参加世界技能大赛，并对获奖人员给予荣誉奖励，大力宣传技能成才、技能报国事迹，让技能人才受到更高礼遇，得到社会尊崇，让更多劳动者了解技能、提升技能、热爱技能。出台高技能人才与专业技术人才职业发展贯通政策，打破专业技术职称评审与职业技能评价界限，构建技能人才发展"立交桥"，促进高技能人才与专业技术人才融合发展，技能人才发展路径更宽，从事技术技能工作前景更加广阔。

多方合力共同培养更多高技能人才和大国工匠。全国技能大赛为技能人才搭建了展示精湛技能、相互切磋技艺的平台。进入新发展阶段，贯彻新发展理念，构建新发展格局，高质量发展需要更多高技能人才和大国工匠。各地党委政府要大力贯彻落实习近平总书记对技能人才工作的重要指示精神，更加重视技能人才工作，完善技能人才工作体系，强化企校协同育人，发挥职业技能大赛示范引领作用，带动行业企业广泛开展岗位练兵、技能比武活动。不断完善支持政策，激发企业内生动力，引导更多企业培养好、使用好、激励好技能人才，提升企业核心竞争力。

（来源：中国组织人事报）

技能赋能破解"就业难" 实现高质量就业"不发愁"

中华人民共和国第一届职业技能大赛共有168名学生选手获得奖牌、674名学生选手获得优胜奖，分别占获得奖牌人数的57.7%、66.7%。从获奖情况看，参赛的学生选手成绩突出，技能水平较高。

学生获奖选手就业形势大好。赛后，大赛组委会对学生获奖选手的就业情况进行了专题跟踪。根据已了解的就业动态，学生获奖选手未来就业形势大好，不仅"好就业"，也能"就好业"，部分选手更是"就业好"。从就业方向看，学生获奖选手"好就业"。本届大赛学生获奖选手主要选择院校任教、行业龙头或颇具成长性的企业从业、进一步升学深造等三个方向，就业方向与当地的经济社会发展紧密相关。比如，吉林、山东、湖北等省份学生获奖选手均被各大院校抢订一空，浙江、广东等经济发达地区学生获奖选手更愿意选择企业从业。从就业行业看，学生获奖选手"就好业"。选择就业的学生获奖选手集中在战略性新兴产业、先进制造业、现代服务业等领域，绝大部分均为行业龙头企业或行业中颇具成长性的企业，比如广东学生获奖选手签约企业九成以上为南航、广汽、比亚迪、美的、格力等龙头企业或行业知名企业。从就业岗位看，部分选手"就业好"。已签订就业意向书的学生获奖选手均选择从事获奖项目相同和相近的技术技能类岗位，充分发挥个人技能优势，争做未来"大国工匠"。比如，物联网项目金牌选手被新大陆集团百万年薪引进，实现了就业岗位好、待遇好、发展好。

经济社会发展为就业提供根本保证。"十三五"时期，面对错综复杂的国际形势、艰巨繁重的国内改革发展稳定任务，以习近平同志为核心的党中央深刻把握社会发展规律，全面深化改革取得重大突破，经济实力、科技实力、综合国力跃上新台阶，经济运行总体平稳，经济结构持续优化，城镇新增就业超过六千万人。实践证明，经济社会发展对就业提出要求的同时，更是从根本上解决了就业问题，促进了就业工作。

不断健全完善的政策制度体系促进就业。各级人力资源社会保障部门坚持就业导向，健全公共就业服务体系，注重缓解结构性就业矛盾，完善重点群体就业支持体系，统筹城乡就业政策，完善促进创业带动就业、多渠道灵活就业的保障制度。近年来，党中央、国务院高度重视技能人才工作，相继出台新时期产业工人队伍建设改革方案、提高技术工人待遇、推行终身职业技能培训制度、实施职业技能提升行动、改革完善技能人才评价制度、支持企业大力开展技能人才评价等政策措施，各地区各有关部门不断完善相关配套政策，对加强技能人才队伍建设提供了政策保障。

各地高度重视推动技能人才工作。技能型人才越来越受到各地重视。各地相继将职业资格或职业技能等级等条件纳入城市落户、人才引进、人才招聘政策，技能人才待遇得到落实。比如，天津落户政策明确了技能型人才的条件，上海引才政策中提出引进"重点产业发展紧缺急需、取得国家一级职业资格证书（高级技师），或取得国家二级职业资格证书（技师）且获得国家级、省部级以上技能竞赛奖励的，在工作一线从事技能类职业（工种）的高技能人才"的要求，吉林、山东等地在事业单位招聘中开设绿色通道引进职业技能大赛获奖选手。同时，高技能人才备受关注。各地各行业开展形式多样的职业技能竞赛活动，加大对职业技能大赛获奖选手的奖励，让高技能人才脱颖而出。设置高技能人才评比达标表彰奖励项目，对高技能人才和新时代工匠进行表彰。

技能为学生实现高质量就业辟新路。毕业生就业一直是党中央、国务院高度重视、百姓十分关心的一件大事情。各地各有关部门要以习近平新时代中国特色社会主义思想为指导，深入贯彻党的十九大和十九届二中、三中、四中、五中全会精神，将促进就业摆在更加突出的位置，发挥技能在高质量就业中的积极作用，健全就业工作目标责任制，突出保障大学生等重点群体就业权益，优服务、强培训、防风险、兜底线，努力确保就业局势总体稳定。

（来源：中国组织人事报）

我国技能扶贫成效显著

2020年12月，中华人民共和国第一届职业技能大赛在广东省广州市举办，大赛设86个比赛项目，共有来自全国的2 557名选手参赛，其中，141名来自建档立卡贫困家庭选手参加比赛，占参赛选手的5.5%。从获奖情况来看，有57名来自建档立卡贫困家庭选手获奖，获奖比例达40%，共获得1枚金牌、5枚银牌、5枚铜牌和46个优胜奖，从一个侧面反映了技能脱贫工作成效。从获奖项目来看，既有车身修理、砌筑、西式烹调、餐厅服务、美发等传统制造业和社会服务业项目，也有工业4.0、机器人系统集成、CAD机械设计等新职业项目，反映出贫困家庭子女学习技能的范围领域逐步拓宽。

激发贫困群众内生动力是脱贫攻坚的关键。脱贫攻坚战打响以来，人社部门大力实施技能专项扶贫工作，促进贫困群众实现"一技傍身、稳定就业、脱贫致富"的效果。

健全补贴政策，打出政策"组合拳"。在技能培训方面，先后出台农民工职业技能提升计划"春潮行动"、深度贫困地区技能扶贫行动、以工代训等政策，将适合贫困劳动力就业的职业（工种）纳入培训补贴目录，提高培训补贴标准，对贫困劳动力在培训期间给予生活费、交通费等补贴，提高贫困劳动力参加培训的积极性。在技工教育方面，统一制定助学金、免学费、奖学金等政策，对接受技工教育的建档立卡贫困家庭子女每生每年给予3 000元左右的补助，一些企业还面向品学兼优的贫困生设立奖学金，保障贫困家庭子女安心学习技能。

实施三大行动，提升培训"覆盖面"。实施职业技能提升行动，面向职工、就业重点群体、贫困劳动力等城乡各类劳动者，大规模开展职业技能培训，去年5月又启动实施农民工稳就业职业技能培训计划，每年培训农民工700万人次以上。实施百日免费线上培训行动，疫情期间，在全国遴选了50多家线上培训平台，免费开展线上培训，扶贫资源课时量达1.4万小时，三区三州注册学员近10万人次，切实保障疫情期间技能培训"不断档"。实施技能扶贫千校行动，组织全国上千所技工院校广泛开展职业培训和技工教育，持续开展深度贫困地区技工院校对口帮扶工作，不断夯实深度贫困地区技能人才培训基础。

举办技能竞赛，搭建技艺"展示台"。组织开展各级各类职业技能竞赛活动，搭建贫困劳动力技能展示交流平台，促进贫困地区技能人才培养工作。2019年，举办"三区三州"职业技能大赛，紧贴"三区三州"地区经济社会发展和劳动者就业创业实际，设置焊工、中式烹调师、汽车维修工、砌筑工、育婴员、养老护理员、镶贴工、餐厅服务员和客房服务员9个比赛项目，211名选手参赛，其中来自建档立卡贫困家庭的选手23人、少数民族选手127人；2020年，举办全国扶贫职业技能大赛，设置农村劳动力特别是贫困劳动力从业人员较多、对脱贫增收和技能就业效果明显的电工、钳工、钢筋工、砌筑工、家政服务员、餐厅服务员、西式面点师、电子商务师等8个比赛项目，全国341名来自贫困家庭的选手参赛。

组织主题宣传，传播脱贫"好声音"。大力宣传技能脱贫、技能成才典型，切实引导广大贫困群众走技能脱贫、技能成才之路。2018年以来，全国人社系统组织世界技能大赛先进事迹报告会上百场，组织开展7·15世界青年技能日、技能中国行等活动，深入全国各地宣讲技能成才、技能报国故事，发挥先进典型示范作用，引导广大贫困群众学习技能、提升技能。

当前，我国脱贫攻坚已取得全面胜利，通过技能实现脱贫的广大群众更期待通过技能实现致富。要以推动脱贫攻坚与乡村振兴战略有效衔接为重点，大力实施欠发达地区劳动力技能提升工程，巩固技能脱贫成果。要继续落实技能脱贫有关政策，保持5年过渡期政策不变，不断提升已脱贫贫困劳动力就业能力和水平。要加大欠发达地区支持力度，不断优化技能人才培养供给。要持续加大先进典型宣传力度，让广大劳动者看到技能不仅能够改变命运，还能够实现梦想，积极引导农村劳动力走技能增收致富、技能成长成才之路。

（来源：中国组织人事报）

我国区域间技能人才发展水平差距缩小

2020年12月10日—13日,中华人民共和国第一届职业技能大赛在广东省广州市圆满成功举办,31个省(区、市)、新疆生产建设兵团和4个行业部门组织共36个代表团参赛,所有参赛代表团均获得1个以上优胜奖,获奖面全覆盖,30个代表团获得奖牌,20个代表团获得金牌。

各代表团获奖成绩从一个侧面体现了各地区技能人才队伍建设工作水平,也与各地区经济发展水平、产业结构、技工教育水平等密切相关。从各代表团参赛成绩可以得出两个方面的结论:一是东部地区技能人才工作处于领先地位。东部省份共获金牌66枚、奖牌168枚、团体总分1 731分,三项数据都超过中西部地区总和。广东省、江苏省、上海市分别位居金牌榜、奖牌榜和团体总分前三名,特别是广东省独揽32枚金牌,超过参赛项目1/3。二是中西部地区进步明显,与东部地区的差距逐步缩小。中部地区共获金牌7枚、银牌12枚、铜牌21枚、优胜奖307个,团体总分1 052分;西部地区获金牌数8枚、银牌11枚、铜牌15枚、优胜奖20个,团体总分1 085分,虽然在银牌、铜牌、优胜奖数量上略低于中部地区,但金牌数量和团体总分超过了中部地区。内蒙古、西藏代表团各获得1枚铜牌,实现了在国家级赛事上的突破。四川、重庆分别获4枚金牌,超过了所有中部省份和大部分东部省份。

区域间技能人才发展水平差距缩小,主要有三个方面原因。一是技能人才政策制度不断完善。党中央、国务院高度重视技能人才工作,十八大以来,相继出台产业工人队伍建设改革方案、提高技术工人待遇、推行终身职业技能培训制度、实施职业技能提升行动、改革完善技能人才评价制度、支持企业大力开展技能人才评价等政策措施,各地区不断完善相关配套政策,对加强技能人才队伍建设提供了政策保障。二是国家不断加大中西部地区工作支持力度。人社部先后与河南、云南、湖北、河北、吉林、山西、新疆、西藏等省份签订技能人才共建协议,大力支持中西部地区省(区、市)技能人才工作。在推进实施职业技能提升行动、国家级技能大师工作室建设、国家高技能人才培训基地和世界技能大赛中国集训基地建设等方面向中西部地区倾斜，动员15个省份44所技工院校参与对口扶贫帮扶工作，指导"三区三州"等深度贫困地区新建技工院校、开设分校或教学点。连续组织举办"三区三州"职业技能大赛和全国扶贫职业技能大赛，不断提升中西部地区技能人才培养水平。三是各地特别是中西部地区持续加大工作力度。各地区认真贯彻落实习近平总书记对技能人才工作的重要指示精神，紧密结合当地经济产业实际，学习先进地区经验，实施一系列工作新举措。四川、重庆围绕推进成渝地区双城经济圈建设，组建川渝技工教育联盟，创新举办川渝职业能力建设发展论坛等活动，推动构建成渝地区特色产业职业体系。四川省成都市积极参与"穗港澳蓉"职业技能竞赛，重庆市积极承办"一带一路"国际技能大赛，不断提升职业技能竞赛水平，带动了当地技能人才工作发展。江西密集出台加强技能人才队伍建设、发展技工教育的政策，加快培养规模宏大、结构合理、素质优良的技能人才"赣军"。陕西支持安康、延安等市恢复设立技工院校。吉林在产业结构优化升级过程中探索技能人才队伍建设改革创新之路，助力吉林老工业基地全面振兴。山西大力推进"人人持证、技能社会"建设，充分发挥职业技能培训助力脱贫攻坚、高质量转型发展的重要作用。黑龙江省政府安排1亿元专项资金支持技工院校软硬件建设。西藏建设西藏技师学院，填补西藏技工院校空白。

总体上看，近年来中西部地区技能人才工作水平不断提升，发展势头很强劲，但在技能人才资金投入、政策环境等方面相比于东部地区存在一定差距。由于东部经济相对发达、产业基础较好、技工教育水平高、职业技能竞赛基础好，领先优势在短期内还将持续。要实现区域间技能人才工作均衡发展，国家层面要在资金、政策等方面，继续加大对中西部地区工作支持倾斜力度，不断增强技能人才培养基础资源供给。区域间要加大技能领域交流合作，东部地区要围绕全面推进乡村振兴，选派优秀专家、师资等深入中西部地区开展帮扶，帮助中西部提升技能人才培养水平。西部地区要借鉴吸收技能人才培养先进理念，不断深化技能人才工作领域创新改革，围绕当地产业发展实际，找准技能人才工作的特色，打造特有的核心技能竞争力。

（来源：中国组织人事报）

各地重奖第一届全国技能大赛获奖选手

第一届全国技能大赛落下帷幕，各地纷纷制定政策重奖获奖选手，彰显了各地对技能人才工作的高度重视。对于凭借过硬的技能和本领而获得奖励的技能人才，这些奖励政策既是物质激励，更是精神鼓励。站在领奖台上的选手，也让技能成才之路更加深入人心。

各地奖励政策主要包括以下几个方面：一是给予奖金奖励。各地奖励政策中均包含对选手的奖金奖励，奖金额度有所差异，与竞赛成绩有一定正相关性。从获得金牌的省份看，获得金牌数量最多的是广东，其对金牌选手奖金额度也最高，为25万元，广东省广州市和深圳市均对金牌选手奖励50万元；其次是江苏，为10万元；上海、重庆、四川为7万元；其他省份多为2万元至5万元，个别省份尚未制定奖励政策。总的看，竞赛成绩较好的省份，一般经济相对发达、技工教育水平高，对技能人才工作的重视程度也高。有些省份虽然没有获得金牌，但参赛前对获奖选手、教练、培养单位等制定了详细的奖励政策，奖励幅度也较大，如陕西省对金、银、铜牌选手的奖金分别为15万元、10万元、8万元，对4至10名的选手奖金为7万元；内蒙古对金、银、铜牌选手的奖金分别为10万元、8万元、5万元。二是授予荣誉称号。多数省份的奖励政策中涉及授予荣誉称号奖励，主要包括人社部门直接授予相应名次的选手省级技术能手称号；会同工青妇等群团组织，对获奖选手直接授予或优先申报五一劳动奖章、青年岗位能手、三八红旗手等称号。三是其他奖励政策。一些地区给予获奖选手升学、落户等优待政策。如上海对非上海户籍的获奖选手给予优先落户机会；浙江各市均进行人才认定，在住房、医疗、子女教育等方面给予政策倾斜；贵州对于获得优胜奖以上在校学生，给予免试升学政策。四是对教练团队及培养单位奖励及补贴。三分之二以上省份的奖励政策中包含了对获奖项目教练团队及培养单位的奖励及补贴，充分体现了对技能人才培养者的高度认可。山西、上海、江苏、湖南、广东等省份对教练团队的资金奖励与选手相同;江苏对获得优胜奖以上选手的主教练授予省级技术能手等;贵州、陕西等省份对入围第46届世赛中国集训队的项目给予资金补助;河南、山东、辽宁等省份对获奖选手培养单位给予不同程度的奖励。

各地制定并落实职业技能竞赛获奖选手奖励政策,体现了对技能人才工作的高度重视,是落实中办、国办《关于提高技术工人待遇的意见》的具体举措,也体现了职业技能竞赛在推进技能人才队伍建设工作中的引领示范作用。一是技能人才激励制度体系逐步建立完善。近年来,我国相继出台新时期产业工人队伍建设改革方案、提高技术工人待遇等政策措施,把提高技术工人待遇摆在党和国家工作中重要的位置,对技能人才最关心、最直接、最现实的利益问题进行顶层设计,为技能人才激励制度体系建设提供上位依据。各地区各有关部门不断完善相关配套政策,着力提高技能人才的政治、经济、社会待遇。技能人才先进模范人物当选党代表、人大代表、政协委员,在工会等各级群团组织中任职,纷纷为经济社会发展和技能人才队伍建设建言献策。在薪酬分配上,充分发挥企业主体作用,持续完善技能人才薪酬体系和激励机制,积极推进企业工资分配制度改革,不断强化技高者多得、多劳者多得的政策导向。各级党政、群团组织、企业等开展优秀技能人才休假疗养、研修交流等活动,组织高技能领军人才赴国外学习培训,进一步增强了技能人才获得感、自豪感、荣誉感,激发了技能人才干事创业积极性、主动性、创造性。二是职业技能竞赛引领带动作用正在凸显。第一届全国技能大赛得到了各地党委政府、行业部门、企业院校的高度重视,掀起了社会各界支持重视技能人才工作的新热潮,形成了技能人才工作的更大合力,为技能人才工作营造了更有利的外部环境。各地、各行业部门积极落实对获奖选手的配套奖励政策,一些年轻选手通过参赛获得很高的荣誉和物质奖励,证明技能成长是一条光明大道,让全社会感受到技能的魅力,激发广大劳动者学习技能、热爱技能、投身技能、提高技能,使"有技能、好就业,长技能、好就业,高技能、好就业"成为社会共识。

尽管各地制定并落实奖励政策,但大多数省份对第一届全国技能大赛获奖选手的奖励额度还相对较低,各地对全国技能大赛获奖选手的奖励标准仍有提高空间。下一步,各地应进一步完善职业技能竞赛奖励政策,激励更多劳动者走技能就业、技能成才之路。

(来源:中国组织人事报)

中华人民共和国第一届
职业技能大赛大事记

2020.4	人力资源社会保障部向国务院报送《关于举办中华人民共和国职业技能大赛的请示》
2020.6.2	人力资源社会保障部职业能力建设司司长张立新带队赴广东进行第一届全国技能大赛第一次工作对接，研究做好筹备工作的具体措施
2020.6.22	人力资源社会保障部张纪南部长主持召开中华人民共和国职业技能大赛专题会议，汤涛副部长出席，研究《中华人民共和国第一届职业技能大赛总体工作方案》及组委会组建、赛项安排、开闭幕式、技术工作、宣传工作、赞助工作、技能展示等工作
2020.6.28	中华人民共和国第一届职业技能大赛组委会公布中华人民共和国第一届职业技能大赛组委会、执委会机构和人员名单
2020.6.29	人力资源社会保障部印发《关于举办中华人民共和国第一届职业技能大赛的通知》
2020.6.30	召开中华人民共和国第一届职业技能大赛筹备工作对接视频会，人力资源社会保障部汤涛副部长出席并讲话，人社部相关部门，广东省人社厅、广州市人社局相关人员参加
2020.7.16	中华人民共和国第一届职业技能大赛组委会第一次全体会议在广州召开。组委会主任、人力资源社会保障部部长张纪南、广东省人民政府省长马兴瑞，组委会副主任、人力资源社会保障部副部长汤涛，广东省委常委、常务副省长林克庆，广州市人民政府市长温国辉出席会议
2020.7.17—18	人力资源社会保障部副部长汤涛带队实地考察调研大赛场地、开闭幕式场馆等
2020.7.31	中华人民共和国第一届职业技能大赛组委会确定中华人民共和国第一届职业技能大赛各项目裁判长人员名单
2020.8.17—20	中华人民共和国第一届职业技能大赛组委会技术组组织召开第一次技术工作对接会
2020.8.19	中华人民共和国第一届职业技能大赛组委会发布中华人民共和国职业技能大赛标识征集公告
2020.8.25	中华人民共和国第一届职业技能大赛组委会发布中华人民共和国第一届职业技能大赛"中华绝技"展演项目征集通知和公告
2020.8.31	中华人民共和国第一届职业技能大赛组委会发布中华人民共和国第一届职业技能大赛展示交流项目征集通知

2020.9.4	人力资源社会保障部办公厅印发《中华人民共和国第一届职业技能大赛竞赛技术规则》
2020.9.22—24	中华人民共和国第一届职业技能大赛组委会组织中华人民共和国职业技能大赛标识专家评审
2020.10.10—12	人力资源社会保障部汤涛副部长带队赴广州对接中华人民共和国第一届职业技能大赛筹备工作，主要包括开闭幕式方案、疫情防控方案、组织工作方案、技术工作进展、设备设施遴选、赞助工作、宣传工作、奖牌制作、"中华绝技"展演、技能展示交流、大赛"倒计时50天"活动方案和赛事服务保障等工作。期间，与广东省政府领导商谈开闭幕式等工作
2020.10.12—15	中华人民共和国第一届职业技能大赛组委会组织开展参赛选手报名注册工作
2020.10.13	天津市申请承办中华人民共和国第二届职业技能大赛
2020.10.19	中华人民共和国第一届职业技能大赛组委会、世界技能大赛中国组委会发布征集战略合作伙伴和高级合作伙伴公告
2020.10.19—20	人力资源社会保障部职业能力建设司张立新司长带队赴广州对接中华人民共和国第一届职业技能大赛有关工作安排，参加大赛"倒计时50天"启动仪式
2020.10.22	中华人民共和国第一届职业技能大赛吉祥物、口号征集评选结果揭晓
2020.10.23	中华人民共和国第一届职业技能大赛组委会确定中华人民共和国第一届职业技能大赛各项目裁判长助理人员名单
2020.10.26	人力资源社会保障部职业能力建设司刘新昌副司长带队到天津考察中华人民共和国第二届职业技能大赛相关场地
2020.10.27—11.1	中华人民共和国第一届职业技能大赛组委会技术组组织召开第二次技术工作对接会
2020.10.29	人力资源社会保障部印发《中华人民共和国职业技能大赛标志管理办法（试行）》
2020.10.30	中华人民共和国第一届职业技能大赛执委会启动征集大赛主题歌
2020.11.3	中华人民共和国第一届职业技能大赛组委会秘书处组织专家对申报战略合作伙伴和高级合作伙伴的企业进行评审

2020.11.7	人力资源社会保障部向国家知识产权局报送《关于申请办理中华人民共和国职业技能大赛特殊标志登记的函》
2020.11.9	中华人民共和国第一届职业技能大赛组委会印发《关于做好中华人民共和国第一届职业技能大赛参赛工作的通知》
2020.11.10	中华人民共和国第一届职业技能大赛专题新闻发布会在广州举办，人力资源社会保障部副部长汤涛介绍大赛总体情况，广东省副省长李红军介绍大赛筹备情况
2020.11.10	中华人民共和国第一届职业技能大赛组委会公布中华人民共和国第一届职业技能大赛各项目技术工作文件
2020.11.17	向中宣部报送《关于请支持做好中华人民共和国第一届职业技能大赛宣传报道的函》
2020.11.18	人力资源社会保障部副部长汤涛一行赴中国美术学院，向中国美术学院设计艺术学院副院长、教授、博士生导师成朝晖颁发中华人民共和国职业技能大赛标识优胜作品奖
2020.11.18—19	人力资源社会保障部职业能力建设司刘新昌副司长带队赴广州对接中华人民共和国第一届职业技能大赛具体筹备工作
2020.11.18	国务院批准由天津市承办中华人民共和国第二届职业技能大赛
2020.11.20	中华人民共和国第一届职业技能大赛战略合作伙伴和高级合作伙伴签约仪式在京举行，人力资源社会保障部副部长汤涛出席
2020.11.25	中华人民共和国第一届职业技能大赛赛前动员会召开，人力资源社会保障部副部长汤涛出席会议并作动员讲话，各地人社厅局、有关行业部门负责同志及各赛项裁判长等参加
2020.11.30—12.1	人力资源社会保障部职业能力建设司张立新司长带队赴广州对接中华人民共和国第一届职业技能大赛筹备工作，现场勘查大赛及开闭幕式场地场馆等
2020.12.7—8	中华人民共和国第一届职业技能大赛组委会技术组组织召开第三次技术工作对接会
2020.12.8	中华人民共和国第一届职业技能大赛赛前全体会议暨选手规则和安全培训活动会议在广州召开，职业能力建设司副司长刘新昌主持，大赛执委会介绍相关工作要求
2020.12.9	中华人民共和国第一届职业技能大赛赛前新闻发布会在广州举行

2020.12.10	中华人民共和国第一届职业技能大赛在广州开幕，中共中央总书记、国家主席、中央军委主席习近平致贺信，中共中央政治局常委、国务院总理李克强作出批示，中共中央政治局委员、国务院副总理胡春华宣布大赛开幕，中共中央政治局委员、广东省委书记李希致欢迎辞。开幕式由中共广东省委副书记、广东省人民政府省长马兴瑞主持
2020.12.10—12	中华人民共和国第一届职业技能大赛在广东省广州市举行。期间，举行了部分省份专题媒体见面会、企业专场媒体见面会、技工院校专场媒体见面会等活动
2020.12.13	中华人民共和国第一届职业技能大赛在广州闭幕，世界技能组织主席克里斯·汉弗莱斯视频致辞，大赛组委会主任、广东省委副书记、省长马兴瑞致闭幕辞，大赛组委会主任、人力资源社会保障部部长张纪南宣布大赛闭幕
2020.12.13	中华人民共和国第一届职业技能大赛执委会举办"国手印记"活动，86个项目97名冠军选手按下手印。冠军手印作为大赛的重要历史见证，被广州市国家档案馆永久收藏
2020.12.14	中华人民共和国第一届职业技能大赛赛后新闻发布会在广州举行
2020.12.14	中央广播电视总台粤港澳大湾区总部联合第一届全国技能大赛执委会启动"大国工匠湾区行"活动
2020.12.15	人力资源社会保障部党组理论学习中心组召开集体学习会，传达学习习近平总书记致首届全国职业技能大赛的贺信和李克强总理批示精神，研究贯彻落实措施。部党组书记、部长张纪南主持，部党组成员参加学习并进行交流研讨
2020.12.15	人力资源社会保障部印发《关于深入学习贯彻习近平总书记致首届全国职业技能大赛贺信精神的通知》
2021.1.8	中华人民共和国第一届职业技能大赛总结工作会在北京召开。会议深入学习贯彻习近平总书记致首届全国职业技能大赛的贺信精神，全面总结大赛成果，对职业技能竞赛工作进行安排部署，大赛组委会副主任、人力资源社会保障部副部长汤涛出席会议并讲话
2021.2.5	人力资源社会保障部印发《关于表扬中华人民共和国第一届职业技能大赛获奖选手和为大赛作出突出贡献的单位的通报》

文件材料篇

人力资源社会保障部关于举办中华人民共和国第一届职业技能大赛的通知

（人社部函〔2020〕57号）

各省、自治区、直辖市及新疆生产建设兵团人力资源社会保障厅（局），国务院有关部门、有关行业组织人事劳动保障工作机构：

为充分发挥职业技能竞赛在促进技能人才培养、推动职业技能培训和弘扬工匠精神的重要作用，经国务院批准，定于2020年12月，我部将举办中华人民共和国第一届职业技能大赛（以下简称第一届全国技能大赛）。现将有关事项通知如下：

一、指导思想

以习近平新时代中国特色社会主义思想为指导，深入贯彻落实习近平总书记对技能人才工作的重要指示精神，服务人才强国、创新驱动、"一带一路"建设等国家重大战略，坚持创新引领、公平公正、高效节俭、绿色安全理念，通过举办全国性综合技能赛事活动，推动大规模开展职业技能培训，全面提高劳动者素质，进一步激励广大劳动者走技能成才、技能报国之路，加快建设知识型、技能型、创新型劳动者大军，营造劳动光荣的社会风尚和精益求精的敬业风气，促进就业创业和经济高质量发展。

二、工作目标

对接世界技能大赛，打造新时代全国性综合职业技能竞赛新品牌，健全职业技能竞赛体系，引领各地、各行业不断提升技能竞赛工作规模和质量，推动以赛促学、以赛促训、以赛促建。建设职业技能领域互学互鉴的交流展示平台，检视各地技能人才工作成效成果，营造全社会尊重技能人才、重视技能人才工作的良好环境，整体推进我国技能人才工作均衡和可持续发展。

三、竞赛安排

（一）比赛时间。2020年12月上中旬（具体时间另行通知）。

（二）比赛地点。广东省广州市（具体地点另行通知）。

（三）竞赛项目。分世赛选拔项目和国赛精选项目，共86个竞赛项目（附件1）。其中，世赛选拔项目设63个竞赛项目（含第46届世界技能大赛9个拟新增项目），世赛选拔项目比赛作为第46届世界技能大赛全国选拔赛；国赛精选项目设23个竞赛项目。

（四）参赛方式。分全国总决赛和省级（行业）及以下选拔赛。全国总决赛以省（区、市）及新疆生产建设兵团为单位组队参赛，相关行业部门组队（名单见附件2）参加部分世赛选拔项目比赛。

（五）报名条件。凡16周岁以上、法定退休年龄以内的中国大陆公民（当地学习或工作满1年以上）按属地原则报名参赛。其中，世赛选拔项目选手应为1999年1月1日以后出生（信息网络布线、制造团队挑战赛、机电一体化、飞机维修、网络安全、水处理技术等6个项目选手为1996年1月1日以后出生，9个拟新增比赛项目选手年龄待世界技能组织公布后另行通知），国赛精选项目选手为2004年1月1日以前出生，法定退休年龄以内。

四、组织工作

人力资源社会保障部作为第一届全国技能大赛主办单位，牵头成立中华人民共和国第一届职业技能大赛组委会（以下简称组委会），负责统筹决策和部署推动赛事各项重点工作。组委会设秘书处、技术工作组、活动指导组、新闻宣传组，成立监督仲裁委员会。广东省人民政府为承办单位，牵头成立中华人民共和国第一届职业技能大赛执委会（以下简称执委会），负责具体落实赛事组织协调、技术实施、开闭幕式活动、交通食宿服务、健康安全服务保障等工作，设综合协调部、赛务保障部、技术保障部等工作部门。广东省人力资源和社会保障厅和广州市人民政府为协办单位。

各省（区、市）及新疆生产建设兵团人力资源和社会保障厅（局）和相关行业部门可相应成立参赛工作机构，负责组织实施本地区、本行业选手选拔和参赛工作。

五、技术工作

组委会负责赛事技术工作。参照世界技能大赛技术标准、国家职业技能标准（三级/高级工及以上）或行业企业评价规范相应等级，组织制定技术规则和技术文件。遴选确定各项目裁判长，由其组织制定技术文件、命制比赛试题、确定评判标准、负责比赛评判工作等。裁判员由组委会在具有相应项目执裁经验的人员中择优选择或由各参赛队等额推荐，裁判员数量视各项目比赛实际需要确定。具体要求另行通知。

执委会选派熟悉比赛场地、设施设备技术要求的专业人员担任场地经理，负责各项目比赛设施设备和工具材料等技术保障工作。上海市选派第46届世界技能大赛各项目场地经理协助各项目开展工作，为举办第46届世界技能大赛积累办赛工作经验。

六、奖励政策

（一）金牌、银牌、铜牌和优胜奖。对各竞赛项目获得前3名的选手，相应颁发金、银、铜牌，选手排名原则上不并列。对前3名以外但排名在参赛人数1/2以上的选手颁发优胜奖，其他参赛选手颁发参赛证书。设金牌、奖牌和团体总分排名榜，行业部门参赛队不参加排名。

（二）全国技术能手和职业资格或职业技能等级。对各竞赛项目前5名获奖选手（团队双人赛项前3名、三人赛项前2名），授予"全国技术能手"称号。优胜奖以上选手可直接晋升技师（二级）职业资格或职业技能等级，已具有技师（二级）职业资格或职业技能等级的可晋升高级技师（一级）。

（三）第46届世界技能大赛中国集训队。世赛选拔项目中，单人项目前10名、团队项目前5名选手入围第46届世界技能大赛中国集训队。第45届世界技能大赛各项目适龄备选选手和集训最终排名3～5名（团队项目为第3名）适龄选手可直接入围第46届世界技能大赛中国集训队，如选择参加世赛选拔项目比赛（占各参赛队报名名额），则以比赛成绩作为入围第46届世界技能大赛中国集训队依据。

（四）其他奖励。鼓励各地结合职业技能提升行动和技能人才表彰，将省级、市级比赛选手赛前培训纳入培训补贴领用范围，制定本地区奖励政策，对获奖选手和专家团队等给予奖励。

七、工作要求

（一）各地区和有关行业部门要高度重视，抓紧动员发动符合条件的人员报名参赛，公平公正公开组织本地区、本行业选拔赛，组织参赛相关人员参加赛前培训和技术讨论，并做好赛事新闻宣传报道工作。比赛期间，要严格管理本参赛代表队参赛选手及相关人员，遵守比赛各项规定，确保第一届全国技能大赛顺利进行。

（二）各参赛代表队统一组织本地区、本行业报名工作，明确1名竞赛工作负责同志作为联络员，并于7月8日前电告组委会秘书处。全国总决赛参赛报名工作将于9月30日截止。竞赛期间，将同期组织技能展示交流活动，请做好推荐展示项目和经验交流等准备工作。同时，请组织协调1～2家以上本地、本行业媒体参与赛事报道，并做好随队媒体注册、管理和服务保障等工作。全国总决赛报名要求、推荐展示项目和经验交流、媒体注册等具体事宜另行通知。

（三）比赛不收取任何费用。参赛选手及相关人员参赛往返交通费、食宿费和人身意外伤害保险，由各参赛代表队自行承担。食宿和市内交通由执委会统一安排。

（四）企业或社会组织自愿赞助第一届全国技能大赛的，应严格执行相关财务规定和制度。组委会授权执委会组织实施并统一管理社会赞助工作。

八、联系方式（略）

附件：1. 第一届全国技能大赛竞赛项目
　　　2. 第一届全国技能大赛行业部门参赛名单

人力资源社会保障部

2020 年 6 月 29 日

附件1

第一届全国技能大赛竞赛项目

（共 86 项）

一、世赛选拔项目（共 63 项）

（一）运输与物流（7 项）

飞机维修、车身修理、汽车技术、汽车喷漆、重型车辆维修、货运代理、轨道车辆技术（新）。

（二）结构与建筑技术（13 项）

砌筑、家具制作、木工、混凝土建筑、电气装置、精细木工、园艺、油漆与装饰、抹灰与隔墙系统、管道与制暖、制冷与空调、瓷砖贴面、建筑信息建模（新）。

（三）制造与工程技术（21 项）

数控铣、数控车、建筑金属构造、电子技术、工业控制、工业机械、制造团队挑战赛、CAD 机械设计、机电一体化、移动机器人、塑料模具工程、原型制作、焊接、水处理技术、化学实验室技术、增材制造（新）、工业设计技术（新）、工业 4.0（新）、光电技术（新）、可再生能源（新）、机器人系统集成（新）。

（四）信息与通信技术（8 项）

信息网络布线、网络系统管理、商务软件解决方案、印刷媒体技术、网站设计与开发、云计算、网络安全、移动应用开发（新）。

（五）创意艺术与时尚（6项）

时装技术、花艺、平面设计技术、珠宝加工、商品展示技术、3D数字游戏艺术。

（六）社会及个人服务（8项）

烘焙、美容、糖艺/西点制作、烹饪（西餐）、美发、健康和社会照护、餐厅服务、酒店接待。

二、国赛精选项目（共23项）

数控车、数控铣、电工、装配钳工、焊接、电子技术、CAD机械设计、汽车维修、新能源汽车智能化技术、木工、砌筑、室内装饰设计、网络系统管理、物联网技术、信息网络布线、珠宝加工、时装技术、健康照护、餐厅服务、西式烹调、烘焙、茶艺、社会体育指导（健身）。

附件2

第一届全国技能大赛行业部门参赛名单

一、交通运输部

飞机维修、车身修理、汽车技术、汽车喷漆、货运代理、轨道车辆技术。

二、住房和城乡建设部

砌筑、花艺、瓷砖贴面、水处理技术、抹灰与隔墙系统、管道与制暖、焊接、建筑金属构造。

三、中国机械工业联合会

数控车、数控铣、制冷与空调、机电一体化、移动机器人、重型车辆维修、工业4.0、机器人系统集成。

四、中国轻工业联合会

木工、精细木工、家具制作、烘焙、糖艺/西点制作。

中华人民共和国职业技能大赛标识征集公告

为深入贯彻落实习近平总书记对技能人才工作的重要指示精神，经国务院批准，人力资源社会保障部将举办中华人民共和国职业技能大赛（以下简称"全国技能大赛"），第一届全国技能大赛将于 2020 年 12 月在广东省举行。为进一步提高全国技能大赛的社会认知度，增强全国技能大赛的影响力，现面向全社会公开征集全国技能大赛标识设计方案。

一、项目名称

中华人民共和国职业技能大赛标识征集活动。

二、征集时间

2020 年 8 月 20 日至 9 月 10 日（以电子邮件发出日期为准）。

三、设计要求

（一）全国技能大赛标识作为大赛的基础元素和核心形象，应围绕"新时代、新技能、新梦想"主题，突出精益求精的工匠精神和"劳动光荣、技能宝贵、创造伟大"的时代风尚，凸显"技能成才""技能推动经济社会发展"的理念，体现新时代工匠精神。

（二）标识设计以图形为主，并适合搭配全国技能大赛相关文字内容使用，构图应简洁、明快、特点突出、辨识度高，并具有独特的艺术创意和视觉冲击力。

（三）设计作品须可用于各类展示展板、广告、书报画册、文创等的印刷和喷绘，适合媒体转载、传播的需求，在实际应用中有良好的视觉效果，并在所有技能领域的延展应用。

（四）作品设计以电子稿形式上交，须附 200～500 字的设计说明，包括但不限于作品名字、创作理念、设计内涵等。

四、奖项设置

本次活动将从投稿中筛选出 10 个入围作品，通过专家评审和网络投票从中评出优胜作品 1 个和优秀作品 2 个。

优胜作品创作者可获得 20 000 元设计费和证书，其作品作为全国技能大赛标识应用于全国技能大赛视觉系统设计。

优秀作品创作者可获得 5 000 元设计费和证书。

其余入围作品创作者可获得 3 000 元设计费和证书。

（设计费为税前金额，以作品为单位发放）

五、作品提交

应征作品以电子稿形式投送，邮件注明"中华人民共和国职业技能大赛标识征集"字样，并符合以下要求：

（一）提交材料清单

1.《全国技能大赛标识设计应征作品创作者著作权确认书》。

2.《全国技能大赛标识设计征集活动报名表》（表内含设计说明）。

3. 全国技能大赛标识设计样图。

（二）提交材料要求

1. 由应征作品创作者签字（或盖章）《全国技能大赛标识设计应征作品创作者著作权确认书》《全国技能大赛标识设计征集活动报名表》纸质版的扫描件（或照片）。

2. 设计作品以图片形式提交，精度统一为 2 480×3 508（竖排版）、300 dpi（单张 jpg 不小于 3 M）。图片要求提供 JPG 和 PDF 两种格式（可压缩打包）。

3. 投稿人需保留《全国技能大赛标识设计应征作品创作者著作权确认书》《全国技能大赛标识设计征集活动报名表》纸质版原件和可用于印刷生产的位图源文件（分辨率

300 dpi 以上）或矢量源文件。获奖者须提供该源文件用于组委会使用。主办方会在比赛结束后，与获奖者进行纸质版文件交接。

应征作品创作、扫描、打印、邮寄等所有参与投稿产生的费用由作者自理。

六、其他事项

（一）本次活动由中华人民共和国第一届职业技能大赛组委会主办。本次活动最终解释权归中华人民共和国第一届职业技能大赛组委会。

（二）所有收到的应征作品一概不予退还，应征作品创作者应自留底稿。

（三）应征作品的著作权受中国相关法律保护，需符合国家相关法律法规要求且保证完整性，完全原创，无剽窃行为，无在先使用行为。因抄袭引起任何纠纷均由作者本人负责。所有获奖作品，除署名权之外的一切知识产权（包括但不限于标识设计图稿和设计说明的著作权、对作品的一切平面、立体或电子载体的全部权利）即归活动主办单位所有。主办单位有权对获奖作品进行任何形式的使用、开发、修改、授权、许可或保护以及进行著作权登记等活动。

附件：1. 标识设计应征作品创作者著作权确认书（略）
　　　2. 标识设计征集活动报名表（略）

中华人民共和国第一届职业技能大赛组委会

2020 年 8 月 19 日

人力资源社会保障部关于征集中华人民共和国第二届职业技能大赛承办地的通知

（人社部函〔2020〕98号）

各省、自治区、直辖市及新疆生产建设兵团人力资源社会保障厅（局）：

经国务院批准，从2020年起，人力资源社会保障部每两年举办一届中华人民共和国职业技能大赛（以下简称"全国技能大赛"）。今年12月，第一届全国技能大赛将在广东省广州市举办。为做好第二届全国技能大赛承办地征集工作，现就有关事项通知如下：

一、申办单位

各省、自治区、直辖市及新疆生产建设兵团人民政府具有申请承办全国技能大赛资格。

二、申办条件

（一）办赛环境。本地区党委政府高度重视、大力支持承办全国技能大赛，符合本地区发展规划，当地技能人才工作成效显著。具有安定的社会环境和良好的社会秩序。

（二）场地和设施设备。具有集中、开放办赛条件，满足近百个竞赛项目、2 000名左右选手同时比赛的大型会展中心和场馆，能够提供符合国际或国内技术标准的设施设备和水电气供给等。

（三）工作队伍。具有举办或承办大型赛事活动的组织保障工作经验，具有专业组织管理和技术保障工作人员队伍。

（四）赛事保障。能够承担办赛相关经费，协调调动有关力量，具有满足赛事相关人员食宿、交通和公共卫生安全的接待保障能力。大赛期间，能够为观众提供方便、安全的公共服务。

三、相关要求

有申办意向的省级人力资源社会保障部门，经请示省（区、市）人民政府同意后，请于2020年10月10日前将书面申请和说明材料提交至我部职业能力建设司。说明材料包括拟承办城市、竞赛现有设施设备和场馆情况，组织管理和技术工作团队，办赛工作计划和经费来源以及接待保障、交通运输、食品医疗卫生情况等。根据工作实际，我部将组织材料审核和实地考察。

四、联系方式（略）

人力资源社会保障部

2020年9月21日

人力资源社会保障部关于印发《中华人民共和国职业技能大赛标志管理办法（试行）》的通知

（人社部发〔2020〕78号）

各省、自治区、直辖市及新疆生产建设兵团人力资源社会保障厅（局），国务院有关部门、有关行业组织、中央企业人事劳动保障工作机构：

为加强对中华人民共和国职业技能大赛标志的保护和规范使用，维护中华人民共和国职业技能大赛标志权利人的合法权益，根据《特殊标志管理条例》及知识产权保护相关法律法规，我部制定了《中华人民共和国职业技能大赛标志管理办法（试行）》。现印发给你们，请遵照执行。

人力资源社会保障部

2020年10月29日

中华人民共和国职业技能大赛标志管理办法

（试行）

第一条　为加强对中华人民共和国职业技能大赛（以下简称"全国技能大赛"）标志的保护和规范使用，维护全国技能大赛标志权利人的合法权益，根据《特殊标志管理条例》及知识产权保护相关法律法规，结合全国技能大赛筹办工作实际，制定本办法。

第二条　本办法所称全国技能大赛标志包括：

（一）名称

中文名称"中华人民共和国职业技能大赛"。中文简称"全国技能大赛"、英文名称"Vocational Skills Competition of the People's Republic of China"、英文缩写"CVSC"。

（二）标识

全国技能大赛组委会对外公布的标识，图标原型源于"技"字笔意。

第三条　人力资源社会保障部为全国技能大赛标志所有人，授权全国技能大赛组委会对全国技能大赛标志进行管理。

第四条　全国技能大赛标志的使用应当有助于全国技能大赛的筹备和推广工作。使用人应当维护全国技能大赛和全国技能大赛组委会的形象，按照本办法规范使用全国技能大赛标志。未经人力资源社会保障部或全国技能大赛组委会的许可，任何单位和个人不得擅自使用与全国技能大赛标志相同或近似的图形、文字或其组合。

第五条　任何单位和个人不得冒用人力资源社会保障部或全国技能大赛组委会的名义提供涉及全国技能大赛标志的商品或服务，举办会议、大赛、展览、广告宣传、征集赞助等活动。

第六条　未经人力资源社会保障部或全国技能大赛组委会的许可，任何单位和个人不得将全国技能大赛标志中的名称、标识等用于商品、商品包装、容器、商品交易文书上，不得用于任何形式、任何媒体的广告宣传、展览以及其他商业活动中。

第七条　任何单位和个人不得实施下列混淆行为，可能使人认为其与全国技能大赛或全国技能大赛组委会存在特定联系。

（一）擅自使用与全国技能大赛、全国技能大赛组委会相同或者近似的名称、简称、标识、图形，或上述相关元素不同形式的组合。

（二）擅自使用全国技能大赛、全国技能大赛组委会等域名主体部分、网站名称、网页、APP、小程序等。

（三）其他可能使人认为其与全国技能大赛、全国技能大赛组委会存在特定联系的混淆行为。

第八条　为做好全国技能大赛筹办和推广工作，人力资源社会保障部或全国技能大赛组委会可以授权特定实体实施全国技能大赛标志使用许可工作。

需要使用全国技能大赛标志且依法成立的企业、事业单位、社会团体、个体工商户，应当向人力资源社会保障部或全国技能大赛组委会或其授权特定实体提出书面申请。经同意后，双方应当签订书面协议，明确使用范围、地域和期限等。

第九条　被授权使用的单位应当在授权书载明的使用范围、地域、期限内规范使用全国技能大赛标志。未经人力资源社会保障部或全国技能大赛组委会书面同意或许可，不得转授权。

第十条　人力资源社会保障部或全国技能大赛组委会在全国技能大赛筹备和推广工作及城市文明公益宣传等非商业活动中，可以自己使用或授权其他单位使用全国技能大赛标志。

第十一条　任何企业、事业单位、社会团体、个体工商户从事或参加与全国技能大赛相关的服务平台、展示平台、线上或线下活动等，且需使用全国技能大赛标志的，应当就使用行为取得人力资源社会保障部或全国技能大赛组委会或者其授权特定实体书面授权。

上述单位经合法授权后，应当使用全国技能大赛相关服务平台、展示平台、线上或线下活动等名称的全称，不得仅使用"中华人民共和国职业技能大赛"或其简称。

第十二条　经合法授权的单位，应当加强标志使用的规范与管理，遵守人力资源社会保障部或全国技能大赛组委会制定的标志使用管理办法。特殊标志的使用人应当是依法成立的企业、事业单位、社会团体、个体工商户。特殊标志使用人应当同特殊标志所有人签订书面使用合同。特殊标志使用人应当自合同签订之日起1个月内，将合同副本报国务院知识产权管理部门备案，并报使用人所在地县级以上人民政府知识产权管理部门存查。

第十三条　使用人违反本办法规定或超出授权书范围使用全国技能大赛标志的，人力资源社会保障部或全国技能大赛组委会或者其授权特定实体有权撤销授权，并依法追究使用人的法律责任。

第十四条　任何单位和个人发现涉嫌侵犯全国技能大赛组委会权利的行为，可向人力资源社会保障部或全国技能大赛组委会举报，或直接向有关知识产权行政部门举报。

第十五条　本办法自公布之日起施行，由人力资源社会保障部或全国技能大赛组委会负责解释。

人力资源社会保障部办公厅关于印发中华人民共和国第一届职业技能大赛竞赛技术规则的通知

(人社厅发〔2020〕91号)

各省、自治区、直辖市及新疆生产建设兵团人力资源社会保障厅(局),各有关单位:

为保证中华人民共和国第一届职业技能大赛(以下简称第一届全国技能大赛)各项技术工作规范有序,通过举办第一届全国技能大赛促进我国职业技能竞赛工作科学发展,推动技能人才队伍建设工作,根据《人力资源社会保障部关于举办中华人民共和国第一届职业技能大赛的通知》(人社部函〔2020〕57号),特制定第一届全国技能大赛竞赛技术规则。现印发给你们,请认真贯彻执行。

人力资源社会保障部办公厅

2020年9月4日

中华人民共和国第一届职业技能大赛竞赛技术规则

为保证中华人民共和国第一届职业技能大赛（以下简称第一届全国技能大赛）各项技术工作规范有序，根据《人力资源社会保障部关于举办中华人民共和国第一届职业技能大赛的通知》（人社部函〔2020〕57号），制定本竞赛技术规则。

第一章 总 则

第一条 竞赛项目。第一届全国技能大赛分世赛选拔项目和国赛精选项目，共86个比赛项目。其中，世赛选拔项目设63个竞赛项目（含第46届世界技能大赛9个新增项目），世赛选拔项目比赛作为第46届世界技能大赛全国选拔赛；国赛精选项目设23个竞赛项目。

第二条 组织形式。第一届全国技能大赛分全国总决赛和省级（行业）及以下选拔赛。全国总决赛以省（区、市）及新疆生产建设兵团为单位组队参赛，交通部、住房城乡建设部、中国机械工业联合会和中国轻工业联合会等相关行业部门组队参加部分世赛选拔项目比赛。

第三条 基本原则。

（一）创新引领原则。对接世界技能大赛标准，打造全新综合性、示范性、引领性职业技能竞赛工作体系，创新开展竞赛组织工作，推动赛训结合。在比赛准备、实施及赛后各环节，参照世赛标准和模式，探索技术工作新型运行机制。

（二）公平公正原则。结合我国实际，科学制定竞赛技术规则，严把技术标准和评判等关键环节，加强对办赛全过程的监督管理。确保办赛和参赛人员严格按照本竞赛技术规则的各项要求，维护竞赛秩序，做到公平公正。

（三）节俭安全原则。坚持勤俭高效的办赛宗旨，科学合理使用资金，提高竞赛组织运行工作效能。做好疫情防控和竞赛期间的各项安全保障，确保竞赛设施、设备和人身安全。

（四）科学环保原则。倡导绿色、环保、可持续的办赛理念，运用信息化手段，开展报名、评判等工作；借鉴世赛有益做法，确保大赛公开透明、科学规范。

（五）交流共享原则。面向社会集中开放办赛，将技能竞赛与技能展示交流等活动有机结合，吸引企业、社会机构广泛参与和观摩，扩大大赛社会影响。

第二章 组织机构

第四条 组委会。人力资源社会保障部牵头成立第一届全国技能大赛组委会（以下简称组委会），负责统筹决策和部署推动赛事各项工作。组委会下设秘书处、技术工作组、活动指导组、新闻宣传组等，负责协调落实组委会各项决议事项，成立监督仲裁委员会（以下简称监督仲裁委），负责赛事组织实施监督、争议仲裁和违规处理。其中，技术工作组负责组织制定竞赛技术工作方案；编制第一届全国技能大赛竞赛技术规则；对竞赛各环节技术工作提出规范要求；提出各项目裁判长人选；组织各项目编制技术工作文件并命题；指导协调第一届全国技能大赛执委会（以下简称执委会）实施技术保障和赛务保障；指导协调执委会组织开展技术对接、赛前培训；指导协调或根据职责参与处理竞赛过程中的突发情况等。

组委会聘请思想道德素质高，有意愿、有精力且熟悉竞赛工作的行业技术及管理专家加入技术工作组和监督仲裁委，参与第一届全国技能大赛期间技术支持和巡查、督导及仲裁等工作。

第五条 执委会。广东省、广州市有关单位组建第一届全国技能大赛执委会，负责具体落实赛事组织协调、技术实施、开闭幕式活动、交通食宿服务、健康安全服务保障等工作，组建执委会办公室，承担第一届全国技能大赛各项工作的日常组织、协调与管理，根据国家及广东省疫情防控相关政策要求，组织制定第一届全国技能大赛期间疫情防控方案和预案，报执委会审定并报组委会备案；统筹推进大赛各项重点工作，组织编制《赛务手册》等。执委会办公室设综合协调部、赛务保障部、技术保障部、监督仲裁协助部、后勤保障部、安全保障应急部等14个工作部。其中，赛务保障部和技术保障部承担大赛各项技术工作的具体落实与实施；负责大赛各竞赛项目技术保障及赛务保障等工作；组织技术对接、赛前培训；组织落实各竞赛项目所需场地及设施设备等各项技术保障和赛务保障；在组委会技术工作组指导下，做好全国技能大赛系统报名和分数录入工作，提供系统使用保障环境；具体落实竞赛报名工作；及时妥善处理赛场突发情况等。

竞赛结果需要进行第三方检测评判的项目，执委会可委托具有行业权威机构以上认证资质的第三方专业检测机构成立检测组，使用符合竞赛技术要求的设备检测并出具独立的检测报告，或采取各方认可的其他公平公正方法完成检测。鼓励组织志愿者在竞赛期间提供志愿服务。

第三章 相 关 人 员

第六条 裁判人员。包括各项目裁判组全体成员。

（一）条件。坚持习近平新时代中国特色社会主义思想，具有坚定的理想信念，热爱祖国、拥护中国共产党领导，带头增强"四个意识"、坚定"四个自信"、做到"两个维护"；积极践行社会主义核心价值观，遵纪守法、品德高尚；具有良好的心理、身体素质，身体健康，原则上年龄不超过60岁。

热爱本职工作，责任心强，服从组织安排，自愿承担本次大赛执裁工作，时间上有保证。严守竞赛纪律，自觉坚持公平、公正原则，秉公执裁，不徇私情。具备较强的团队合作精神。

具备良好的本专业理论知识、实操技能和工作经验。同等条件下，中华技能大奖获得者和全国技术能手优先考虑。

了解掌握职业技能竞赛政策、工作规则和裁判方法，能准确、熟练运用。参与过国家级或行业（省级）职业技能竞赛执裁或其他技术工作。部分国赛精选项目裁判员还需满足该项目具体要求（见附件1）。

裁判长还应具有较高的组织协调沟通能力，在本专业领域有较高威望和良好声誉，行业内认可度高，具有丰富的专业理论知识、实际工作经验和较高的专业技术技能水平，原则上应具有技师及以上职业资格（职业技能等级）或副高级及以上专业技术职务。参与过国家级一、二类职业技能竞赛或世界技能大赛技术工作，具有担任国家级职业技能竞赛裁判长

（员）或技术工作专家的经历。

对于未开展过国家级竞赛的项目，裁判长候选人应参与过行业（省级）职业技能竞赛或世界技能大赛技术工作，具有担任行业（省级）职业技能竞赛裁判长（员）或技术工作专家的经历。或参照上述条件在相关职业（领域）推荐经验丰富、专业能力强的人员担任裁判长或裁判员。

（二）职责。第一届全国技能大赛期间，裁判人员应做好以下工作。

1. 裁判长。在组委会领导下，秉承公平公正原则接受执委会具体管理；做好相应沟通协调，落实竞赛各项技术工作；按时、认真组织完成本项目技术工作文件的编制工作；带头坚持并维护竞赛公平公正，遵守保密纪律，不得有影响竞赛公平公正的言行；按照组委会要求和执委会安排，参加并做好本项目裁判员（含裁判长助理）的赛前培训，主持做好本项目赛前技术交流；采取多种措施保证公平公正，组织全体裁判员（含裁判长助理）做好本项目评判和相关技术工作；组织本项目开展技术总结和技术点评。

2. 裁判长助理。协助裁判长做好执裁各项组织工作；完成裁判长安排的相关工作。

裁判长及裁判长助理一经确定，未经组委会许可，不得擅自参与涉及第一届全国技能大赛公平、公正性的培训、竞赛、咨询、赞助及采购等活动。

3. 裁判员。参加赛前培训和技术讨论，熟练掌握竞赛技术规则；对有争议的问题提出客观、公正、合理的意见和建议；服从裁判长工作安排，认真做好本职工作；公平公正执裁，不徇私舞弊；坚守岗位，严格遵守执裁时间安排，保证执裁工作正常进行。

（三）遴选及产生。世赛选拔项目裁判长由组委会依据前述条件及遴选评估工作方案遴选确定；国赛精选项目的裁判长原则上依据先行拟定的产生办法，由参赛项目所属行业组织推荐，报经组委会审核确定。

世赛选拔项目与国赛精选项目裁判员分别推荐，人员不重复、不交叉。国赛精选项目中烘焙、时装技术、社会体育指导（健身）3个项目采取第三方执裁方式（以下简称第三方执裁）。除第三方执裁项目外，各参赛队每个参赛项目限推荐1名裁判员（以下简称集体评判）。

如裁判员人数不能满足工作需要，由裁判长在赛前提出增加裁判员人选申请，经全体裁判员讨论获 2/3 以上通过后，报执委会审核并报组委会审定。

裁判长助理人选由裁判长向组委会技术工作组提名申请，并填写《第一届全国技能大赛裁判长助理申请表》（见附件 2）。同时，向执委会备案。组委会审核公布。具体事宜由组委会技术工作组另行通知。

（四）管理。在组委会领导下，执委会落实裁判人员具体管理工作。

1. 培训。在第一届全国技能大赛前期准备期间，与组委会技术工作组共同制定培训计划，并确保培训计划公平、公正实施。同时，受理各项目（含赞助单位）的培训申请。具体组织裁判人员开展形式灵活的赛前培训。培训结束后，执委会技术保障部将培训情况汇总、整理后报组委会技术工作组备案。

2. 评估。第一届全国技能大赛结束后，执委会在组委会指导下，组织裁判员、场地经理采取无记名方式，对各项目裁判长工作进行评估。评估人员均需填写《第一届全国技能大赛裁判长工作评估表》（见附件 3）。该评估表由执委会技术保障部收集后提交组委会技术工作组，作为对裁判长工作评估的参考依据。裁判长根据本项目裁判员赛前及比赛期间的工作表现，对裁判员进行评估。

第七条　技术与赛务保障人员。技术与赛务保障人员包括场地经理及助理，以及其他技术与赛务保障人员。

（一）场地经理及助理。执委会为各竞赛项目设场地经理及助理各 1 名。

1. 条件。热爱祖国，遵纪守法，爱岗敬业。有较强组织协调能力和团队合作精神。具有相关竞赛项目专业知识和技能，熟悉项目所涉及设施设备。具有本项目领域 5 年及以上工作经历。身体健康，原则上年龄不超过 60 岁。具有竞赛工作经验或较高英语水平的，在同等条件下优先考虑。

2. 职责。场地经理负责组织相关工作人员做好竞赛设施设备、工具、材料落实及场地布置，参与赛务管理手册编制，配合裁判长做好技术工作文件编制、赛前准备和现场技术支持与后勤保障等工作。场地经理和助理，在竞赛期间，应全程在竞赛区域值守。

场地经理助理根据场地经理工作安排，负责协助场地经理开展相关工作。

场地经理及助理应本着廉洁、诚信的原则履行职责，确保大赛公平公正。

（二）其他技术与赛务保障人员。包括由执委会为各项目配备的竞赛联络员、技术负责人、录分员及赛务保障人员。具体职责是按照本竞赛技术规则规定和大赛统一要求，在执委会相关部门领导下做好相应的竞赛保障工作。

（三）技术与赛务保障人员管理。场地经理及助理，以及其他技术与赛务保障人员的遴选、培训及工作评估，由执委会制定相应的工作办法并具体实施管理。

第八条　领队。各地区（行业）安排1名本地区（行业）人社部门（人事劳动保障工作机构）竞赛工作负责同志，担任第一届全国技能大赛本参赛队现场领队，负责组织本参赛队各参赛项目裁判员、参赛选手按照相关要求参赛，维护竞赛纪律和秩序，承担本参赛队的安全责任（除各参赛项目安全规程规定外）并落实防疫工作要求，代表本参赛队监督竞赛过程，按照程序反映竞赛期间的相关问题，维护本参赛队的正当权益。领队可配备领队助理1名（超过60个参赛项目可配备2名），领队助理由本地区（行业）人社部门（人事劳动保障工作机构）竞赛工作相关人员担任，负责协助领队做好本参赛队日常服务保障工作。

第九条　参赛选手。世赛选拔项目参赛选手应为1999年1月1日以后出生（信息网络布线、制造团队挑战赛、机电一体化、飞机维修、网络安全、云计算、水处理技术、光电技术、工业4.0、建筑信息建模、工业设计技术、机器人系统集成等12个项目参赛选手为1996年1月1日以后出生）的中国大陆公民；国赛精选项目参赛选手应为年满16周岁、法定退休年龄以内的中国大陆公民。所有参赛选手应思想品德优秀、身心健康，具备相应职业（专业）扎实的基本功和技能水平，有较强学习领悟能力和良好的身体素质、心理素质及应变能力。

第十条　执裁观察员。第46届世赛光电技术、移动应用开发、轨道车辆技术等3个项目技能竞赛经理，作为执裁观察员，在赛前可参与本项目赛前技术准备工作；比赛期间，可参与到本项目裁判组中做全程技术观察（含参与裁判组会议），但不参与裁判组工作，不干涉、不干扰裁判长组织执裁工作。在裁判长工作允许时，可与裁判长进行相关交流。

第十一条　保障观察员。来自上海的第46届世赛各项目的场地经理和场地区域经理，作为保障观察员，按照竞赛相关规则要求及裁判长、场地经理安排，在比赛期间，可对本项目的各项技术赛务保障工作作全程观察，在场地经理工作允许的情况下，可与其进行相关交流。

第十二条　签署《竞赛行为规范承诺书》。为保证竞赛秩序和公平公正，相关人员应按照要求签署《第一届全国技能大赛竞赛行为规范承诺书》(以下简称《竞赛行为规范承诺书》，见附件4）。

（一）裁判人员。各项目裁判长、裁判员确定后，执委会按照组委会要求，分别组织各项目裁判人员签署《竞赛行为规范承诺书》。凡未签署《竞赛行为规范承诺书》未经批准不参加赛前培训的，不得从事执裁工作。

（二）技术与赛务保障人员。执委会按照组委会要求，确定场地经理及助理等技术与赛务保障人员名单并具体组织签署《竞赛行为规范承诺书》。

（三）领队及选手。各参赛队领队及选手在抵达赛场后，按照组委会要求，由执委会统一组织签署《竞赛行为规范承诺书》并据此规范自身行为。

（四）执裁观察员及保障观察员。赛前，经组委会批准，由执委会安排相应时间，组织执裁观察员和保障观察员签署《竞赛行为规范承诺书》并据此规范自身行为。

各类人员所签署的《竞赛行为规范承诺书》由执委会存档备查。

第四章　前期准备工作

第十三条　集中技术工作对接。裁判长名单公布后，执委会在组委会指导下，根据工作需要，在前期准备工作阶段，组织相关人员围绕竞赛技术组织工作至少进行2次集中技术工作对接。第一次集中技术工作对接应不晚于赛前3个月，组织各项目裁判长和场地经理及助理等人员进行对接。第二次集中技术工作对接应不晚于赛前1个月，分批次组织全体裁判人员、场地经理及助理及其他赛务保障人员等进行对接。除集中技术工作对接外，执委会可根据需要，组织分项目的技术对接。集中技术工作对接可采取线上、线下灵活多样的形式进行。集中技术工作对接除按规则开展培训、签署相关承诺书外，对接内容及要求如下：

第一次集中技术工作对接应以竞赛各项目技术标准为依据，研究设施设备等技术要求及场地布局安排，提出各项目基础设施、设备、工具及参赛选手自带工具清单（但不得指定设施设备品牌、型号）；拟定竞赛工作计划安排。

第二次集中技术工作对接应全面检查、落实竞赛前各项技术准备工作；解决前期准备工作出现的问题；与各裁判员沟通并答疑；拟定竞赛报到前的技术工作倒计时安排和竞赛日程安排；研究确定竞赛各项组织及赛务保障工作环节的具体安排，编制《赛务手册》等。

开展技术对接时，各项目裁判长与对接方应填写《第一届全国技能大赛技术工作对接单》。

第十四条　技术工作文件编制与公布。各项目裁判长会同场地经理及助理，按照第一次集中技术工作对接确定的计划安排，在基本确定设施设备、场地等安排意向的基础上，拟定各项目技术工作文件，征求本项目各参赛队意见，修改完善。世赛选拔项目以本项目第45届世赛技术标准为参照依据，确定竞赛标准，编制技术工作文件。国赛精选项目中，有对应国家职业技能标准的，应按照国家职业技能标准（三级／高级工及以上）相关要求确定竞赛标准，编制技术工作文件；无对应国家职业技能标准的，可参照行业企业评价规范相应等级或世赛相关标准，确定竞赛标准，编制技术工作文件（样式及格式要求见附件5）。

技术工作文件经执委会初审后，报送组委会技术工作组审定公布。各项目技术工作文件主要包括技术描述、竞赛场地及设施设备等安排、试题及评判标准、竞赛细则、安全健康规定等方面。具体内容及相关要求如下：

（一）技术描述。包括本项目的考核目的，参赛选手应掌握的理论知识，需具备的能力，需完成的基本工作任务描述，考核技术要点及竞赛所执行的专业技术规范和标准介绍等。

（二）竞赛试题及评判标准。

1. 试题。第一届全国技能大赛不单独进行理论考试，相关内容融入实际操作中。各项目遵循公平、公正原则，采取以下方式之一确定并公布试题。

可提前公布试题的项目，由裁判长根据工作对接情况，组织编制本项目竞赛试题。技术工作文件公布后，裁判长应组织各参赛队围绕命题思路、关键考核要点等进行讨论，对提出的问题及时解答，吸收合理的意见建议，并在技术工作文件中作相应修改。赛前2天，裁判长结合赛场设施设备、材料等实际，按照技术工作文件确定的试题调整工作流程和方法，对已公布的试题进行不超过30%的修改，并按技术工作文件确定的最终试题公布模式予以公布。

须对试题或评判标准保密的项目，应提前公布竞赛技术方向、竞赛流程及样题。第一次集中技术工作对接完成后，裁判长组织参赛队对命题思路、关键考核要点、设施设备等关键技术问题进行讨论，并对所提出的意见建议及时解答。裁判长依据讨论结果，结合竞赛时间及场地、设施设备等情况编制（或组织编制）样题，并与技术工作文件一并公布。裁判长依据技术工作文件确定的最终试题命制和公布模式，按照保密工作要求，命制和公布试题，确保竞赛公平公正。执委会负责试题保密工作的具体组织落实。凡赛前接触保密试题等文件的涉密人员，须为签署《竞赛行为规范承诺书》的人员。

各参赛队要积极参与技术准备及相关工作，认真参与技术讨论，及时了解技术信息，以书面形式向裁判长提出意见建议。

2.评判标准。世赛选拔项目评判方式分为测量（依据客观数据评判）和评价（依据主观判断评判）。裁判长根据本项目特点和竞赛工作实际，参照世赛竞赛规则相关要求制定评判标准。

国赛精选项目评判方式及标准，可借鉴世赛选拔项目评判方法，按照本项目竞赛所依据的职业技能标准或竞赛标准，由裁判长具体组织确定并在技术文件中明确并公布。

为避免出现竞赛中出现总成绩并列的情况，可采取加试、按模块权重优先等方式确定选手排名顺序等处理方式，具体处理方式应在各项目技术工作文件竞赛细则中确定并公布。

（三）竞赛细则。包括各项目的竞赛工作流程和要求，如竞赛全过程工作时间安排、试题确定方式、裁判人员分工（第三方执裁项目可按项目要求具体处理）及评判方式、参赛选手工具携带及检查、成绩录入统计等，竞赛纪律（应明确对评判工作的纪律要求，防止恶意打分）以及对违规的处理规定等。

（四）竞赛场地、设施设备等安排。包括竞赛场地、工位安排布局图，竞赛设施设备、工具及原材料品种、数量、技术参数，配套设施要求，参赛选手自带工具清单等。设施、设备及工具、材料等的品牌型号由组委会和执委会按共同研究的相关办法确定。

（五）安全、健康规定。裁判长组织全体裁判员（含裁判长助理）和场地经理及助理等，根据国家安全生产相关法律法规、大赛疫情防控须知，结合各项目技术特点和工作要求，编制竞赛操作安全规程、赛场安全健康保障方案和突发事件应急处理预案等。

各项目技术工作文件应不晚于赛前1个月正式公布。

已公布技术工作文件中确定的内容（除赛前组织全体裁判员进行的30%修改外），原则上不得修改。确需修改的，经组委会技术工作组批准，由裁判长组织全体裁判员（不含裁判长及助理）讨论表决，获得80%以上通过后，在修改的文件上签字确认，并将签字原件1式2份分别报送执委会和组委会备案。

第十五条　全国技能大赛信息管理。第一届全国技能大赛使用国家职业技能竞赛信息管理系统（以下简称信息系统）报名和评判。组委会负责系统的功能完善与升级工作。在组委会指导下，执委会和各参赛队负责系统相关的使用。竞赛期间，执委会确保相应设备及网络环境满足大赛系统正常运行需要。

第十六条　参赛报名。各地区人社部门和相关行业人事劳动保障工作机构组织参赛选手报名参赛。

（一）参赛名额。各参赛队各项目的参赛名额为1名（轨道车辆技术、混凝土建筑、园艺、制造团队挑战赛、机电一体化、移动机器人、工业4.0、机器人系统集成、网络安全、新能源汽车智能化技术10个项目为1队）。

（二）报名工作。各类人员在规定时间之前完成统一报名。各参赛队代表团团长及副团长、裁判员、选手、领队及助理、普通观察员、地方媒体记者由各参赛队（省级人社部门或行业人事劳动保障工作机构）统一组织报名；保障观察员由上海市人社局统一组织报名；场地经理及助理由执委会统一组织报名；裁判长及助理、执裁观察员、中央媒体记者由组委会统一组织报名。各报名组织单位需确定1名报名工作联络员，通过信息系统统一下载打印《第一届全国技能大赛报名汇总表》，并加盖本单位公章后，报送执委会汇总整理。报名时间截止后，执委会不再受理网上报名。各参赛队所报参赛选手、裁判员原则上不得更换。如因不可抗因素确需更换的，由本地区（行业）人社部门（人事劳动保障工作机构）按照裁判员和选手条件，不晚于赛前2周提出书面申请，由执委会审定并报送组委会备案。

各参赛队在裁判员推荐工作中要从严把关，严格按照条件推荐优秀专业技术骨干作为裁判员人选。凡不符合推荐条件要求或所提供的资格条件信息不真实的，第一届全国技能大赛期间将不安排从事裁判工作。各参赛队要对所推荐的裁判员提出明确的工作纪律要求，确保公平公正，并与其所在工作单位做好沟通协调，确保在时间、精力上能够保证完成各项工作任务。各参赛队要严格审核选手报名信息，如发现错误，由本参赛队负责更正；如发现选手信息不真实的，将由组委会监督仲裁组严肃处理。

第十七条 赛务手册编制。执委会组织各项目裁判长会同场地经理及助理编写第一届全国技能大赛总体及分项目《赛务手册》（包括日程安排、场地布局、行程线路指引、相关保障安排、竞赛纪律、疫情防控要求等内容），于赛前发各参赛队相关人员，并报组委会备案。

第十八条 竞赛设施设备及场地安排。裁判长根据竞赛标准及命题思路提出竞赛区域布局、设施、设备及工具材料清单（包括性能、数量等，但不得通过任何方式指定品牌）。各项目应配备电子监控设备，实现24小时无盲区录像，录像资料由执委会保存1年。

（一）赛场区域要求。第一届全国技能大赛赛场划分为竞赛区域、互动区域、展示区域、服务保障区域和公共区域等。区域划分、工位间隔等应符合安全、健康要求且方便公众参与互动及观摩。各区域设置明显标识。其中，竞赛区域为半开放区域。其它区域为开放区域。

竞赛区域一般可分为选手操作区和非操作区。选手操作区域按照竞赛区域布局图安排相应比赛工位并配备相应设施设备；非操作区中可根据赛项要求、赛场条件和具体情况，设置工具材料间、准备间、裁判人员工作区、选手休息区、赛场保障人员待命区等，并配备计时器、储物柜，提供饮用水等服务。比赛期间，竞赛区域按以下权限进入：

1. 选手及当值裁判员在规定时间内可进入选手操作区，当值裁判员应在指定岗位执裁。裁判长可进入全部竞赛区域。裁判长助理根据裁判长安排进入相应区域。其他裁判人员在没有具体工作任务时，可在裁判人员工作区。选手在赛间休息时，可在选手休息区休息。

2. 场地经理及助理以及相关赛务保障人员应在非操作区待命，并按裁判长要求第一时间进入操作区处理问题。录分员在指定区域从事相应工作。

3. 执裁观察员、保障观察员按裁判长要求可进入本项目竞赛区域的非操作区。

4. 组委会及执委会相关工作人员、技术保障工作人员因工作需要，经裁判长允许后可凭证件进入非操作区。

5. 各参赛队领队及助理因工作需要，经裁判长允许后可凭证件进入非操作区。

6. 组委会、执委会安排的记者经裁判长允许后可进入非操作区拍照、摄像，但不得影响、干扰选手竞赛。

7. 其他人员一律不得进入竞赛区域。

（二）设施设备要求。根据设施设备清单落实竞赛设施设备。需通过第三方专业检测机构检测竞赛成绩的竞赛项目，应按检测专业要求设置专门检测场地，配备满足检测技术要求设备，并组织落实专业检测机构开展检测。

（三）参赛选手自带工具、材料要求。裁判长会同场地经理制定参赛选手自备工具、材料清单，明确参赛选手需自备和不可带入、带出赛场的工具、材料。

第五章　组　织　实　施

根据《第一届全国技能大赛技术工作时间表》（见附件6），执委会按照竞赛工作流程和相关要求，责任落实到人，确保竞赛顺利进行。

第十九条　临赛准备。临赛准备包括以下工作：

（一）技术对接。执委会召集各项目裁判长于赛前3天进行最后技术对接，对场地设备等准备工作进行最终确认。各项目裁判长会同场地经理等组织裁判员于赛前2天开始开展赛前技术对接，介绍执委会及各项目组织实施工作要求、各项目技术工作文件（含竞赛细则及评判标准等）和工作纪律，检查赛场设施、设备、工具、材料准备情况等，明确裁判员分工，组织裁判员对需调整的试题进行讨论、投票或抽签，确定最终竞赛试题。

（二）临赛培训。执委会于赛前2天组织全体参赛选手、领队及助理、全体裁判人员和技术及赛务保障人员培训。

（三）检查参赛选手自带工具、材料。各项目裁判长组织裁判员和参赛选手于赛前2天（或每天赛前）按照本项目技术工作文件要求，对参赛选手自带的工具、材料等进行检查。明确禁止带入、带出赛场的，一律不允许带入、带出。

（四）参赛选手熟悉赛场。执委会会同裁判人员于赛前1天组织全体参赛选手按要求熟悉赛场及设备，确保每位参赛选手有同等性能的设备及材料、工具和同等充足的时间进行适应性操作。

（五）参赛选手抽签。竞赛开始前，各项目裁判长组织参赛选手抽签确定竞赛顺序和工位。

第二十条 竞赛实施。世赛选拔项目及国赛精选项目同时开始比赛。不含赛前准备和赛后技术点评，各项目的总竞赛时间应为10～18小时（3天）。具体安排在各项目技术工作文件及《赛务手册》中明确。

（一）检录及竞赛时间。各项目裁判人员、参赛选手、场地经理及助理等，应按时到达赛场完成检录。竞赛开始和结束时间，以各项目裁判长正式宣布为准。

（二）场地与设施设备管理。每阶段（模块）竞赛结束需参赛选手离场的，裁判长会同场地经理组织裁判员对各工位的设施、设备、竞赛工件（成果）、工具、材料等检查无误后，统一安排参赛选手退场。需对相关设备进行初始化和参数还原的，裁判长会同场地经理组织裁判员进行处理，保证每场竞赛前所有设备、设施材料等处于相同的环境和状态。场地经理负责清场。下一阶段竞赛开始前，裁判长会同场地经理组织裁判员对各工位相关设施、设备等再次检查并确认无误。

（三）评判工作。集体评判项目和第三方执裁项目按以下安排开展评判工作。

1. 评判参与人。裁判长及裁判长助理不参与具体评判。竞赛开始前，裁判长根据工作需要、培训情况和裁判员技术能力特长，对裁判员进行工作分工。竞赛过程中，裁判员按照分工，依据评判标准和相关技术要求开展评判工作。

2. 评判确认。各阶段（模块）评判结束后，裁判员核对本人本阶段（模块）评判成绩并签字确认；在全部阶段（模块）竞赛结束后，集体评判项目由裁判长对总成绩签字确认并锁定；第三方执裁项目由裁判长组织全体裁判员在总成绩单上签字确认。

3. 问题修改。各阶段（模块）在核对过程中发现错误的，由裁判长安排立即修改，并由当值裁判员和裁判长在纸质评判表修改处签字。经裁判长确认锁定后的评判成绩原则上不得再次修改，如发现确需修改的问题，可向裁判长提出申请，裁判长主持裁判组会议讨论一致通过后，解锁、组织修改评判错误并填写《第一届全国技能大赛评判修改记录单》（以下简称《修改记录单》，见附件7）。裁判长、全体裁判员及所有参与修改人员须在《修改记录单》上签字。裁判长将《修改记录单》及修改的评判表一并报执委会。

4. 材料保管。竞赛期间，所有纸质评判表（含做修改的评判表）均由裁判长保管。比赛结束后，由裁判长统一报送执委会。

5. 回避及第三方检测。参赛选手个人信息不需加密的竞赛项目，裁判员按回避原则不对本参赛队参赛选手评判。竞赛工件（成果）需进行检测的项目，应由裁判长安排至少2名不同参赛队裁判员监督检测。

（四）成绩公布。在竞赛成绩确认后，各项目裁判长须组织全体裁判员和参赛选手进行技术总结和点评，并公布选手成绩。比赛结束后，组委会将各参赛队的成绩交各参赛队领队。第一届全国技能大赛结束后2周内，执委会将全部参赛选手成绩单和信息进行汇总和审核并加盖公章后，报组委会技术工作组。

（五）应急处理。执委会负责竞赛期间应急处理。

1. 赛场突发问题处理。比赛期间，如在竞赛区域内出现因设施设备故障、选手伤病等突发问题，由裁判长组织处理，执委会提供相应保障；如在公共区域内出现各类突发事件，由执委会统一组织处理。参赛选手在竞赛期间受伤或生病的，应在处理的同时告知其参赛队领队或助理。

2. 中断竞赛时间处理。竞赛过程中，因参赛选手个人原因导致竞赛中断，中断的时间计入参赛选手竞赛时间，不予补偿；非因参赛选手个人原因造成的竞赛中断，中断时间不计入参赛选手竞赛时间，并予补足。竞赛中断的原因，由裁判长会同当值裁判员在选手回避的情况下做出判断，并尽快告知参赛选手所在参赛队裁判员（第三方执裁项目告知选手本人）。参赛选手处理伤病中断比赛的按个人原因导致比赛中断处理，无法继续参赛的，按已完成竞赛部分计算成绩。

第二十一条　技术点评。技术点评（总结）基本要点如下：

（一）竞赛目的、技术标准及评判工作。竞赛模块组成、各模块之间比重以及各模块安排的主要目的。各模块命题的主要技术标准和技术要求。对评判的流程、规则、方式方法及评判过程中的案例分析。

（二）参赛选手竞赛情况分析。分析总体竞赛成绩及参赛选手的具体表现。通过对参赛选手竞赛结果（工件）比较分析，总结竞赛过程中反映出的技能亮点及问题，并提出意见建议。

赛后2周内，各项目裁判长须汇总技术点评（总结）、竞赛整体运行情况、本项目裁判员执裁情况分析、各方对比赛的意见建议等，提交组委会技术工作组。

第二十二条　安全、健康。执委会和各参赛队应做好以下安全、健康保障工作。

（一）人员安全、健康要求。执委会应制定安全、健康方面的应急工作预案。同时，执委会和各参赛队要为全体参赛人员提供安全、健康服务保障，全体参赛人员须遵守竞赛安全、健康有关规定。

1. 按照国家相关法规，各竞赛项目提出安全、健康要求，并于临赛集中培训期间，由裁判长组织全体裁判员及参赛选手学习掌握。执委会制定《第一届全国技能大赛参赛选手安全、健康承诺书》(见附件8),并于赛前2天,组织各项目参赛选手签署。

2.执委会应在竞赛现场设置急救站,配备专业医务人员和设备,做好医疗应急准备。

3.执委会应确保所提供食品和饮料的安全,任何参赛选手和其他人员不得私自携带食品和饮料进入竞赛工位。

4.根据项目特点,各参赛队应为本参赛队裁判员、参赛选手购买人身意外伤害保险。

5.进入竞赛区域的人员,应严格按照各项目安全、健康规定,做好安全防护。

(二)场地安全、健康安排。执委会应提供赛场安全健康设施保障。竞赛各区域设置合理,符合安全、健康和环保要求。

1.按规定预留赛场安全疏散通道,配备消防器械等应急处理设施设备和人员,张贴各项目安全健康规定、图示等,并事先制定应急处理预案,安排专人负责赛场紧急疏导等工作。

2.提供安全照明和通风等设施设备。对易产生有害气体的竞赛项目,应配备完善的排风和处理设施。对涉及易燃易爆、化学腐蚀和有毒有害物品的项目,要按照国家有关规定,在各项目安全、健康规定中予以明确,制定管理措施,并随各项目竞赛细则一并公布。

(三)疫情防控。由执委会按照国家及当地疫情防控的相关规定,制定防疫工作相关措施。对赛前集中技术工作对接,比赛报到、住宿、交通,以及赛场人流控制、核酸检测、体温检测等各方面提出明确要求和具体措施安排。各参赛队及各类相关人员须遵照执行。

第二十三条 违规处理

(一)违规处理范围。第一届全国技能大赛期间,对参赛选手、裁判人员、场地经理及助理、其他赛务保障工作人员、各参赛队领队及助理、执裁观察员及保障观察员等,出现违反《竞赛行为规范承诺书》本规则和各项目技术工作文件中公布的竞赛纪律或其他有碍竞赛公平公正的行为,由相应的人员或机构及时纠正并处理。

(二)违规处理实施人。

1.参赛选手在第一届全国技能大赛期间的违规行为,由裁判长依据相关规定处理或组织裁判员研究后处理，并将处理结果报监督仲裁委。

2.其他人员（包括裁判人员、场地经理及助理、其他赛务技术保障人员、各参赛队领队及助理等）在第一届全国技能大赛期间的违规行为，由执委会监督仲裁协助部配合组委会监督仲裁委处理。处理意见抄送组委会秘书处、技术工作组及执委会相关部门。

（三）违规处理结果。对上述违规行为，视情节给予约谈、警告、严重警告处理。受到严重警告的人员，将限制其今后参与国家级及以上竞赛的相关工作。受到违规处理较多的参赛队，组委会将对其今后参赛工作进行限制。处理结果将与相关人员评价和评估相结合，并在一定范围内通报。对裁判长的处理结果纳入其工作评估。对各参赛领队及助理违规行为的处理结果，通报本人所在地区（行业）人社部门（人事劳动保障工作机构）。

（四）违规处理登记。违规行为处理结果，由实施人在《第一届全国技能大赛违规行为处理登记表》（见附件9）中记录并交执委会存档备查。在第一届全国技能大赛结束后1周内，由执委会汇总违规处理情况报送组委会备案。

第二十四条 问题或争议处理。第一届全国技能大赛期间，与竞赛有关的问题或争议，各方应通过正当渠道并按程序反映和申诉，不得擅自传播、扩散未经核查证实的言论、信息。

对竞赛期间出现的问题或争议按以下程序解决：

（一）竞赛项目内解决。参赛选手、裁判员发现竞赛过程中存在问题或争议，应向裁判长反映。裁判长依据相关规定处理或组织比赛现场裁判员研究解决。处理意见需比赛现场全体裁判员表决的，须获全体裁判员半数以上通过。最终处理意见应及时告知意见反映人，并填写《第一届全国技能大赛问题或争议处理记录表》（以下简称《争议处理记录表》，见附件10）。处理期间，执委会技术保障部和组委会技术工作组应给予支持和指导。

（二）监督仲裁委解决。对项目内处理结果有异议的，在参赛选手成绩最终确认锁定前，各参赛队领队可向监督仲裁委出具署名的书面反映材料并举证。监督仲裁委在执委会监督仲裁协助部协助下受理并开展调查工作。其中，经调查确认所反映情况属技术性问题或争议的，仍交由各竞赛项目内解决。属非技术性问题或争议，由监督仲裁委作最终裁决。各类问题或争议处理情况，由执委会监督仲裁协助部填写《争议处理记录表》报监督仲裁委备案。

第六章 附 则

第二十五条 本规则适用于第一届全国技能大赛全国总决赛。

第二十六条 本规则自正式颁布之日起生效。

第二十七条 本规则最终解释权归组委会。

附件：1. 第一届全国技能大赛部分国赛精选项目裁判员具体要求（略）

2. 第一届全国技能大赛裁判长助理申请表（略）

3. 第一届全国技能大赛裁判长工作评估表（略）

4. 第一届全国技能大赛竞赛行为规范承诺书（略）

5. 第一届全国技能大赛 XXX 项目技术工作文件样例及撰写格式要求（略）

6. 第一届全国技能大赛技术工作时间表（略）

7. 第一届全国技能大赛评判修改记录单（略）

8. 第一届全国技能大赛参赛选手安全、健康承诺书（略）

9. 第一届全国技能大赛违规行为处理登记表（略）

10. 第一届全国技能大赛问题或争议处理记录表（略）

关于开展中华人民共和国第一届职业技能大赛预报名工作的通知

（人社职司便函〔2020〕28号）

各省、自治区、直辖市及新疆生产建设兵团人力资源社会保障厅（局）：

为深入贯彻落实习近平总书记对我国选手在世界技能大赛上取得佳绩作出的重要指示精神，充分发挥职业技能竞赛在促进技能人才培养、推动开展职业技能培训和弘扬工匠精神方面的重要作用，经国务院批准，我部定于今年12月上中旬在广东省广州市举办中华人民共和国第一届职业技能大赛（简称"第一届全国技能大赛"）。为做好大赛前期准备工作，请省（区、市）开展参赛选手预报名。现将有关事项通知如下：

一、比赛项目

第一届全国技能大赛设置世赛项目组和国赛项目组，共86个比赛项目（比赛项目详见附件1）。其中，世赛项目组为第46届世界技能大赛63个比赛项目（含第46届世界技能大赛9个拟新增项目，新增项目介绍见附件2），作为第46届世界技能大赛全国选拔赛。国赛项目组选择具有通用性、广泛性、引领性、从业人数较多且具备成熟办赛条件的职业（工种），共23个比赛项目。

二、预报名工作要求

（一）以省（区、市）为单位组成代表队参赛，每个项目各参赛代表队限报1名（队）选手参赛。

（二）各省（区、市）预报名时，世赛项目组不用填写本省份第45届世赛进入国家集训队且符合第46届参赛年龄条件的选手数量。

（三）请各省（区、市）人力资源社会保障厅（局）认真做好预报名工作，并于6月8日下班前将《第一届全国技能大赛预报名表》发送到指定邮箱。

联系人（略）

附件：1. 第一届全国技能大赛预报名表（略）
　　　2. 第46届世界技能大赛拟新增项目介绍（略）

人力资源社会保障部职业能力建设司

2020年6月5日

关于确定中华人民共和国第一届职业技能大赛各项目裁判长人员名单的通知

(人社职司便函〔2020〕43号)

各省、自治区、直辖市及新疆生产建设兵团人力资源社会保障厅(局),国务院有关部门、有关行业组织、相关企业人事劳动保障工作机构:

为做好中华人民共和国第一届职业技能大赛技术工作,现决定龙建军等86名同志为中华人民共和国第一届职业技能大赛各项目裁判长。

希望各裁判长所在单位给予大力支持,合理安排其工作时间和任务,并提供相关保障。希望各裁判长认真履行工作职责,依规公平公正组织执裁,切实做好比赛各项技术实施工作。

附件:中华人民共和国第一届职业技能大赛各项目裁判长人员名单

中华人民共和国第一届职业技能大赛组委会秘书处

2020年7月31日

附件

中华人民共和国第一届
职业技能大赛各项目裁判长人员名单

一、世赛选拔项目（63项）

（一）飞机维修项目

龙建军　中国航空工业集团江西洪都航空工业集团有限责任公司高级技师

（二）车身修理项目

叶建华　上海交运汽车修理职业技能培训中心高级技师

（三）汽车技术项目

郭七一　重庆长安汽车股份有限公司长安汽车大学教授

（四）汽车喷漆项目

张小鹏　庞贝捷漆油贸易（上海）有限公司培训及售后服务总监、高级技师

（五）重型车辆维修项目

刘庆华　宁波技师学院正高级讲师、高级技师

（六）货运代理项目

吕秀文　上港集团物流有限公司国际货运分公司总经理

（七）轨道车辆技术项目

罗昭强　中车集团长春轨道客车股份有限公司首席技能专家

（八）砌筑项目

雷定鸣　长沙建筑工程学校高级工程师

（九）家具制作项目

刘晓红　顺德职业技术学院教授

（十）木工项目

张志刚　黑龙江林业职业技术学院家居工程学院院长、教授

（十一）混凝土建筑项目

刘建忠　江苏苏博特新材料股份有限公司副总工程师、研究员级高级工程师

（十二）电气装置项目

王大江　ABB（中国）有限公司高级工程师

（十三）精细木工项目

余继宏　东华大学服装与艺术设计学院副教授

（十四）园艺项目

赵昌恒　黄山学院副教授

（十五）油漆与装饰项目

陈尚勇　黄山学院副教授、黄山锐蓝教育科技有限公司总工程师

（十六）抹灰与隔墙系统项目

张守生　烟台城乡建设学校高级技师

（十七）管道与制暖项目

李本勇　中国建筑第八工程局有限公司教授级高级工程师

（十八）制冷与空调项目

李川　广州市工贸技师学院高级技师、一级实习指导教师

（十九）瓷砖贴面项目

王华飞　浙江建设技师学院教师

（二十）建筑信息建模项目

何国青　浙江大学副教授

（二十一）数控铣项目

鲁宏勋　中国航空工业集团中国空空导弹研究院高级技师

（二十二）数控车项目

宋放之　北京航空航天大学高级工程师

（二十三）建筑金属构造项目

马德志　中冶建筑研究总院有限公司教授级高级工程师

（二十四）电子技术项目

黄鑫　广东易工厂科技有限公司高级技师

（二十五）工业控制项目

闫虎民　天津职业技术师范大学教研室主任、高级实验师

（二十六）工业机械项目

宋军民　江苏省常州技师学院正高级讲师

（二十七）制造团队挑战赛项目

周春雷　中国航空工业集团中国空空导弹研究院高级工程师

（二十八）CAD机械设计项目

杨伟群　北京航空航天大学工程训练中心副教授

（二十九）机电一体化项目

李全利　天津职业技术师范大学教授

（三十）移动机器人项目

郑桐　天津职业技术师范大学系主任

（三十一）塑料模具工程项目

李克天　广东工业大学教授

（三十二）原型制作项目

熊志勇　华南理工大学副教授

（三十三）焊接项目

刘景凤　中国工程建设焊接协会常务副会长、教授级高级工程师

（三十四）水处理技术项目

王湛　北京工业大学环能学院博士生导师

（三十五）化学实验室技术项目

季剑波　徐州工业职业技术学院教授、高级工程师

（三十六）增材制造项目

陈娟　安徽马鞍山技师学院机械工程系主任

（三十七）工业设计技术项目

王方良　深圳大学教授

（三十八）工业4.0项目

陈明　同济大学实验室主任

（三十九）光电技术项目

周渝曦　重庆电子工程职业学院高级工程师

（四十）可再生能源项目

朱卫军　扬州大学教授

（四十一）机器人系统集成项目

李瑞峰　哈尔滨工业大学机器人研究所副所长

（四十二）信息网络布线项目

卢勤　天津市电子信息技师学院教师

（四十三）网络系统管理项目

田钧　佛山职业技术学院电子信息学院副院长、教授

（四十四）商务软件解决方案项目

韩素华　邢台技师学院教授

（四十五）印刷媒体技术项目

李不言　上海出版印刷高等专科学校实训中心副主任、高级工程师

（四十六）网站设计与开发项目

张凌　上海阅文信息技术有限公司技术总监

（四十七）云计算项目[①]

刘鹏　南京云创大数据科技股份有限公司总裁、金陵科技学院教授

（四十八）网络安全项目

鲁先志　重庆电子工程职业学院副教授

（四十九）移动应用开发项目

蔡立勋　世纪龙信息网络有限责任公司部门经理

（五十）时装技术项目

李宁　中央美术学院副教授

（五十一）花艺项目

朱迎迎　上海市建设工程安全质量监督总站高级工程师

（五十二）平面设计技术项目

徐伟雄　深圳技师学院设计学院院长、教授

（五十三）珠宝加工项目

邹宁馨　北京服装学院教授

（五十四）商品展示技术项目

雷鸣　广州美术学院副教授

（五十五）3D数字游戏艺术项目

叶维中　上海摩意网络科技有限公司技术总监

（五十六）烘焙项目

王吉松　王森国际咖啡西点西餐学院高级技师

（五十七）美容项目

王芃　重庆市蒙妮坦时尚职业培训学校校长、高级技师

（五十八）糖艺/西点制作项目

黎国雄　广州市启焙食品有限公司总经理

[①]　云计算项目裁判长后续调整为刘翔。

（五十九）烹饪（西餐）项目

陈刚　上海索迪斯管理有限公司餐饮服务平台总监

（六十）美发项目

吉正龙　杭州市拱墅区英美职业培训学校校长、特级技师

（六十一）健康和社会照护项目

周嫣　质思安认证（北京）有限公司独立评审员

（六十二）餐厅服务项目

王欢　上海红塔豪华精选酒店总经理

（六十三）酒店接待项目

叶丹茗　叶脉文旅教育（深圳）有限公司董事长

二、国赛精选项目（23项）

（六十四）数控车项目

甄雪松　北京电子科技职业学院实训中心主任、高级技师

（六十五）数控铣项目

李永君　北京航星机器制造有限公司首席工艺师、研究员级高级工程师

（六十六）电工项目

张春芝　北京工业职业技术学院机电工程学院院长、教授

（六十七）装配钳工项目

杨全利　天津职业技术师范大学高级技师

（六十八）焊接项目

李建军　中国工程建设焊接协会副秘书长、教授

（六十九）电子技术项目

王为民　广东省技师学院电气系主任、高级技师

（七十）CAD 机械设计项目

拾祎春　江苏联合职业技术学院南京工程分院副教授

（七十一）汽车维修项目

李雷　重庆工业职业技术学院车辆工程学院院长、教授

（七十二）新能源汽车智能化技术项目

李晶华　天津职业大学汽车工程学院院长、教授

（七十三）木工项目

曹永宏　亚振家居股份有限公司工程师

（七十四）砌筑项目

周果林　中国建筑第五工程局有限公司项目副总、教授级高级工程师

（七十五）室内装饰设计项目

张国华　浙江建设技师学院建筑工程系主任

（七十六）网络系统管理项目

吴多万　广州市工贸技师学院高级讲师、高级技师

（七十七）物联网技术项目

韦思健　清华大学基础工业训练中心高级工程师

（七十八）信息网络布线项目

杨阳　天津电子信息职业技术学院电子与通信技术系副主任、教授、高级技师

（七十九）珠宝加工项目

李勋贵　深圳技师学院珠宝学院院长、副研究员、高级技师

（八十）时装技术项目

张文斌　东华大学教授

（八十一）健康照护项目

刘则杨　北京大学网络教育学院教学研究室原主任、副教授

（八十二）餐厅服务项目

熊久香　国家机关事务管理局首都宾馆原副总经理、高级技师

（八十三）西式烹调项目

刘立新　青岛酒店管理职业技术学院西餐工艺教研室主任、高级技师

（八十四）烘焙项目

干文华　上海市现代食品职业技能培训中心校长、技术总监、高级技师

（八十五）茶艺项目

周智修　中国农业科学院茶叶研究所研究员、中国茶叶学会常务副秘书长、高级技师

（八十六）社会体育指导（健身）项目

陈超　江苏英派斯健康管理有限公司培训总监

关于中华人民共和国第一届职业技能大赛技术文件编制参考标准和裁判员推荐有关事项的通知

(人社职司便函〔2020〕45号)

各省、自治区、直辖市及新疆生产建设兵团人力资源社会保障厅(局),国务院有关部门、有关行业组织人事劳动保障工作机构:

根据《人力资源社会保障部关于举办中华人民共和国第一届职业技能大赛的通知》(人社部函〔2020〕57号),为指导各参赛代表队做好中华人民共和国第一届职业技能大赛(简称第一届全国技能大赛)选手选拔和裁判员推荐工作,现将有关事项通知如下:

一、第一届全国技能大赛技术文件编制参考标准

世赛选拔项目将以第45届世界技能大赛各项目竞赛技术文件及世界技能组织新项目提案为参考编制技术文件。国赛精选项目将依托现有国家职业技能标准(高级工及以上),适当借鉴吸收世界技能大赛内容编制技术文件。

各参赛代表队可参考《第一届全国技能大赛世赛选拔项目技术文件编制参考标准表》(附件1)和《第一届全国技能大赛国赛精选项目与国家职业技能标准对应表》(附件2)开展选拔,第一届全国技能大赛各项目比赛将正式公布技术文件,并按竞赛技术规则实施。

二、第一届全国技能大赛裁判员推荐工作

(一)第一届全国技能大赛世赛选拔项目与国赛精选项目裁判员分别推荐,人员不重复、不交叉。国赛精选项目中的时装技术、烘焙、社会体育指导(健身)3个项目将采取第三方裁判组方式,各参赛代表队不再推荐该项目裁判员。

(二)各参赛代表队每个参赛项目(前述采用第三方裁判组方式的3个项目除外)限推

荐 1 名裁判员。所推荐的裁判员应符合《第一届全国技能大赛裁判员应具备的基本条件》（附件 3）。同时，世赛选拔项目裁判员有省级选拔赛经验的优先，部分国赛精选项目裁判员还需满足该项目的具体要求（附件 4）。

（三）各参赛代表队请于 2020 年 9 月 15 日前，通过国家职业技能竞赛信息管理系统完成裁判员的推荐注册（具体要求另行通知）。

（四）各参赛代表队要从严把关，严格按照条件推荐优秀专业技术骨干作为裁判员人选。凡不符合推荐条件要求的或所提供的信息不真实的，大赛期间将不安排从事裁判工作。同时，各参赛代表队要对所推荐的裁判员提出明确的工作纪律要求，确保公平公正，并与其所在工作单位做好沟通协调，确保在时间、精力上能够保证完成各项工作任务。大赛组委会技术组将组织裁判员培训并对技术文件进行讨论。

三、联系方式（略）

附件：1. 第一届全国技能大赛世赛选拔项目技术文件编制参考标准表（略）

2. 第一届全国技能大赛国赛精选项目与国家职业技能标准对应表（略）

3. 第一届全国技能大赛裁判员应具备的基本条件（略）

4. 第一届全国技能大赛部分国赛精选项目裁判员具体要求（略）

中华人民共和国第一届职业技能大赛组委会秘书处

2020 年 8 月 7 日

关于推荐第一届全国技能大赛世赛选拔项目裁判长候选人的通知

(中就培函〔2020〕30号)

各省、自治区、直辖市及新疆生产建设兵团人力资源社会保障厅(局)职业技能竞赛主管部门,国务院有关部门,有关行业组织、相关企业人事劳动保障工作机构职业技能竞赛主管部门:

为做好第一届全国技能大赛世赛选拔项目技术准备工作,经商部职业能力建设司,现就推荐63个世赛选拔项目裁判长候选人有关事项通知如下:

一、推荐范围

(一)第46届世赛新增项目

第46届世赛增材制造、建筑信息建模、工业设计技术、工业4.0、可再生能源、机器人系统集成6个项目(详见附件1),各省、自治区、直辖市及新疆生产建设兵团人力资源社会保障厅(局)(以下简称地区),国务院有关部门,有关行业组织、相关企业人事劳动保障工作机构(以下简称行业)各项目可各推荐1名裁判长候选人。

第46届世赛光电技术、移动应用开发、轨道车辆技术等3个项目,世赛中国组委会前期按世界技能组织要求,请项目申报主管部门及参与申报工作的单位推荐了项目经理候选人,世赛中国组委会组织了专家遴选,并确定了相关项目裁判长候选人将以遴选评审结果为依据审核确定的原则。因此,这3个项目裁判长不再面向全国组织推荐。

(二)上届世赛延续项目

上届世赛延续至第46届世赛的54个项目,请相应推荐单位(附件2)出具《上届世赛中国专家组长转任第一届全国技能大赛世赛选拔项目裁判长推荐函》(附件3),并在2020

年 7 月 19 日前原件盖章报送，同时报送 PDF 格式的电子版。如推荐单位不再推荐原专家组长，请说明理由。

如上届世赛项目专家组长因各种情况不能转任第一届全国技能大赛世赛选拔项目裁判长的，将从历届世赛各地区（行业）推荐的专家资料库及第 45 届世赛专家和教练组成员范围内组织遴选。

二、推荐条件

请各地区（行业）根据实际情况，按照《世界技能大赛参赛管理暂行办法》（人社部发〔2013〕28 号）等要求推荐第 46 届世赛新增 6 个项目裁判长候选人。推荐条件具体如下：

1. 热爱祖国，遵纪守法，爱岗敬业。有较强组织协调能力和团队合作精神。身体健康，有足够时间投入到世赛工作，年龄原则上不超过 60 周岁。

2. 一般应从事本专业或相关专业技术工作 15 年以上（信息技术、新技术领域 8 年以上），有高级技师职业资格或副高级以上专业技术职务，专业技能高超，得到行业普遍认同，具有丰富的带徒经验。

3. 获得中华技能大奖或全国技术能手荣誉、具备履行职责所需外语能力者，在同等条件下优先考虑。

4. 具有在国际或国家级职业技能竞赛本项目或相关项目中担任专家组长或裁判长经历。对国内尚未开展相关职业技能竞赛的项目，可参照上述条件推荐相关领域经验丰富、专业能力强的候选人。

三、工作要求

1. 第 46 届世赛 6 个新增项目裁判长候选人填写《第一届全国技能大赛世赛选拔项目裁判长候选人推荐表》（附件 4）并签字，所在单位审核盖章后报送至所在地区行业负责竞赛的相关工作机构。各地区（行业）组织审核，并在 2020 年 7 月 19 日前原件盖章报送中国就业培训技术指导中心，同时报送 PDF 格式的电子版。7月19日24时前未报送的，视为放弃推荐。

2. 请各地区（行业）高度重视，按照要求，认真做好第一届全国技能大赛世赛选拔项目裁判长候选人的推荐工作，在认真把握推荐条件的基础上严把推荐质量关。加强管理，同时为其开展工作提供切实支持和保障。

四、联系人及联系方式（略）

附件：

1. 第46届世赛6个拟新增比赛项目简介（略）

2. 上届世赛延续的54个项目专家组长和推荐单位名单（略）

3. 上届世赛中国专家组长转任第一届全国技能大赛世赛选拔项目裁判长推荐函（参考样式）（略）

4. 第一届全国技能大赛世赛选拔项目裁判长候选人推荐表（略）

中国就业培训技术指导中心

2020年7月16日

关于做好中华人民共和国第一届职业技能大赛参赛选手报名注册工作的通知

各有关单位：

根据《人力资源社会保障部关于举办中华人民共和国第一届职业技能大赛的通知》（人社部函〔2020〕57号）要求，为做好中华人民共和国第一届职业技能大赛（以下简称第一届全国技能大赛）报名工作，现将相关事项通知如下：

一、参赛名额

第一届全国技能大赛设置63个世赛选拔项目和23个国赛精选项目。由各省（区、市）及新疆生产建设兵团为单位组队参赛，相关行业部门组队参加部分世赛选拔项目比赛。各地区及相关行业部门（以下简称各参赛队）各项目的参赛名额为1名或1队。

世赛选拔项目中轨道车辆技术、混凝土建筑、园艺、制造团队挑战赛、机电一体化、移动机器人、工业4.0、机器人系统集成、网络安全等9个项目，国赛精选项目中新能源汽车智能化技术项目为团队比赛项目。其中，制造团队挑战赛为3人1队，分产品设计、数控加工、综合制造3个方向，各参赛队需每方向报名1人组队参赛。其余9个项目为2人1队，各参赛队需按照整队进行选手报名。其余54个世赛选拔项目和22个国赛精选项目均为个人比赛项目。

二、报名条件

（一）凡16周岁以上、法定退休年龄以内的中国大陆公民（当地学习或工作满1年以上）按属地原则报名参赛。参赛选手应思想品德优秀、身心健康，具备相应职业（专业）扎实的基本功和技能水平，有较强学习领悟能力和良好的身体素质、心理素质及应变能力。

（二）世赛选拔项目参赛选手应为 1999 年 1 月 1 日以后出生（信息网络布线、制造团队挑战赛、机电一体化、飞机维修、网络安全、云计算、水处理技术、光电技术、工业 4.0、建筑信息建模、工业设计技术、机器人系统集成等 12 个项目参赛选手为 1996 年 1 月 1 日以后出生）。国赛精选项目参赛选手为 2004 年 1 月 1 日以前出生，法定退休年龄以内。

（三）世赛选拔项目中，餐厅服务、美容、健康和社会照护、酒店接待等 4 个项目参赛选手需具备较强的英语听说能力，货运代理项目选手需具备较强的英语读写能力。

三、报名方式和时间

（一）参赛选手报名采取网上注册（http://47.115.135.171:8080/login.html）方式进行。

（二）请各参赛队联络员统筹负责本参赛队选手注册工作。请于 10 月 15 日前，通过系统下载打印《第一届全国技能大赛参赛选手报名表》（样表见附件）和《第一届全国技能大赛选手报名汇总表》，将第一届全国技能大赛选手报名汇总表加盖本单位公章后将纸质版和电子版（盖章后 PDF 格式）报送至执委会技术保障部。

（三）参赛选手注册时间：2020 年 10 月 12 日至 10 月 15 日。

四、联系方式（略）

附件：第一届全国技能大赛参赛选手报名表（样表）（略）

中华人民共和国第一届职业技能大赛组委会秘书处

2020 年 9 月 27 日

人力资源社会保障部关于做好中华人民共和国第一届职业技能大赛宣传工作的通知

（人社厅函〔2020〕154号）

各省、自治区、直辖市及新疆生产建设兵团人力资源社会保障厅（局），国务院有关部门、有关行业组织人事劳动保障工作机构：

经国务院批准，中华人民共和国第一届职业技能大赛（以下简称"大赛"）定于2020年12月10日至13日在广东省广州市举办，这是新中国成立以来，竞赛项目最多、参赛规模最大的一次全国性、综合性职业技能赛事。为在全国范围做好大赛宣传工作，现就有关事项通知如下。

一、宣传内容

坚持以"新时代 新技能 新梦想"为主题，着重做好以下三个方面的宣传，不断拓宽大赛影响力，营造"劳动光荣、技能宝贵、创造伟大"的时代风尚，推动全社会进一步关心关注重视技能人才工作。

（一）党中央、国务院对技能人才工作的高度重视，对广大技能人才的深切关怀；举办本次大赛的目的意义，完善职业技能竞赛体系对技能人才队伍建设工作发挥的积极作用和影响。

（二）大赛主题、口号、吉祥物、项目设置等相关知识，大赛开闭幕式、赛项比拼和技能交流展示项目、中华绝技展演等重大活动盛况，大赛开放、绿色、节俭的办赛理念和公平公正的良好赛风。

（三）各地区、有关行业参赛选手选拔情况，集训备赛、赛场比拼、技艺展示等风采和感人事迹，技能人才队伍建设、技工院校教学改革和发展经验成果，地方行业特色技能技艺等。

二、具体安排

各地区和有关行业部门要在赛前、赛中、赛后三个阶段，全方位搭建宣传平台，不断创新宣传形式，切实提升效果，拓宽大赛影响力。

（一）赛前阶段。以大赛倒计时30天、倒计时10天为重要节点，组织开展赛前宣传，为大赛举办营造浓厚的氛围，提高全社会知晓度和关注度。一是协调本地区本行业各类媒体，通过开辟专栏、专刊、专版等方式，组织专题报道，搭建全方位的宣传报道平台。二是动态发布参赛选手选拔、集训等备赛情况，积极向中华人民共和国第一届职业技能大赛官方网站、学习强国平台技能频道、技能中国微信公众号、中国就业网、中国就业创业微信公众号等媒体平台供稿。三是通过邀请典型人物、技能大师参与"视频打call寄语大赛"等形式，普及大赛主题、口号、吉祥物、标识等知识，全面反映社会各界对全国技能大赛的热切期望。

（二）赛中阶段。以大赛活动盛况和参赛队员风采为重点，围绕社会关注点和新闻点，组织开展赛中宣传，在全社会掀起关注大赛、关注技能人才的热潮。一是组织本地区本行业媒体，从不同角度加大对开闭幕式、技能成果展示、中华绝技展演等重大活动的盛况宣传。二是通过制作百姓喜闻乐见、易于扩散传播的图片、视频、动漫、H5等作品，加强与新媒体合作，展示本地区本行业参赛选手奋发进取、顽强拼搏的风采风貌。三是挖掘参赛选手背后的故事，特别是来自建档立卡贫困家庭参赛选手技能脱贫的感人事迹，采写专题稿件。四是通过采访参赛选手、裁判员、指导教师等方式，报道大赛的办赛理念和创新举措。

（三）赛后阶段。以大赛举办成果为重点，持续做好赛后宣传，切实发挥大赛引导全社会关注技能、投身技能的带动作用。一是组织报社等媒体，通过采写参赛综述、侧记等方式，反映本地区本行业参赛组织、表彰奖励获奖选手情况，以及参赛对办好区域、行业职业技能竞赛、推动技能人才工作的启发。二是充分利用新媒体，通过制作发布备赛、参赛、获奖集锦等短视频，扩大赛事持续影响。三是组织电视台等媒体，策划制作奖牌故事等专题节目，展现参赛选手参赛后在精神面貌和生活方式上发生的积极变化，实现技能成才、技能就业、技能脱贫的情况。

三、有关要求

（一）提高思想认识。各地区要充分认识做好大赛宣传工作的重大意义，会同有关行业加强对大赛宣传工作的组织领导，配备工作力量，落实宣传经费，在配合做好"点亮技能之光"等重大宣传活动基础上，加强本地区、本行业宣传策划。

（二）加强组织协调。各地区、各有关行业要提早落实随队记者到比赛现场进行采访报道事宜，及时组织地方行业媒体记者注册报名，原则上媒体数控制在3家左右，人数控制在5～10人。要严格遵守宣传工作有关规定要求，加强宣传稿件的审核把关和媒体的协调，注意把握正确的舆论导向，做好有关敏感问题的舆论引导工作。

（三）强化保障服务。各地区、各有关行业要为媒体记者提供必要的工作条件，及时分享有关宣传素材，做好宣传服务和引导。

人力资源社会保障部办公厅

2020年11月3日

关于做好中华人民共和国第一届职业技能大赛参赛工作的通知

(人社职司便函〔2020〕69号)

各省、自治区、直辖市及新疆生产建设兵团人力资源社会保障厅（局），国务院有关部门、有关行业组织人事劳动保障工作机构：

为举办好中华人民共和国第一届职业技能大赛（以下简称第一届全国技能大赛），经研究，现就参赛工作有关事项通知如下：

一、参加人员

各省（区、市）及新疆生产建设兵团、有关行业部门组建代表团参赛。参赛代表团由团长（1名）、副团长（1～2名）、领队（1名）、领队助理（1～2名，超过60个参赛项目可配备2名）、工作人员（10名以内）、随团记者（10名以内）、参赛选手、裁判员、"全国技能展示交流"活动工作人员（25名以内）、"中华绝技"展演人员（以实际入选为准）组成。其中，领队由各地省级人社部门和有关行业部门人事劳动保障工作机构负责竞赛工作的处级干部担任，领队助理由熟悉竞赛工作相关人员担任。团长、副团长行政级别要求另行通知。

各参赛代表团领队、领队助理、工作人员、随团记者请于2020年11月13日前使用国家职业技能竞赛信息管理系统完成注册。注册完成的人员名单原则上不予修改。团长、副团长注册时间另行通知。"全国技能展示交流"活动工作人员、"中华绝技"展演人员不使用国家职业技能竞赛信息管理系统注册。

二、竞赛安排

第一届全国技能大赛定于2020年12月10日—13日在广东省广州市举行。大赛期间，将举办"全国技能展示交流"活动和"中华绝技"展演活动。具体时间、地点安排如下：

（一）时间安排

1. 开幕式：2020年12月10日上午。

2. 比赛、"全面技能展示交流"活动、"中华绝技"展演活动：2020年12月10日—12日。

3. 闭幕式：2020年12月13日晚上。

（二）地点安排

1. 开幕式：广州琶洲国际会展中心C区16.2馆。

2. 比赛：广州琶洲国际会展中心B区和C区展馆。

3. "全国技能展示交流"活动：广州琶洲国际会展中心C区14.2和15.2馆。

4. "中华绝技"展演活动：广州琶洲国际会展中心C区16.2馆。

5. 闭幕式：广州海心沙（中心舞台）。

请各参赛代表团及相关人员按日程安排（见附件1）报到和参加相关活动。

三、奖励政策

经研究，除《人力资源社会保障部关于举办中华人民共和国第一届职业技能大赛的通知》（人社部函〔2020〕57号）规定的奖励政策外，增设如下奖项：

（一）参赛队最佳奖。授予各参赛代表团1名优秀参赛选手，由各参赛代表团提名并经组委会认定，颁发奖章和获奖证书。

（二）西部技能之星。授予西部地区（内蒙古、广西、重庆、四川、贵州、云南、西藏、陕西、甘肃、青海、宁夏、新疆自治区、新疆生产建设兵团等共13个参赛代表团）各1名参赛选手，由西部地区各参赛代表团提名并经组委会认定，颁发奖章和获奖证书，原则上不授予已获得金银铜牌选手，并与参赛队最佳奖不重复。

以上两奖项获奖提名，各参赛代表团须于2020年12月13日赛后领队会上提交至组委会秘书处。

（三）突出贡献奖和优秀组织奖。分别授予为第一届全国技能大赛作出突出贡献的单位和在开展赛前选拔集训、参赛组织工作中表现突出的单位，由组委会颁发牌匾。

四、其他事项

（一）新闻宣传

各参赛代表团要总体谋划和精心策划本团的宣传工作，明确宣传任务、报道重点及具体安排，提前收集准备相关宣传素材（参赛项目、个人简介、训练/参赛照片等），并指定1名宣传联络员，负责新闻采访工作对接。宣传素材与宣传联络员联系方式请于11月25日前发送至执委会新闻宣传部邮箱，邮件名为"XX参赛代表团宣传素材"。

（二）开幕式入场式

各参赛代表团提供不超过25秒本团解说词、供入场时大屏幕播放的视频或照片，请于11月13日前发送至组委会活动指导组和执委会开闭幕式筹办部邮箱，邮件名为"XX参赛代表团开幕式入场式素材"。

（三）"全国技能展示交流"活动

各参赛代表团应重视"全国技能展示交流"活动的组织和宣传工作，对拟在现场展示的方案、图片、多媒体和拟分发纸质宣传资料内容进行严格把关，并指定1名"全国技能展示交流"活动负责人，请于11月13日前将有关资料和负责人联系方式发送至执委会展示交流部邮箱，邮件名为"XX参赛代表团技能展示交流素材"。

（四）参赛选手工具箱物流运输

各参赛选手根据需求进行工具托运，执委会将为各参赛选手的参赛物品提供仓储、赛场内运输以及货物打包服务。具体服务方案另行通知。

（五）食宿交通服务

1.执委会为各参赛代表团提供推荐酒店预订服务，并安排联络员在推荐入住酒店提供对接服务。推荐酒店预订操作说明及报到对接联络人见附件2（咨询联系执委会后勤保障部），请各参赛代表团于 11 月 13 日完成预定工作。观摩人员需自行预订酒店。

2. 赛事期间，参赛代表团成员在赛场的午餐及裁判加班晚餐，推荐入住酒店往返赛场、开闭幕式场地交通，由执委会统一安排，其他用餐和交通出行自行负责。

3. 所有人员自行前往酒店报到（具体报到地点和乘车指引另行通知），执委会将在广州白云机场、广州站、广州东站、广州南站等站点，安排志愿者对参赛人员提供乘车指引服务。

4. 各参赛代表团在系统注册时请提供身高尺码，执委会对系统注册人员统一安排竞赛服装，相关费用由执委会承担。各参赛代表团出席开闭幕式等场合的特定服装自行准备，不建议着正装。

（六）疫情防控要求

各参赛代表团及各有关单位要高度重视疫情防控工作，按照疫情防控常态化相关要求，组织和督促本团及所辖人员按要求提前做好各项疫情防控准备工作。到达广州后服从当地疫情防控管理。

1. 各参赛代表团须指定 1 名随团防疫联络员（由副团长或领队助理担任），负责本团疫情防控工作，联络员名单及联系方式请于 11 月 15 日前报执委会安全保障应急部邮箱。

2. 所有人员到达广州前 14 天需在"穗康"小程序进行每日健康申报（"穗康码"通行认证管理公众使用指南详见 http://lsj.gz.gov.cn/lsyq/fkznzy/content/post_5734815.html），确认 14 天内无中高风险地区旅居史，于到达广州前 7 日内和 3 日内分别进行两次核酸检测。报到时由防疫联络员统一向执委会提交本团人员的两次核酸检测阴性报告和《第一届全国技能大赛疫情防控安全承诺书》（见附件 3）。

3. 到达广州后，各参赛代表团防疫联络员需密切关注观察本团所有人员健康状况，组织本团人员准时参加由执委会统一组织的两次核酸检测，落实本团所有人员使用执委会指定微信小程序每日上报健康状况。大赛期间所有人员需持"穗康码"，接受体温检测，体温低于 37.3 ℃方可进入场馆和酒店。进入赛场、会场、酒店公共区域及交通车上需佩戴普通医用口罩。参赛过程中身体状况出现异常的，按执委会相关预案要求处理。赛后须做好本团人员 14 天健康状况跟踪。

4. 下列人员不得赴广州参加本次大赛：目前为新冠肺炎确诊病例、疑似病例、无症状感染者及密切接触者；已治愈出院的确诊病例和已解除集中隔离医学观察的无症状感染者，但尚在随访及医学观察期内的人员；入境后处于集中隔离医学观察期的人员；近 14 天内有中高风险地区旅居史的人员。

（七）其它

各参赛代表团请自行购买人身意外伤害保险。所有参赛选手须与执委会签订《第一届全国技能大赛参赛选手安全协议书》(见附件 4)，并于报到时提交。

五、联系方式（略）

附件：1. 第一届全国技能大赛日程安排（略）

2. 第一届全国技能大赛推荐酒店预订操作说明及对接联络人（略）

3. 第一届全国技能大赛疫情防控安全承诺书（略）

4. 第一届全国技能大赛参赛选手安全协议书（略）

中华人民共和国第一届职业技能大赛组委会秘书处

2020 年 11 月 9 日

关于印发中华人民共和国第一届职业技能大赛第三方执裁项目裁判员名单的通知

（人社职司便函〔2020〕71号）

各有关单位：

为做好中华人民共和国第一届职业技能大赛技术工作，根据《人力资源社会保障部关于举办中华人民共和国第一届职业技能大赛的通知》（人社部函〔2020〕57号）和《人力资源社会保障部办公厅关于印发中华人民共和国第一届职业技能大赛竞赛技术规则的通知》（人社厅发〔2020〕91号）要求，现确定庄子儒等56名同志为中华人民共和国第一届职业技能大赛第三方执裁项目裁判员。

希望各相关单位按照大赛技术规则做好第三方执裁项目裁判员的有关工作，遵守保密要求，加强沟通协调。希望第三方执裁项目裁判员所在单位给予大力支持，合理安排其工作时间和任务，提供必要的保障。希望第三方执裁项目裁判员严格遵守竞赛行为规范，协助做好相关技术工作，公平公正执裁。

附件：中华人民共和国第一届职业技能大赛第三方执裁项目裁判员名单

中华人民共和国第一届职业技能大赛组委会秘书处

2020年11月9日

附件

中华人民共和国第一届职业技能大赛
第三方执裁项目裁判员名单

一、国赛精选项目时装技术

（一）裁判员（11名）

庄子儒　上海雪踪豹实业股份有限公司总经理

尚祖会　威海迪尚审美文化科技有限公司技术总监

崔　游　北京蓝波吉纳服装有限公司总经理

徐　琳　厦门红韵圣琳服装制衣有限公司技术总监

陆　鑫　常熟理工学院纺织服装与设计学院院长

方建强　杭州布奇文化创意有限公司技术总监

张龙琳　西南大学纺织服装产业互联网研究院执行院长

王鸿霖　江西服装学院服装工程学院副院长

李小燕　广州市芳芳服饰设计有限公司设计总监

王　延　中国服装协会会员部副主任

钱泓埔　中国纺织工业联合会经济师

（二）备选裁判员（2名）

莫志红　江苏阳光服饰有限公司技术部长

曾云榜　安正时尚股份有限公司生产事业部总经理

二、国赛精选项目烘焙

（一）裁判员（18名）

宋宜兵　安琪酵母股份有限公司全球技术总监

金英根　济南金溢食品有限公司总经理

刘国军　北京好利来工贸有限公司技术总监

马晓军　江南大学食品学院副教授

薛民乐　四川省烘焙食品业协会秘书长

于焕楼　上海采彩食品有限公司总经理

让淑财　济南壹度可可糖艺翻糖蛋糕培训中心校长

许映花　广东省贸易职业技术学校教师

周　斌　苏州焙端烘焙技术咨询服务有限公司研发总监

王　莉　乐斯福管理（上海）有限公司培训部总监

赵　霖　福建金阳光商贸有限公司烘焙技术总监

陈锦辉　广州市励智贸易有限公司技术总监

蔡叶昭　苏州市王森企业管理咨询服务有限公司烘焙教练

张高杰　北京品客新语食品文化发展有限公司技术总监

苏　焜　上海焙匠企业管理咨询有限公司总监

张政海　丰益（上海）生物技术研发中心有限公司高级工程师

蔡金鑫　盼盼食品集团有限公司技术总监

俞嘉毅　中国焙烤食品糖制品工业协会委员会秘书长

（二）备选裁判员（5名）

季德南　上海海融食品科技股份有限公司副总经理

陈　艳　厦门海嘉面粉食品有限公司技术总监

罗明中　北京金麦食品有限公司技术总监

孟凡勇　沈阳市金粮食品原料有限公司技术总监

严章瑞　深圳市古樾餐饮管理有限公司总监

三、国赛精选项目社会体育指导（健身）

（一）裁判员（18名）

马晓勇　黑龙江省凤凰健身学院课程总监

王　宏　北京体育大学艺术学院健美操教研室主任

朱建安　北京华体领越体育科技发展有限公司技术总监

刘东智　自由职业

刘钦龙　天津体育职业技术学院教授

孙喆鑫　吉林市莱恩健身服务有限公司副总经理

杨晓晨　天津体育学院教研室主任、副教授

汪　军　北京体育大学教授

张雪婕　国家体育总局人力资源开发中心职业技能鉴定管理部主任科员

陈　亮　青岛卡诺健身管理有限公司培训总监

季雪峰　国家体育总局人力资源开发中心职业技能鉴定管理部主任科员

俞　鸿　南京迈燃体育活动策划有限公司技术总监

徐文俊　国家体育总局人力资源开发中心职业技能鉴定管理部科员

徐希杰　自由职业

郭宇远　成都乾坤乐健健身游泳俱乐部副总经理

鲍　克　北京体育大学足球运动学院党总支副书记

戴剑松　南京体育学院副教授

魏晓伟　广东体育职业技术学院体育保健系运动防护教研室主任

（二）备选裁判员（2名）

黄　聪　福州市绿动体适能健康管理有限公司总经理

李　卫　北京体育大学教授

关于公布中华人民共和国第一届职业技能大赛技术工作文件的通知

(中就培函〔2020〕52号)

各省、自治区、直辖市及新疆生产建设兵团人力资源社会保障厅(局),各有关单位:

为做好中华人民共和国第一届职业技能大赛技术工作,根据《人力资源社会保障部关于举办中华人民共和国第一届职业技能大赛的通知》(人社部函〔2020〕57号)和第一届全国技能大赛竞赛技术规则要求,经过裁判员(第三方执裁项目指导教师)共同讨论,我们组织相关专家编写了飞机维修等63个世赛选拔项目和数控车等23个国赛精选项目技术工作文件,现予以公布。

其中涉密内容的公布时间和公布方式在技术工作文件中进行了明确。全体涉密人员按照本届大赛执委会保密要求签署保密责任书并接受其管理。

技术工作文件中公布的竞赛设备、工具、材料涉及有关设备设施支持单位的,均按照本届执委会办公室印发的《中华人民共和国第一届职业技能大赛竞赛设备设施支持单位遴选管理办法》确定。

请裁判员(第三方执裁项目指导教师)按本届大赛执委会下发的账号和密码登录"第一届全国技能大赛服务平台"(http: //national.qyskills.com/toHomepage 由本届大赛执委会开发),下载技术工作文件。技术工作文件仅供各参赛队参加第一届全国技能大赛使用,如需他用须征得本届大赛组委会同意。

联系方式(略)

中华人民共和国第一届职业技能大赛组委会技术工作组

2020年11月10日

关于做好中华人民共和国第一届职业技能大赛参赛有关工作的补充通知

各省、自治区、直辖市及新疆生产建设兵团人力资源社会保障厅（局）、国务院有关部门，有关行业组织人事劳动保障工作机构：

为做好中华人民共和国第一届职业技能大赛参赛工作，现将有关事项补充通知如下：

一、请各省、自治区、直辖市及新疆生产建设兵团人力资源社会保障厅（局）主要负责同志参加中华人民共和国第一届职业技能大赛开幕式。

二、请各省、自治区、直辖市及新疆生产建设兵团人力资源社会保障厅（局）主要负责同志或分管负责同志担任参赛代表团团长，全面负责本代表团参赛工作。

三、请国务院有关部门和有关行业组织人事劳动保障工作部门参照上述规格执行。

请于11月20日下班前将人员信息分别反馈至中华人民共和国职业技能大赛组委会秘书处和大赛执委会。

中华人民共和国职业技能大赛组委会秘书处

2020年11月18日

图书在版编目（CIP）数据

新时代　新技能　新梦想：中华人民共和国第一届职业技能大赛实录 / 中华人民共和国第一届职业技能大赛组委会编 . -- 北京：中国劳动社会保障出版社：中国人事出版社，2023

ISBN 978-7-5167-5912-7

Ⅰ.①新… Ⅱ.①中… Ⅲ.①职业技能 - 竞赛 - 中国 Ⅳ.① C975

中国国家版本馆 CIP 数据核字（2023）第 170569 号

中国劳动社会保障出版社
中 国 人 事 出 版 社 出版发行
（北京市惠新东街 1 号　邮政编码：100029）

＊

北京华联印刷有限公司印刷装订　　新华书店经销

787 毫米 ×1092 毫米　16 开本　19.25 印张　281 千字
2023 年 10 月第 1 版　　2023 年 10 月第 1 次印刷
定价：128.00 元

营销中心电话：400-606-6496
出版社网址：http://www.class.com.cn

版权专有　　侵权必究
如有印装差错，请与本社联系调换：（010）81211666
我社将与版权执法机关配合，大力打击盗印、销售和使用盗版图书活动，敬请广大读者协助举报，经查实将给予举报者奖励。
举报电话：（010）64954652